Jens Weidner

OPTIMISMUS

Warum manche weiter kommen
als andere

Campus Verlag
Frankfurt/New York

ISBN 978-3-593-50741-5 Print
ISBN 978-3-593-43698-2 E-Book (PDF)
ISBN 978-3-593-43770-5 E-Book (EPUB)

Copyright © 2017 Campus Verlag GmbH, Frankfurt am Main.
Umschlaggestaltung: total italic, Thierry Wijnberg, Amsterdam/Berlin
Umschlagmotiv: © Thinkstock/anna1311, © www.freepik.com,
© Shutterstock/GreenBelka
Satz: Fotosatz L. Huhn, Linsengericht
Gesetzt aus: Scala und Absolut
Druck und Bindung: Beltz Bad Langensalza
Printed in Germany

www.campus.de

Inhalt

Jens Weidner ist Optimist. Das zeigt sich auch darin, dass der Professor für Erziehungswissenschaften und Kriminologie ein Anti-Aggressivitäts-Training (ATT®) entwickelt hat, mit dem pro Jahr über 2000 aggressive Menschen behandelt werden. Als Vorstand des Hamburger Clubs der Optimisten ist er angetreten, den latent pessimistischen Deutschen mehr Optimismus beizubringen. Natürlich auch den Österreichern und den Schweizern. Und sowieso allen, die erfolgreich sein wollen, in dem, was sie tun.

Warum die rosarote Brille schwarze Zahlen produziert

Optimisten geht es im Leben besser. Die Optimisten unter den Leserinnen und Lesern wissen das, fühlen das und genießen es. Und sie werden durch eine Vielzahl von Forschungsergebnissen bestätigt.

Optimisten sind zufriedener, glücklicher, hoffnungsvoller, erfolgreicher und sind den Pessimisten damit haushoch überlegen. Mit einer optimistischen Lebenseinstellung lassen sich hohe Ziele mit höherer Wahrscheinlichkeit erreichen, denn der Glaube ans Gelingen kann Berge versetzen.

Deswegen möchte dieses Buch möglichst viele Menschen für den Optimismus im Berufs- und Privatleben gewinnen. Weil Optimismus ein tolles Lebensgefühl ist, weil er auch den Mitmenschen und Kollegen das Leben verschönert, weil er die Gesundheit fördert und weil er im Beruf ein echter Erfolgsfaktor ist. Optimismus kann Karrieren fördern und Erfolge zementieren. Optimismus ist nämlich der Motor des Kapitalismus, so Wirtschaftsnobelpreisträger Daniel Kahneman, und er ist damit ein extrem wichtiger Rohstoff für jedes Unternehmen, wie einmal das *Handelsblatt* titelte.

Optimismus macht Sie zufrieden, weil er Ihnen hilft, das Leben positiv zu sehen, selbst wenn gerade einmal nicht alles optimal verläuft, denn Optimisten verschwenden kaum Gedanken an Realitäten, die sich derzeit nicht verändern lassen. Sie konzentrieren sich auf das, was machbar ist und Erfolg verspricht, auch wenn das viele kleine Schritte bedeutet. Sie werden aktiv, wenn sie eine mindestens 51-prozentige Erfolgschance haben, ihre Projekte oder Innovationen umzusetzen. Optimisten sind also alles andere als naiv und rosarot. Mit diesem Vorurteil wird in diesem Buch gründlich aufgeräumt werden. Optimisten sind extrem wichtig für die Gesellschaft, weil sie die Zukunft erfolgreich und positiv denken können, lange *bevor* sie begonnen hat.

Das vorliegende Buch ermutigt zu einer erfolgsorientierten, optimistischen Lebenseinstellung, die Menschen voranbringt und die Basis dafür bildet, warum manche weiter kommen als andere. Dieses Buch ist kein klassischer Ratgeber, der Ihnen sagt, tue dies oder lasse jenes, aber es liefert Ihnen alle Zutaten, die Sie brauchen, um ein Optimist zu werden oder zu bleiben. Denn Optimismus kommt nicht von allein, man muss schon das Richtige dafür tun!

Dieses Buch beschreibt und begründet eine optimistische Berufs- und Lebenseinstellung, die unserer Wirtschaft und Gesellschaft gut tun dürfte, weil sie voller Hoffnung ist, weil sie betont, was alles gelingen könnte. Optimisten sind nämlich verliebt ins Gelingen und nehmen die eine oder andere Niederlage auf diesem Weg gelassen in Kauf. Unsere Gesellschaft – so mein ganz persönlicher Eindruck – kann eine ordentliche Portion zusätzlichen Optimismus gut vertragen. Gerade in einer Zeit, wo Mahner, Bremser, Grenzenzieher und Mauerbauer Apokalyptisches prophezeien.

Als Vorstandsmitglied im Wirtschaftsclub der Optimisten sind mir viele hoffnungsvolle Zeitgenossen bekannt. Allen gemeinsam ist eine positive Sicht auf die Dinge, gerade auch in schwierigen Situationen. Die Haltung »das packen wir« verbindet sie. Und doch sind sie in ihrem Optimismus unterschiedlich. Diese Beobachtung hat unsere Clubmitglieder und mich neugierig gemacht, denn sie impliziert nicht nur, dass es eine Menge Optimisten im deutschsprachigen Raum gibt, sondern dass es auch sehr differente Optimismustypen mit sehr unterschiedlichen Stärken und Schwächen gibt. Diesem Gedanken wollten wir auf den Zahn fühlen und haben 2016 beim Rheingold-Marktforschungsinstitut eine Studie in Auftrag gegeben, deren Ergebnisse uns 2017 vorgelegt wurden und die in dieses Buch einfließen, weil sie einen sehr spezifischen, spannenden Blick auf das Thema bieten. Im Club war uns dabei klar, dass die Studie sicher keinen amerikanischen Hurra-Optimismus nach dem Motto »You name it, we have it« feststellen wird. Diese US-Mentalität spiegelt die Haltung hierzulande einfach nicht wider.

Stattdessen wurde aber ein Optimismus eigener Prägung entdeckt. Wir nennen ihn den »Sekundären Optimismus«. Über ihn werden Sie in diesem Buch alles erfahren, denn er spielt vor allem beim wirtschaftlichen Erfolg eine nicht zu unterschätzende Rolle. Und er scheint aus meiner Sicht für den deutschsprachigen Raum charakteristisch zu sein. Meine These ist, je mehr wir den Sekundären Optimismus fördern, desto besser und auch erfolgreicher wird unser aller Leben und auch die Gesellschaft.

Fragen Sie sich doch einmal selbst: Würden Sie lieber mit einem mürrischen Realisten zusammenarbeiten oder mit einem Optimisten, der Farbe in Ihren Alltag bringt, der Chancen erkennt und alles dafür tut, sie zu realisieren? Bei gleicher Qualifikation wird der Optimist fast immer bevorzugt, wusste schon Niccolo Machiavelli, der ihn einen modernen Condottiere, einen lächelnden Siegertyp nannte. Denn er ist nicht nur erfolgsorientiert, sondern es macht zudem einfach Spaß, mit ihm zusammenzuarbeiten. Denn Hand aufs Herz: Der Arbeitsalltag ist doch hart genug, und die Geschäfte laufen oftmals alles andere als perfekt. Da tut optimistische Ermutigung schlichtweg gut.

Optimismus ist die Verheißung, dass alles gelingen *könnte*, im Beruflichen ebenso wie im Privaten und schon dafür sollten wir ihn lieben. Optimisten fühlen sich demnach auf der Gewinnerseite des Lebens – unabhängig davon, ob sie es objektiv gerade sind, denn es könnte ja noch werden. Sie können an das Gute denken und es genießen, noch bevor es Realität geworden ist. Dieses Phänomen kennen Sie alle.

Denken Sie nur an die Vorfreude auf Ihre nächste Urlaubsreise. Das ist Genuss pur, obwohl faktisch noch gar nichts passiert ist, denn Sie sitzen ja noch zu Hause und gehen nur ihren Urlaubsfantasien nach. Das führt auch schon zur ersten Empfehlung: Überraschen Sie Ihren Partner lieber nicht mit einer ganz kurzfristigen Urlaubsreise, denn damit bringen Sie ihn um das emotionale Vorspiel der Vorfreude, und das wäre ja schade.

Selbst wenn Optimisten im Schatten stehen, sind sie gut drauf, denn sie ahnen, wo und wie es weitergehen *könnte*. Sie tun alles dafür, dass sich Verbesserungen einstellen, weil sie den Glauben haben, Dinge positiv beeinflussen zu können.[1] Dabei behalten sie das richtige Maß, sie kommen der Sonne nicht zu nah und stürzen nicht ab, wie der übermütige Ikarus in der griechischen Mythologie.

»Optimismus bedeutet, dass man die feste Erwartung hat, dass sich trotz Rückschlägen und Enttäuschungen letztlich alles zum Besten wenden wird. Aus der Sicht der emotionalen Intelligenz ist Optimismus eine Haltung, die die Menschen davor bewahrt, angesichts großer Schwierigkeiten in Apathie, Hoffnungslosigkeit oder Depression zu verfallen. Und Optimismus zahlt sich im Leben aus.«[2]

Was will man mehr? Das alles sollte bereits Anreiz genug sein, um zum Optimismusfan zu werden, zumal Sie das Zitat von Daniel Goleman wörtlich nehmen können. Dazu kommt, so die Analyse des renommierten US-Wissenschaftler Martin Seligman, dass Optimisten länger leben, im Durchschnitt besser verdienen und erfolgreicher werden. Jede Form des Optimismus und des positiven Denkens erscheint danach erfolgsfördernder als jede Form des Pessimismus mit seinen permanenten Selbst- und Fremdzweifeln. Sollten Sie also wählen können, wählen Sie immer die optimistischere Variante.

Aber aufgepasst, denn ein allzu überbordender Optimismus birgt auch Gefahren. Er kann mitreißend gefährlich sein und in eine falsche, leichtsinnige Richtung verführen, und das leidenschaftlich und überzeugungsstark. Dieses Buch wird Ihnen helfen, diesen naiven Verführungen zu widerstehen, damit es Ihnen nicht so geht, wie manchem insolvenzbedrohten Geschäftsmann, der von seiner Zukunft schwärmt, sich aber jeder seriösen Beratung verweigert. Das ist nicht optimistisch, das ist nur unprofessionell. Diese Personen verwechseln Optimismus mit Naivität und sie erleben mit dieser Fehleinschätzung leider kein Happy End.

Der Sekundäre Optimismus aus der Rheingold-Studie wird dagegen als differenzierter Vierklang beschrieben:

1. Berufliche Chancen sehen, ohne Risiken zu ignorieren,
2. Innerlich abwägen, ob das Projekt und seine Ziele den Einsatz lohnen,

3. Wenn ja, die entsprechenden Entscheidungen treffen und Maßnahmen einleiten und
4. Die Entscheidungen mit ganz langem Atem, auch gegen Kritik, durchziehen.

Mit dieser Vier-Stufen-Strategie werden Sie sich eine dicke Scheibe vom unterschätzten Rohstoff Optimismus abschneiden können, wie das *Handelsblatt* formuliert. Ich serviere Ihnen dazu das passende Menü, denn mit dem Optimismus ist es wie mit einem guten Rotwein:

»Ein Glas am Tag ist gesund, aber eine Flasche am Tag kann fatal sein. Extremer Optimismus kann wie übermäßiges Trinken nicht nur die Gesundheit, sondern auch fürs Portemonnaie gefährlich sein.«[3]

Der Optimist ist also weder ein Gute-Laune-Bär (das kann er aber auch sein) noch ein selbstüberzeugter Triumphator (die Rolle beherrscht er in Euphoriephasen aber auch), sondern er ist der, der Kritikwürdiges besser machen will. Es juckt ihn in den Fingern. Optimisten starten langsam, abwägend und entwickeln dann einen unerschütterlichen Glauben an das Gelingen. Der Turbo wird gezündet und das Ziel mit maximaler Leistung angesteuert. Prüfen, entscheiden, durchziehen, gewinnen – das ist die Quintessenz dieser Strategie.

Diesen Rohstoff müssen wir erschließen, denn »er verbirgt sich in unseren Köpfen und wartet, geweckt zu werden [...] Diese Geschichte über die Macht eines unerschlossenen Rohstoffs könnte [...] im Silicon Valley beginnen, wo sie seit jeher glauben, die Welt mit ihren Ideen zu verändern [...] Denn dies soll eine Geschichte über einen Rohstoff sein, den wir in Deutschland gar nicht als solchen erkennen«[4].

Man mag zu Recht betonen, dass der hiesige Optimismus auf den ersten Blick kaum erkennbar ist. Würden wir irgendwo auf der Welt Menschen fragen, wo ihrer Meinung nach das optimistischste Land der Erde liegt, würde die Antwort sicher nicht Schweiz, Deutschland oder Österreich heißen. Kein Wunder, denn im deutschsprachigen Raum haben wir es mit dem Phänomen des »Hidden Optimism« zu tun, der eben nicht mit einem Lächeln beginnt, auch nicht mit Lässigkeit, sondern mit einer ernsthaften Prüfung der Realität, völlig humorfrei. Das einzig Optimistische daran ist die Hoffnung auf Erfolg, denn ohne diese Hoffnung würde man hierzulande keine Ideen prüfen, das wäre Zeitverschwendung. Die Schönheit dieser Hoffnung zeigt sich daher erst, wenn der Realitätscheck positiv verlaufen ist. Wenn das Projekt vermutlich funktionieren wird, erwacht der Glaube an das Gelingen, an dem sich selbst nüchterne Macher berauschen können. Der Sekundäre Optimismus im deutschsprachigen Raum kennt kein »Take it easy«, wie der Optimismus der Amerikaner. Er ist auch kein Don't-worry-Optimismus, wie der der Iren, die sagen, dass man bitteschön bester Dinge sein sollte, solange die Gesundheit mitspielt, und dass selbst der Tod einen nicht sorgen braucht, weil man in der Hölle vermutlich verdammt viele Kumpels wiedertreffen dürfte, mit denen man eine gute Zeit haben wird. Das liest sich dann so:

There are only two things to worry about. Either you are well or you are sick.
If you are well then there is nothing to worry about.
But if you are sick then there are two things to worry about.
For either you will get well or you will die.
If you get well there is nothing to worry about.
But if you die there are two things to worry about.
Either you will go to heaven or you will go to hell!
If you go to heaven there is nothing to worry about.
But if you go to hell you'll be so darnn busy shaking hands with your friends that you won't have time to worry! So why worry?[5]

Das passt zum Befund des Chefs des Bundesinstituts für Risikoforschung Andreas Hensel. Seine lebensfrohe und irgendwie doch zweifelhafte Botschaft toppt sogar die der Iren: »Wir werden nicht nur immer älter, wir sterben auch gesünder.«[6] Soll man sich darüber freuen? Das irische »Don't worry« will auf jeden Fall zur Zuversicht motivieren, »die Zukunft als Verheißung zu sehen, nicht als Zumutung. Nur wer glaubt, dass die Zukunft schon gut wird, sieht Anreize, für das Vorankommen auch zu arbeiten. Die rosarote Brille produziert am Ende schwarze Zahlen«[7]. Denn der Glaube an die rosige Zukunft motiviert, sich ins Zeug zu legen, sogar für die nächste Generation, damit es unsere Kinder einmal besser haben – so die dahinterstehende Logik. Das maßvolle Rosarot beschreibt bei Optimisten den Erstimpuls, der ihnen hilft, volles Engagement zu zeigen. Dabei begreifen Sie das Geschäftsleben als Soziale Marktwirtschaft und als Haifischbecken zugleich, und sie sorgen dafür, dass sie und die ihnen Nahestehenden nicht ins Haifischbecken fallen. Das tue ich übrigens auch.

Vor einem Jahr akquirierte ich einen Auftrag für mein Deutsches Institut für Konfrontative Pädagogik. Kurz vor Abschluss torpedierte ein Mitbewerber das Ganze. Er versuchte, über die Graue Eminenz des Auftraggebers, einen Berater, Einfluss zu nehmen, um so den Zuschlag zu erhalten. Dieses Manöver kam für mich nicht überraschend, ich hatte so etwas schon geahnt und mich daher im Vorfeld mit dem Berater und dem Auftraggeber abgestimmt. So lief der Angriff meines Konkurrenten ins Leere. Dank meiner Antizipationsfähigkeit, die es ermöglicht, zukünftig drohenden Ärger vorherzusehen und entsprechende Schutzmaßnahmen einzuleiten. (Sie sehen an dieser Stelle, dass ich – ganz Optimist – bemüht bin, von meinen Erfolgen zu berichten und meine Misserfolge, die ich natürlich auch zu bieten habe, erst einmal links liegen lasse.)

Meinen Mitbewerber wies ich auch noch darauf hin, dass ich über seine Strategie bereits ein Buch mit dem vielsagenden Titel *Hart, aber unfair* geschrieben hätte, und schickte ihm die entsprechenden Passagen zu. Seine Antwort zeigte Größe: »Das hätte ich vorher wissen sollen, dann hätte ich's gelassen.«

Recht hat er, das ergab keinen Sinn. Wer Machtspiele durchschaut, macht sie überflüssig oder beugt ihnen wenigstens vor. Optimisten haben dieses seismografische Gespür für drohenden Ärger, und sie haben – wenn sie es für angemessen halten – den richtigen Biss im Business. Sie können auf beiden Feldern agieren. Wie gesagt, sie sind keine Gute-Laune-Bären. Sie können auch anders, und sie genießen das.

Es ist also kein Wunder, dass Daniel Kahneman vom Optimismus in höchsten Tönen schwärmt, ihn für zukunftsweisend hält und für seine Verbreitung wirbt – genau wie dieses Buch. Wenn Sie einen einzigen Wunsch für Ihre Kinder frei hätten, so Kahneman – sollten Sie ernsthaft Optimismus in Betracht ziehen. Mit diesem Statement hängt er die Latte hoch, genauso wie der langjährige CEO der Beiersdorf AG, Thomas B. Quaas: »Optimismus ist für sich alleine schon gut. Gepaart mit tiefen Einsichten schon fast unschlagbar. Und wenn man bei Rückschlägen sofort wieder zum Optimisten wird, gepaart mit noch besseren Einsichten, kann was daraus werden.«[8] Für Thomas Grüter von der Deutschen Vermögensberatung ist Optimismus im Bereich der Finanzdienstleistungen sogar das wichtigste »Grundnahrungsmittel«, wie er mir im Gespräch versicherte, denn Optimismus helfe, den Graben zwischen Misserfolg und Erfolg zu überwinden, indem er einem die Zuversicht gebe, das Richtige zu tun. Ohne Optimismus würde kein gesundes Selbstvertrauen existieren – und das braucht man in jeder Branche, gerade auch im Vertrieb, wo die Akquise kein Zuckerschlecken ist. Grundsätzlich gilt die Binsenweisheit: Für Optimisten ist das Glas halb voll, für Pessimisten halb leer, der Realist prüft das Ganze noch und der Flugzeugingenieur ergänzt: »Dieses Glas ist doppelt so groß, wie es sein müsste. Hier könnten wir Gewicht sparen!« Dieses Bonmot wirft nicht nur einen Blick auf das Denken der Optimisten, sondern betont die Wichtigkeit des Zusammenspiels unterschiedlicher, auch skeptischer Perspektiven. Der optimistische Einstieg ins Projekt, die kritische Reflexion über die Machbarkeit, die dann folgende durchsetzungsstarke Umsetzung und die Abwehr von unberechtigter Kritik beschreiben den dynamischen Vierklang im Berufsleben, der viel zu den Erfolgsgeschichten von Deutschland, Österreich und der Schweiz beigetragen hat.

Optimismus, Skepsis und sogar die gern zitierte »German Angst« gehören zusammen, denn gemeinsam entwickeln sie eine Kraft, von der wir alle profitieren. Das ist eine zentrale Erkenntnis der Optimismus-Studie. Ihre empirische Basis sowie die fachlichen Grundlagen möchte ich Ihnen kurz erläutern, denn sie bilden das Fundament für dieses Buch. So können Sie besser nachvollziehen, was Ihnen hier zur Nachahmung empfohlen wird.

Die Datenbasis der Optimismus-Studie

Unter »Optimismus« wird im Alltag wie in der Forschung eine positive Erwartung im Hinblick auf zukünftige Entwicklungen verstanden. Optimismus ist damit auch immer eine Frage der Fantasie und des Zukunftsglaubens. Deswegen mögen viele Optimisten gute Science-Fiction-Filme, die ihre Fantasie zusätzlich beflügeln und die Dinge denken, die sie noch nicht bedacht haben. Für optimistische Kriminologen ist Steven Spielbergs *Minority Report* ein gutes Beispiel, weil dort eine Technik präsentiert wird, die Verbrechen erkennt, kurz bevor sie begangen werden. Opfer werden vermieden, Täter von den Taten abgehalten. Klingt gut, endet aber natürlich dramatisch. Sonst wäre der Film ja kein Thriller. Einer, der zwischen der Hoffnung auf eine kriminalitätsfreie Welt und der Angst vor falschen Unterstellungen viel Ambivalenz auslöst.

Die Optimismusforschung beschäftigt sich primär mit zwei Ansätzen: Die erste Forschungsrichtung beschreibt typische Fehler in der menschlichen Urteilsbildung, etwa wenn Menschen sich durch eine positiv verzerrte Zukunftssicht auszeichnen und dann die Hände in den Schoss legen, weil sie glauben, das Glück käme von alleine.

Diese verzerrte Zukunftssicht bot mir im Beratungsgespräch ein junger Mann, dem die Eltern liebend gern sein internationales Wirtschaftsstudium an einer Privatuni bezahlen würden. Er will aber nicht. Davon allein ginge für die Eltern die Welt noch nicht unter, wenn seine Pläne nicht davon geprägt wären, anstrengungslos erfolgreich werden zu wollen.

Auf meine Frage »Warum machen Sie nichts? Keine Uni, keine Ausbildung, kein duales Studium, gar nichts?«, antwortet er wie aus der Pistole geschossen: »Weil ich Superstar werde oder Lottogewinner. Schnell reich eben.« Auch erben komme für ihn in Frage. Dieser 20-jährige Sprössling einer Unternehmerfamilie braucht dringend ein Umfeld, das ihm die Grenzen seines völlig naiven Denkens aufzeigt – und eine Beratung, die ihm vermittelt, dass vor dem Erfolg der Schweiß kommt, selbst wenn man in einem privilegierten Umfeld aufwächst. Nichts tun, Hände in den Schoß legen und auf eine strahlende Zukunft hoffen, das ist das »Erfolgsrezept« von Verlierern.

Die zweite Forschungsrichtung versteht Optimismus als Persönlichkeitsmerkmal. Sie untersucht die Folgen unterschiedlicher Ausprägungen des Optimismus.[9] Mit der Frage, wie diese entstehen, befasst sich dieses Buch umfassend aus sozialisationstheoretischer Perspektive, denn die Sozialisation beleuchtet die Entwicklung des Menschen und erklärt wie der Weg zum Optimisten gelingen kann, und welche Stolpersteine uns daran hindern, zu einer optimistischen Lebenshaltung zu gelangen.

Diese Ausführungen werden durch die Analyse von morphologischen Tiefeninterviews zum Thema Optimismus unterfüttert, die vom Rheingold-Institut durchgeführt wurden. Die Grundfrage lautete: »Wieviel Optimismus kann Deutschland?« Erhebungsorte waren unter anderem Hamburg, Köln, Dresden, Erfurt, Mannheim und München. Alle Befragten hatten ein gutes Bildungsniveau und ein umfassendes sprachliches Ausdrucksvermögen, um dem recht abstrakten Thema »Optimismus« gerecht werden zu können. Ihre Antworten spiegelten die Inhalte einer Vielzahl von Gesprächen wider, die ich über Jahre mit Schweizern und Österreichern am Gottlieb Duttweiler Wirtschaftsinstitut und Schranner Negotiation Institute in Zürich geführt habe. Aus dieser Parallelität der Antworten erlaube ich mir den Transfer der Erkenntnisse der Rheingold-Studie auf die Schweiz und Österreich. Rheingold verfolgt bei seinen Interviews einen tiefenpsychologisch morphologischen Forschungsansatz, der eine Erkenntnistiefe anstrebt, indem er versucht, das Gesagte auf das eigentlich Gemeinte hin zu übersetzen. Eine spannende Sache! Die Interviewergebnisse finden sich im Buch unter anderem

- in der Optimismustypologie wieder,
- bei den Erklärungen zum Sekundären Optimismus und
- zum Above-Average-Effekt, also dem Effekt, sich in seinem beruflichen und privaten Handeln für überdurchschnittlich großartig zu halten. Das klingt auf den ersten Blick zwar recht narzisstisch, hat aber immense Vorteile, sodass ich Sie bitten möchte, sich beim Lesen ruhig auf den Above-Average-Effekt einzulassen.

Die Tatsache, dass es im deutschsprachigen Raum Optimismus gibt, wurde übrigens von keinem der Gesprächspartner infrage gestellt. Zweifel äußern hieran nur Hardcore-Pessimisten, die sich in düsteren Internetzirkeln gegenseitig bestärken und durch das Gate-Keeping und die Algorithmen, also die Schleusenwärterfunktionen im Netz, nur noch Negativnachrichten in ihrer Filterblase selektiert bekommen. Darüber könnte der Optimist schon wieder lachen – wenn es nicht so traurig wäre. Denn diese Miesepeter verstreuen ihre miese Laune gerne auch am Arbeitsplatz. Wie stark der Optimismus allerdings verbreitet ist, überrascht aber dann doch. Zumal der deutschsprachige Raum, global gesehen, nicht als Hochburg des Optimismus betrachtet wird. Dafür kommt der landestypische Sekundäre Optimismus einfach zu verhalten und zu versteckt daher.

Wer in Deutschland, der Schweiz oder Österreich lebt, weiß aber, dass viele Menschen in seinem Umfeld gut drauf sind, sehr gut gelaunt sogar und vor allem extrem feierfreudig, besonders in bestimmten Phasen des Jahres: egal ob Züri-Fäscht in der Schweiz, Österreicher Volksfest in St. Pölten oder Krems, das Oktoberfest in München, das Schützenfest in Hannover oder die diversen Formen des Karnevals. Sie haben viel zu lachen, nehmen sich in diesen Zeiten auf die Schippe und schauen positiv in die Zukunft – unabhängig von nationalen oder globalen Bedrohungslagen. Darauf lässt sich aufbauen, vor allem im Berufsleben. Die morphologische Wirkungsforschung versucht genau diese Stimmungen aufzugreifen und die psychische Wirklichkeit und den Alltag greifbar zu machen:

- Wie denken die Befragten?
- Was sind ihre Motivationen?
- Was beeinflusst ihre Entscheidungsprozesse?
- Wie beeinflusst dabei ihre optimistische Sichtweise?

Um diese Fragen beantworten zu können, bat Stefan Grünewald als Mitbegründer des Rheingold-Instituts und Forscher der Optimismus-Studie Deutschland auf die Couch. Seit Jahren tut er das mit großer Akribie und dem Anspruch, dass sämtliche relevanten Bedeutungsinhalte und Einflussfaktoren des jeweiligen Forschungsthemas nuanciert erfragt werden. Ziel der Analysen sind repräsentative Aussagen zum Untersuchungsgegenstand, wie in diesem Fall zum Optimismus. So wurden für die hier genutzte Studie insgesamt 236 Tiefeninterviews ausgewertet, davon 32 exklusiv zum Thema Optimismus. Ergänzt wurden sie durch 204 Interviews mit Aussagekraft zum Thema Optimismus aus drei weiteren Studien des Marktforschungsinstituts, die 1. zur Identität der Deutschen, 2. zum Ost/West-Thema und 3. zur politischen Meinungsbildung geforscht haben und bei denen immer wieder Aussagen zum Zukunftsglauben und Optimismus getätigt wurden. Diese Aussagen wurden für die hier vorliegende Studie herausgefiltert.

In zweistündigen Einzel- oder Gruppenexplorationen bestimmen die Rheingold-Psychologen die seelischen Einflussfaktoren, die eine optimistische Grundhaltung prägen. Der Interviewte wird dabei ermuntert, mit eigenen Worten alles zu beschreiben, was ihm zu dem Thema einfällt, nach dem Prinzip der freien Assoziation. Das Interview wird so zu einer kleinen gemeinsamen Forschungsreise ins Land des Optimismus. Bei diesen Reiseerzählungen wird versucht, nicht bewusst wahrgenommene Bedeutungszusammenhänge freizulegen, um das »typisch Optimistische« herauszuarbeiten. »Geführt werden so viele psychologische Tiefeninterviews, bis die wirksamen Motivkomplexe und Einflussfaktoren vollständig repräsentiert sind.«[10]

Neben dieser Optimismus-Studie fließen die Erkenntnisse von sieben Wissenschaftlern und Managementtrainern in meine Ausführungen ein. Diese Experten haben sich aus unterschiedlichen Perspektiven facettenreich dem Thema Optimismus genähert:

- Die Erkenntnisse der deutschen Literaturwissenschaftlerin und Mitglied im Wissenschaftsrat der Bundesregierung Sandra Richters mit ihrem *Lob des Optimismus*, einem historisch und philosophisch beeindruckenden Buch.
- Gleiches gilt für die israelische Neurowissenschaftlerin Tali Sharot, die das *Optimistische Gehirn* ins Zentrum ihrer Untersuchungen am University College London gestellt hat.
- Wer leidenschaftlich vorausdenkt, kann den *Zukunftsoptimismus* des Trendforschers Matthias Horx genießen und – in seinen Wor-

ten – den Kampf gegen Apokalypse-Spießer, Untergangsideologen und Panik-Publizisten führen.

- Der Führungskräfte- und Persönlichkeitstrainer Nikolaus Enkelmann erklärt aus der beruflichen Perspektive *Optimismus ist Pflicht*, zumindest für alle, die im Business vorankommen wollen. Da liege ich mit ihm völlig auf einer Linie.
- Der US-amerikanische Psychologe Martin Seligman hat erforscht, *Warum Optimisten länger leben*, was natürlich auch ein Grund für ihren länger anhaltenden Erfolg sein könnte. Er folgt dabei dem lerntheoretisch-kognitiven Paradigma und ermutigt damit zu der Erkenntnis, dass Optimismus auch gelernt werden kann.
- Hans-Uwe Köhler, Experte für emotionale Kommunikation und Mitglied der German Speakers Association, will vor lauter Optimismus gleich omnipotent *Eine Delle ins Universum hauen*, um so zu innovativem Handeln zu ermutigen. Ohne Optimismus keine Innovation, lautet sein Credo.
- Zu guter Letzt hat der US-amerikanische Psychologe und Wirtschaftsnobelpreisträger Daniel Kahneman den Optimismus als positiven Motor des Kapitalismus herausgearbeitet. Sein optimistisches Temperament steht in *Schnelles Denken, langsames Denken* für eine Beharrlichkeit, die allen möglichen Hindernissen im Berufsleben trotzt.

Diese sieben Autoren sowie die Rheingold-Studie des Clubs der Optimisten bilden das Fundament für die Antwort auf die Frage, warum Optimisten weiter kommen als andere. Optimismus ist bis dato eine unterschätzte Kraft, die in diesem Buch ihre innovative Wirkung entfalten soll, um Ihnen, den Leserinnen und Lesern, das entscheidende Körnchen mehr Power und Mut zu geben, das Sie brauchen, um Ihre Ideen mit Begeisterung erfolgreich durchsetzen zu können.

Aber lassen Sie uns mit dem Optimismus von vorn beginnen, denn dieser Begriff hat überraschenderweise eine historisch finstere Vorgeschichte. Er stand in seinem Ursprung nicht für etwas Positives und Erstrebenswertes, sondern wurde als weltfremder Negativbegriff ins Kreuzfeuer der Kritik genommen. Wie genau das vonstatten ging, möchte ich Ihnen nun erläutern.

Wissenswertes über Optimismus und Pessimismus

Wer den Optimismus verstehen will, muss seine Beziehung zum Pessimismus verstehen. Es sind die ungleichen Seiten derselben Medaille, sie sind ein Geschwisterpaar, die in einer Art Hassliebe miteinander verbunden sind. Optimisten wissen, dass sie ohne pessimistische Korrektur schnell über das Ziel hinausschießen. Pessimisten sind in der Tiefe ihrer Seele für die Hoffnung dankbar, dass es vielleicht doch nicht so schlimm kommen wird, wie sie befürchten. Sie ahnen aber nichts Gutes und fühlen sich mit ihrer schweren, kritischen, nachdenklichen Haltung den Optimisten überlegen. Und dieses, für Optimisten ärgerliche, Überlegenheitsgefühl der Schwarzseher hat substanzielle historische Wurzeln, von denen ich Ihnen berichten möchte. Liebe optimistische Leserinnen und Leser: Seien Sie jetzt tapfer!

Warum Optimismus einst ein Schimpfwort war – ein historischer Exkurs

Schimpfwort? Wen wundert's! Wer will schon Menschen mit verzerrter Risikoeinschätzung folgen oder einem Überdurchschnittlichkeitssyndrom? Syndrom – das sagt doch schon alles, das ist ein Krankheitsbild! Mehr noch, es ist die Kopplung verschiedener Störungen. Die rosarote positive Illusion kommt noch erschwerend hinzu. Da kann man doch nur rufen: »Kampf den Optimisten!« Zumindest wenn man mit beiden Beinen fest auf dem Boden steht. Wer von der Pike auf gelernt hat, braucht diesen Schnickschnack nicht, dem ist das zuwider. »Heiße Luft!«, höre ich die Skeptiker rufen. Und sie rufen das seit Jahrhunderten. Die Optimismusdebatte hat nämlich tiefe, zum Teil verblüffende, historische Wurzeln.

Der Optimismus hatte es nie leicht. Er galt und gilt als intellektuell zweifelhaft. Wissenschaftler, Experten, auch Medien neigen eben zur Skepsis, zur kritischen Berichterstattung. Melancholieprojekte gelten bei der Intelligenz als chic, so die Literaturwissenschaftlerin Sandra Richter.[11] Positives Denken gilt dagegen als Ausdruck einer naiven Unbekümmertheit, als eine Art unbekümmertes Stimmungsdoping. Wie in dem bereits 1938 gedrehten Film *Der Optimist*. Darin erwirbt ein naiver Träumer ein unbrauchbares Stück Land, das ihm Schwindler als Ölfeld verkauften. Typisch Träumer, denn er fällt darauf herein. Seine Frau träumt dagegen von einem kleinen Laden, »der 80 Mark die Woche« einbringt. Ihrem Mann hat man die Flausen eines 10-Millionen-Deals in den Kopf gesetzt.

Optimismus als Synonym für Verblendung und Irrglauben – dieses Abstempeln hat seinen Ursprung bereits im Jahr 1646! Es geht auf den deutschen Philosophen Gottfried Wilhelm Leibniz zurück, in der Zeit der frühen Aufklärung. Leibniz meinte es gut mit den Menschen. Er predigte einen universalistischen, großartigen Optimismus:

»Leute, die Humor genug besitzen, Natur und Schicksal zu loben, statt sich darüber zu beklagen, selbst wenn sie nicht besonders gut abgeschnitten haben, sind, so dünkt mich, den anderen vorzuziehen. Man darf sich in dem Staate, in dem man lebt, nicht leichthin zur Zahl der Unzufriedenen gesellen.«[12]

Meine Rede! Aber davon fühlten sich schon damals all jene provoziert, die die Welt für ein Jammertal hielten. Leibniz hielt dagegen. Er wollte in seinen *Versuchen über die Theodizee* die Allmacht, Weisheit und Güte Gottes beweisen. Dieser habe die beste aller möglichen Welten geschaffen. Jede Existenz habe daher die berechtigte Hoffnung auf ein harmonisches Miteinander, denn die Grundlagen dafür habe Gott gelegt; ein guter, ein gütiger Gott. Nun brauchte es also nur noch Menschen, die optimistisch genug sind, an das Optimale zu glauben, für das Gott die Voraussetzungen geschaffen hat. Die viel dafür tun, es umzusetzen. Der Vernunftphilosoph Immanuel Kant unterstützte diese Gedanken in seiner Vorlesung über den »Versuch einiger Betrachtungen zum Optimismus« im Jahr 1759.

Das Thema Optimismus beschäftigt die Denker und regt die Fantasie an, bis ins Kuriose. So versuchte Wilhelm Ludwig Weckherlins im 18. Jahrhundert diese beste aller Welten ad absurdum zu führen, denn sie ärgerte ihn. Diese Welt war nicht die Beste, es herrschte staatliche Willkür, es gab Ungerechtigkeiten und Naturkatastrophen. Er brachte seinen Ärger mit dem eigenwilligen »Monolog einer Milbe im siebten Stock eines Edamerkäses« zum Ausdruck. Ja, Sie haben richtig gelesen. Denn auch für die Milbe – so sein Argument – sei der Edamerkäse die beste aller möglichen Welten. Denn ein allmächtiger Gott könne schließlich nur erstklassigen Käse erfinden. Den niederländischen Käsehandel dürfte diese philosophische Erkenntnis erfreuen.

Milbe hin oder her, der Optimismus unterstellt ein Menschenbild, das an das Gute glaubt. Zu Recht, denn es gibt viele berühmte Menschen in Kultur, Wirtschaft und Gesellschaft, die Wunderbares geleistet haben, und es gibt eine noch viel größere Gruppe von unbekannten Menschen, die durch Zivilcourage und Hilfsbereitschaft dasselbe getan haben. Helden des Alltags eben. Dabei kann sogar schlechtes Benehmen in der optimistischen Logik helfen, das Leben besser zu machen: »Genauso uns das Laster nutzt, wenn das Gesetz es kappt und stutzt«, sagte der niederländische Sozialethiker Bernard Mandeville im Jahr 1705. Schlechtes bis kriminelles Verhalten – so das Mandeville-Paradox – provoziert positive soziale Gegeneffekte, weil die Gesellschaft zusammenrückt und etwas dagegen tut.

Jean-Jacques Rousseau hat in seinem Erziehungsroman *Emile* diesen von Natur aus guten Menschen schon im Jahr 1762 beschrieben. Dieser ist makellos geboren und mit allem ausgestattet, was ihm ein glückliches Leben ermöglicht. Erst eine missratene Kultur, eine korrupte Gesellschaft oder eine enthemmte Wirtschaft kann ihn degenerieren und zum Übeltäter machen. Es sei demnach die Aufgabe von Erziehung und Bildung, diesen Degenerationsprozess zu verhindern, um eine gute Gesellschaft zu schaffen. Ohne Sozialisation geht also nichts. Ein Grund, warum dem Gedanken zur Sozialisation in diesem

Buch ein so hoher Stellenwert eingeräumt wird. Rousseau legte zur selben Zeit auch seinen Entwurf zu einem demokratischen Gesellschaftsvertrag vor: den Contrat Social. Ein ambitioniertes Projekt, die Idee einer besseren Gesellschaftsordnung. Seine verheißungsvolle Darstellung war der Versuch, eine Idee dessen, was möglich ist, in die Welt zu setzen. Das ist sicher zukunftsweisender als der mürrische Monolog über eine Milbe im siebten Stock eines Edamerkäses. Wahre Fortschrittsoptimisten[13] prognostizieren deshalb sogar, dass sich das Wirtschafts- und Gesellschaftsleben auf den Zustand des Perfekten hin entwickelt. Langsam, aber stetig. Wie ein schöner Automatismus.

Charles Darwins Konzept vom Survival of the Fittest erhob dagegen Einspruch. Bei ihm rückte der Überlebenskampf zwischen den Stärkeren und den Schwächeren in den Mittelpunkt. Jeder kennt die heutigen Ellenbogenkarrieristen, die diesen Kampf weiterkämpfen. Trotz intelligenterer Managementkonzepte, wie sie etwa Reinhard K. Sprenger formuliert hat.[14] Doch die Kraft des Negativen und Pessimistischen ist stark. Michel Foucaults *Überwachen und Strafen* beschreibt, was Menschen bereit sind, anderen Menschen Böses anzutun,[15] um sie zu bessern und zu bekehren, auch durch Quälereien. Soll das die beste aller Welten sein? Sicher nicht. Im 18. Jahrhundert las sich das nach Michel Foucault so:

»Schließlich vierteilte man ihn«, erzählt die *Gazette d'Amsterdam*. »Diese letzte Operation war sehr langwierig, weil die verwendeten Pferde ans Ziehen nicht gewöhnt waren, so dass man an Stelle von vier deren sechs einsetzen musste; und als auch das noch nicht genug war, musste man, um die Schenkel des Unglücklichen abzutrennen, ihm die Sehnen durchschneiden und die Gelenke zerhacken [...] Mein Gott, hab Erbarmen mit mir! Jesus hilf mir! Alle Zuschauer waren erbaut von der Fürsorge des Pfarrers von Saint-Paul, der trotz seines hohen Alters keinen Augenblick versäumte, um den armen Sünder zu trösten.«

Wer kann angesichts derartiger staatlicher Gräueltaten optimistisch in die Zukunft blicken? Leibniz' Gegenspielern, den Französischen Jesuiten, erschien der Glaube an die beste aller Welten deshalb als Irrglaube. Für diesen Irrglauben musste ein neuer Name erfunden werden, so verwerflich fand man diese Philosophie. Man entschied sich für den Kampfbegriff »Optimismus« als Negativbegriff[16], der nach ihrer Lesart für ein naiv-zynisches Denken steht, das Erdbeben – wie in Lissabon im Jahr 1755 – Hungersnöte oder Epidemien ignorierte.

An dieser historischen Zuschreibung hat der Begriff noch heute zu tragen, auch wenn Optimismusverweigerer und Alltagsmuffel von diesen historischen Wurzeln kaum etwas wissen. Optimismus galt in seinen philosophischen Anfängen als geistiges Himmelfahrtskommando, das trotz des Grauens von der besten aller möglichen Welten faselte. Der französische Philosoph Voltaire setzte im Jahr 1759 dieser Kritik mit seinem Bestseller *Candid oder über den Optimismus* die Krone auf. Er lässt darin seinen Protagonisten die schlechteste aller möglichen Welten durchleiden. Seine Geschichte ist voller Pessimismus, voller Elend, voller Ungerechtigkeit, voller Leid, voller Primitivität, Sex und Gewalt. Und sie ist real. Wie das Erdbeben in Lissabon 1755, das Voltaire beschreibt:

»Brausend erhebt sich das Meer im Hafen und zerschellt die dort vor Anker liegenden Schiffe. Flammen und Aschenwirbel hüllen Straßen und Plätze ein, Häuser stürzen zusammen [...] Dreißigtausend Einwohner werden unter den Trümmern begraben. Der jüngste Tag ist gekommen, jammerte Candid. Unverzüglich läuft ein Matrose mitten in den Trümmerhaufen hinein, bietet dem Tod die Stirn, nur um Geld zu finden, findet welches, reißt es an sich, besäuft sich und als er voll ist, kauft er sich die Gunst der besten Hure, die er zwischen den Sterbenden und Toten finden kann.«[17]

Voltaires *Candid* eignet sich heute noch als Vorbild für jeden düsteren Katastrophenfilm. Die Botschaft ist klar: Das ist nicht die beste aller Welten. Optimismus? Unbegründet! *Candid* goss Wasser auf die Mühlen der Skeptiker. Für sie war die Anzahl von Gefängnissen allein schon ein Beweis für das Schlechte dieser Welt. Leibniz konterte optimistisch: Es gebe eine Unmenge mehr Wohnhäuser, Schulen und Universitäten als Haftanstalten. So schlimm könne es also nicht sein. Im Übrigen sei es sehr unwahrscheinlich, so Darwins Optimismus, dass sich der Mensch von einer Hochkultur allmählich auf das Niveau von Affen zurück degenerieren würde. »Hiersein ist herrlich«, rief deswegen auch der Lyriker Rilke im Jahr 1912.

Der Optimismusbegriff weist also eine erstaunliche Vielfalt auf. Er hat es über die Jahrhunderte geschafft, die Geister zu spalten: »Die einen halten ihn für naiv oder zynisch, die anderen für den einzig gangbaren Weg in eine erträgliche Zukunft«, resümiert Sandra Richter in ihrem *Lob des Optimismus* und ergänzt, »Chancen für einen künftigen Optimismus liegen demgegenüber in all den Denkmustern, die Ausgleich, eine optimistische Mitte zwischen Wirklichkeit und Ideal versprechen.«[18] Sie spricht vom »Homo Optimisticus«. Er lamentiert nicht. Er engagiert sich und setzt seine Ressourcen verantwortungsvoll ein. Er schätzt den hoffnungsvollen Macherblick in die Zukunft, aber auch die Expertise der Nörgler. Heute nennen wir diese Kritiker Controller, Compliance-Officer oder Leiter der Rechtsabteilung. Und im Gegensatz zu Kassandra, der pessimistischen Prophetin aus der griechischen Mythologie, werden die Warnungen dieses Personenkreises heutzutage sehr ernst genommen.

Das hat gewichtige Gründe, wie Sie im folgenden Abschnitt erfahren werden.

Warum Sie Pessimisten schätzen sollten – ohne selbst einer zu werden

Pessimisten helfen mit ihrem kritischen Blick, denn sie legen Schwachstellen offen. Dennoch bleiben Optimisten erfolgreicher – vor allem wenn sie in ihrem Umfeld auch auf die Pessimisten hören. Sie brauchen deren finstere Sicht, um die Perspektive der rosaroten Brille zu korrigieren. Pessimisten sind also von hohem funktionalen Wert für jedes Unternehmen, denn sie richten ihren Fokus auf Gefahrenquellen, auf mögliche Compliance-Konflikte, auf Kleingedrucktes in Verträgen, in denen sich Fallstricke verstecken könnten. Sie sind misstrauisch. Sie haben die schlechteste aller Welten ständig vor Augen. Das ist gut. Deswegen wimmelt es bei der Polizei und in der Justiz nur so von diesen mürrischen Geistern. »Überall Kriminelle, hier kannst du niemandem mehr trauen. Hier gibt's zu viele Betrüger!«, fluchte ein Gefängnisabteilungsleiter in der niedersächsischen Jugendanstalt

Hameln während unserer gemeinsamen Teamkonferenz einst erbost. Nicht ganz überraschend bei seinem Arbeitsplatz, dennoch realistisch.

Das heißt im Umkehrschluss: Unternehmen sollten darauf verzichten, Optimisten auf Controlling-Positionen zu setzen. Oder in die Buchhaltung. Schon gar nicht in die Rechtsabteilung. Sie sollten ihnen keine Jobs geben, in denen man misstrauisch sein *muss*. In der deutschen Finanzverwaltung scheint das zu gelingen. Oder hatten Sie schon einmal Spaß mit Ihrem Finanzbeamten? »Die Belege brauchen Sie nicht vorzulegen, die grobe Richtung stimmt ja ...« – so etwas werden Sie aus seinem Mund wohl nie zu hören bekommen. Aber warum ist das so? Weil Finanzbeamte einem einfachen pessimistischen Leitsatz folgen: Jeder Bürger ist ein potenzieller Steuerhinterzieher. Ein klares Statement, nicht immer gerecht, aber sehr erfolgreich. Und Dank der Steuer-CDs aus dem Ausland immer erfolgreicher. Pessimisten haben in dieser Branche Hochkonjunktur.

Phasenweise habe ich selbst so pessimistisch getickt – berufsbedingt, in meiner Zeit in der Justiz. Drogen waren in meiner Abteilung im Gefängnis aufgetaucht. Zwar sehr sporadisch und nur kleine Mengen, aber doch immer wieder. Keiner wusste, wie das passieren konnte. Wir grübelten und prüften alle nur erdenklichen Möglichkeiten. Am Ende blieb nur eine sehr nette alte Dame als Verdächtige übrig. Sie war Ende siebzig, sehr gepflegt, und sie besuchte ihren gestrauchelten Enkel immer in dem Zeitfenster, in dem die Drogen auftauchten. Sie entsprach so gar nicht dem Profil eines Drogenkuriers, dennoch ordnete ich ihre Durchsuchung beim folgenden Besuch an – und schämte mich ein bisschen dafür.

Doch wider Erwarten wurde die Vollzugsbeamtin fündig: Der Büstenhalter der alten Dame war mit Drogen ausgestopft. Ihr Enkel hatte mit Selbstmord gedroht: Ganz ohne Drogen würde er es keinen Tag länger im Knast aushalten. Da wurde seine Oma schwach und schmuggelte Drogen ins Gefängnis. »Irgendwie lieb von ihr«, sagte meine wohlwollende innere Stimme. »Aber ziemlich cool, dass wir sie erwischt haben!«, rief meine misstrauische professionelle Seite.

Es war ihr letzter Besuch bei uns. Ein Besuchsverbot und eine Anzeige folgten.

Mit einem pessimistischen Menschenbild kann man sich auch beim nettesten Kollegen das Übelste vorstellen. Pessimisten bleiben die Stars bei Kontrollthemen und in der Gefahrenabwehr. Gott sei Dank!

Oder wünschen Sie sich etwa einen Verfassungsschutz-Chef, der sich voller Optimismus mit extremistischen Salafisten abstimmen möchte? Oder einen Innenminister, der mit Mitgliedern der organisierten Kriminalität diskutiert, anstatt sie einzusperren? Konstruktiver Pessimismus ist unter optimistischer Führung ein klarer Wettbewerbsvorteil.

Was allerdings nervt, sind die Larmoyanten. Diejenigen mit der Bereitschaft, auf hohem Niveau ständig zu jammern. Sie haben eine besondere Leidenschaft zum Meckern, besonders in beruflich stabilen Zeiten, denn da kann man es sich erlauben, es läuft ja. Und sie lassen es richtig krachen! Zu dieser destruktiven Seite des Pessimismus zählen Unternehmensmuffel, Ideenzerfleischer und Nörgellawinen-Lostreter, so Eric T. Hansen. Jeder Engagierte kennt sie.

»Wo immer der Optimismus auftritt, folgt ihm der Pessimismus mit seinen beißenden Einwänden auf dem Fuß. Immer scheinen der Pessimist und der Skeptiker Recht zu haben gegenüber der vermeintlichen Naivität des Optimisten. Mit seiner prinzipiell bejahenden vertrauensvollen Weltsicht macht er sich angreifbar. Verächter, Kritiker und Gegner können ihn deshalb leicht widerlegen. Mühelos begeben sie sich in die Rolle des abgeklärten Beobachters, der schärfer sieht, realistischer analysiert, recht behält, wenn etwas schiefgeht.«[19]

Diese Nörgler nennt Hansen ironisch »mutige Streiter gegen den Machbarkeitswahn«,[20] denn sie beherrschen ihr destruktives Handwerk, auch in der Medienbranche.

»Jemand legt eine neue Idee auf den Tisch und das auch noch vor versammelter Mannschaft. Die Kollegen holen tief Luft und dann, langsam zuerst, dann aber immer schneller und heftiger, pflücken sie den Vorschlag auseinander, bis am Ende nichts davon übrig bleibt als ein paar Knochen und ein trauriges Häuflein Reststolz des Ideengebers.«[21]

Karriereorientierten Optimisten würde so etwas nicht passieren. Sie kämen nie auf die verrückte Idee, unvorbereitet innovative Ideen in ein Gremium einzubringen. Entweder sind sie die Chefs, dann zählt ohnehin das, was sie sagen. In diesem Fall ist es leicht, denn die Nörgler werden mit ihren Argumenten nicht erhört oder im besonders

kigen Nörgelfall auf Zwergenniveau zurechtgestutzt. Das ist
nsibel, funktioniert aber und spart Zeit. Oder sie sind keine
nn haben sie die Innovation mit den Entscheidern und Sta-
tusnohen im Unternehmen bereits vorab informell abgestimmt. Sie
sind sich damit der Zustimmung »von oben« sicher.

Sebastian Seiler, seines Zeichens Filmemacher, ignoriert das alles. Er setzt auf die
Wirkung seiner Inhalte, denn diese haben Qualität, und auf seine fabelhafte Art zu
präsentieren, denn die macht ihm so schnell keiner nach. Beim letzten Meeting half
ihm jedoch weder das eine noch das andere. Das Netzwerk der Ideenzerfleischer
brachte ihn zur Strecke. Es ließ ihn für seine Naivität bluten – mit einer Nörgellawine.
»Zum Beispiel in einem öffentlichen Sender, wenn man den zuständigen Redakteuren
einen fertigen Film zum ersten Mal vorführt. Du hast dir tagelang den Kopf zerbrochen
[...] und nachts durchgearbeitet, um dir einen witzigen Text aus den Fingern zu saugen.
Dann zeigst du den fertigen Film der Redaktion. Wenn der zu Ende ist, herrscht erst-
mal allgemeines Wohlbehagen. Die finden ihn gut. Bis sich dann einer ganz hinten
meldet und sagt: ›Find ich auch gut, aber ...‹ Und dann legt er los. Er kritisiert, dass
das Braunkohlewerk nicht im Jahr 1975, sondern 1976 eröffnet wurde. [...] Ein Zweiter
meldet sich und findet noch ein Haar in der Suppe. Dann sind die anderen langsam in
der Pflicht, sich auch mal als Kritik-kompetent zu zeigen, vor allem die Vorgesetzten.
[...] Und alles, was sie sagen, muss noch besser, härter, ausgefeilter sein als das, was
vorher kam. Am Ende heißt es dann, es wäre unverantwortlich, den Film zu senden.«[22]

Nichts demotiviert Menschen mehr als solche Meetings mit pessimistischen Nörgellawinen-Lostretern und nichts befriedigt andererseits
diese Spezies mehr als ihre Kritikleidenschaft. Sie erhöhen sich durch
ihr Genörgel, und sie genießen das langsame Absaufen des Kritisier-
ten. Selbst als Optimist könnte man verzweifeln, wenn man diese
notorischen Nörgler nicht präventiv ins Abseits gestellt hätte. Mithilfe
der Hierarchie und des eigenen Netzwerks reduziert man sie im Vorfeld so sehr in ihrem Status, dass sich keiner mehr für ihre nörgelnden
Beiträge interessiert. Oder man bittet sie, parallel zum Meeting einen
viel wichtigeren Termin wahrzunehmen. Dann sind sie wenigstens
weg. Oder man nennt ihnen eine falsche Uhrzeit, einen falschen Tag
oder eine falsche Adresse. Das ist zwar irgendwie unfair, geht aber am

schnellsten und fördert einen konstruktiven Projektabschluss. Oder man setzt, wie Seiler, auf die Vergesslichkeit der Nörgler:

»Lass sie ruhig dein Baby zerrupfen, dann sagst du, ›ist gut, ich ändere das‹. Und dann schneidest du irgendwas an dem Film um. Völlig egal, was. Beim nächsten Termin präsentierst du ihnen dann den irgendwie veränderten Film, und da sie gar nicht mehr wissen, worüber sie beim letzten Mal genörgelt haben, jetzt aber sehen, dass du scheinbar irgendwas gemacht hast, sind sie zufrieden. Einmal habe ich einen Film sogar völlig unverändert nochmal präsentiert, weil ich so sauer war, wie grundlos der zerrupft wurde – und beim zweiten Mal kam er anstandslos durch, obwohl ich nichts daran geändert hatte! ›Viel besser jetzt‹, sagten sie, und auch noch mit diesem Unterton: War das denn jetzt so schwer?«[23]

Man könnte diese Kollegen für diese Art hassen. Dabei geben sich die pessimistischen Bremser gerne auch noch überbesorgt. Sie sprechen von Bescheidenheit, sie lamentieren, sie jammern und sie loben sich für ihre Duldsamkeit. Sie wollen ständig diskutieren und reflektieren, damit keiner bemerkt, dass sie im Grunde nur nichts eigenständig auf die Beine stellen können. Sie sind Kritiker, die ihre Schwäche übertünchen, aber sie sind keine Macher. Sie zählen damit zu den Hauptfeindbildern der Optimisten. Diese würden Nörgler und Muffel in der Geschäftswelt am Liebsten ins Nirwana schicken, sodass ihre destruktive Haltung die notwendigen Entscheidungsprozesse nicht mehr vergiften kann. Das ist bitter nötig, damit die destruktiven Pessimisten nicht im falschen Moment die falschen Weichen stellen und die Konferenz auch noch mit ihrem Distress vergiften.

Distress, liebe Leserinnen und Leser, signalisiert, dass man sich am falschen Platz aufhält. An einem Platz, der einen unter Druck setzt und von dem man flüchten möchte. Etwa bei der Finanzplanung, die einen überfordert, bei Fragen zur Digitalisierung, die einfach zu kompliziert sind. Das gibt natürlich niemand zu, fast niemand. »Ich bin mehr, als ich kann«, bekannte mir gegenüber ein Manager im Vier-Augen-Gespräch. Ihn überforderte die Mittelfreigabe für neue Computerprogramme, denn er konnte schlichtweg nicht einschätzen, ob die horrenden Ausgaben wirklich notwendig waren.

Zur falschen Zeit am falschen Ort funktioniert leider auch viel alltäglicher:[24]

- Sie gehen im Urlaub ahnungslos durch ein zweifelhaftes Stadtviertel, in dem Sie von den Einheimischen böse gemustert werden. Sie sind am falschen Ort.
- Sie sitzen auf der Familienfeier neben ihrem zickigen Schwiegervater, der sich einen erfolgreicheren Schwiegersohn gewünscht hätte. Die Spannungen sind zum Greifen. Sie sind am falschen Ort.
- Egal, was Sie im Meeting präsentieren, Ihr Chef findet es ausbaufähig. Sie sind am falschen Ort.

Hier hilft keine Einstellungsveränderung gegen den Distress, sondern am besten nur ein Ortswechsel (wie im Urlaub) oder die Delegierung der komplexen Aufgaben an kompetenteres Personal (etwa bei Fragen der Digitalisierung). Wir kriegen keine Delle ins Universum gehauen, so der Kommunikationsexperten Hans-Uwe Köhler, wenn wir fremdbestimmte Ziele verfolgen oder uns an falschen Orten aufhalten. Das schreibt er Unternehmensmuffeln und Dauerkritikern ins Stammbuch.[25] Überraschenderweise verträgt sich deren beruflicher Pessimismus übrigens scheinbar problemlos mit der Zuversicht im Privaten. Das ist doch erstaunlich.

»Eine Umfrage der Uni Hohenheim ergab: Nur 28 Prozent der Deutschen sehen die Zukunft ihres Landes optimistisch. Aber 63 Prozent sind guten Mutes, was ihr eigenes Los betrifft – als lebten sie woanders. Der Unterschied ist nur scheinbar widersinnig. Zum einen ist das menschliche Gehirn ein unermüdlicher Problemlöser, es kann gar nicht anders. Wer sich eine widrige Situation vorstellt, hat sofort vor Augen, wie er dagegen angeht: Die Jugend verlottert? Wir erziehen unsere Kinder besser. Der Hautkrebs nimmt zu? Wir cremen uns ein.«[26]

Die Nörgler differenzieren also zwischen privatem Optimismus und öffentlichem Pessimismus.[27] Diese Zweigleisigkeit lässt sich gut ertragen und noch besser begründen, denn in der Geschäftswelt steigt der Optimismus erst mit der Beeinflussbarkeit der beruflichen Entwicklung, egal auf welcher Hierarchieebene. Je größer der Einfluss ist, desto optimistischer wird man. Kein Wunder also, dass Führungskräfte und Mitarbeiter, die mitbestimmen können die Dinge in der Regel positiver sehen als reine Befehlsempfänger. Im Privaten ist es aber anders, denn da haben alle einen direkten Einfluss auf ihr Leben, egal ob sie eine Wohnung einrichten, den Urlaub planen oder sich einen Teich im Garten anlegen. Hier sind sie die Macher und Bestimmer und deswegen empfinden sie, dass es ihnen ganz gut geht und anderen im Vergleich schlechter. Das gibt auch ihnen die Illusion der Überlegenheit und unterstreicht, dass viele Pessimisten bei der Beurteilung ihrer Kollegen kritisch sind und keine rosarote Brille tragen, mit sich selbst aber eher milde umgehen.[28] Gesamtgesellschaftlich sehen sie trotzdem schwarz. Sie bleiben eben Pessimisten, Dauernörgler oder in ihrer krassesten Ausrichtung Wutbürger. Die können einen richtig auf die Palme bringen. Je größer die Distanz zu diesen destruktiven Zeitgenossen, desto besser.

Man kann aber auch Glück im Unglück haben und auf einen konstruktiven Nörgler stoßen. Mit dem macht die Zusammenarbeit fast schon wieder Spaß, denn sie ist herausfordernd. Der konstruktive Nörgler stellt nämlich kluge Fragen, vielleicht als Compliance-Beauftragter oder als graue Eminenz, die vor Kostenexplosionen à la Elbphilharmonie, Stuttgart 21 oder Berliner Flughafen warnt.

Empfehlung: Konstruktive Nörgler erkennt man daran, dass sie ein kleines Rollenspiel favorisieren, das viel zur Kostenkontrolle beitragen kann: Was wäre aus dem Berliner Flughafen geworden, »hätte man Politiker, Architekten und Bauträger vor der Grundsteinlegung noch einmal für zehn Minuten zusammengesperrt: Schreiben Sie auf, warum die Kosten sich in wenigen Jahren verfünffacht haben.«[29] Der Expertenfantasie wären keine Grenzen gesetzt. Das Ergebnis hätte sicherlich den Realitätsbezug der Anwesenden gefördert, ohne die Hoffnung zu zerstören und das Projekt gleich ad acta zu legen.

Der Trendforscher Matthias Horx begrüßt dieses Prinzip Hoffnung, und er hat darüber eine ganze Anleitung zum Zukunftsoptimismus geschrieben. Der Apokalypse der Pessimisten stellt er die Chancen gegenüber. Er widerspricht der Prognose von der bösen Globalisierung ebenso wie dem vermeintlichen Werteverfall. Er widerspricht der These von der medialen Verblödung und der immer größer werdenden Schere zwischen Arm und Reich. Und dem Problem der demografischen Entwicklung widerspricht er sowieso. Eigentlich widerspricht er so ziemlich allem im Mainstream. Sein Credo lautet: Das kann und muss man optimistischer sehen, denn die Medien präsentieren uns eine Realitätsmatrix, die »von Menschen produziert wird, die viel Kaffee trinken und meistens zu viel sitzen«. Dramatische Fernseh- und Internetbilder mögen »echt sein im Sinne ihrer Herkunft. Aber die Kontexte, in denen sie gesendet und geschnitten, verpackt und verkürzt werden, sind Konstruktionen«[30], pessimistische Konstruktionen.

Nehmen wir den demografischen Wandel als Beispiel. Ist er tatsächlich eine Bedrohung? Ist es ein Drama, wenn wir gesünder leben und dadurch auch älter werden? Wenn wir uns besser ernähren, nicht rauchen, mehr Sport treiben? Ist das alles so übel, nur weil deswegen die Altersversorgung in Gefahr gerät und neu durchdacht werden muss? Horx' Faktencheck macht deutlich: So apokalyptisch sieht die Zukunft nicht aus.

»Verlassen Sie das Empire of Belief. Jenes Universum aus medial geprägten Meinungen, Vorurteilen und konventionellem Wissen, das unseren Zukunftsdiskurs bis in die letzte Hirnverästelung definiert. Glauben Sie nichts, was man sich so erzählt – über die Welt und ihre Veränderungen, die angeblich alle zum Schlechten verlaufen. Widerstehen Sie den Oberlehrern und Apokalypse-Gurus, indem Sie sie einfach ignorieren. Wagen Sie einen mentalen Reset.«[31]

Matthias Horx' Reset-Idee ist doch einen Versuch wert. Zumal es noch einen weiteren gewichtigen Grund gibt, nicht zum Nörgler zu werden: nämlich seine Neigung zum defensiven Pessimismus, der Idee, dass uns geringe Erwartungen vor Enttäuschungen bewahren. Diese Haltung macht nicht glücklich, sie macht nur klein. Sie zieht die Fantasie in den Dreck. Geringere Erwartungen machen ein Versagen auch nicht weniger schmerzlich, sie führen lediglich zu schlechteren Ergebnissen.[32]

Sie sehen, der Pessimismus hat nicht sonderlich viel zu bieten. Daher neigen auch nur wenige Menschen zum totalen Pessimismus. Existenzialisten vielleicht oder Literatur- und Kulturkritiker. Doch diese werden für ihre finsteren Statements immerhin noch honoriert, sie können von ihrem Gejammer leben. Aber wer will das schon? So viel Schmerzensgeld könnte man mir gar nicht zahlen, dass das eine Alternative wäre!

Wie ist das bei Ihnen? Neigen Sie zum Pessimismus? Wohl kaum, denn dann hätten Sie dieses Buch nicht einmal mit der Kneifzange angefasst.

- Aber schätzen Sie konstruktive Nörgler, ohne selbst einer zu werden? Das wäre klug, denn dann haben Sie ein erstklassiges Frühwarnsystem für drohenden Ärger an Ihrer Seite.
- Machen Sie das Kostenexplosionsgedankenspiel? Das wäre fantastisch, weil dann die Wahrscheinlichkeit steigt, dass Sie den Worst Case noch vermeiden können.
- Vermeiden Sie Distress und den falschen Ort so häufig es eben geht? Wunderbar, denn das raubt nur Ihre Kraft, die Sie für Innovatives einsetzen sollten.
- Meiden Sie Ideenzerfleischer so weit wie möglich? Ich gratuliere Ihnen, dann sind Sie nicht nur motivierter und beruflich auf dem richtigen Weg, sondern steigern auch Ihr positives Lebensgefühl.

Lassen Sie uns nun einen Blick auf den spezifischen Optimismus im deutschsprachigen Raum werfen, den »Sekundären Optimismus«. Er ist ein zentrales Ergebnis der Forschungsstudie des Wirtschaftsclubs der Optimisten und beschreibt sehr gut – wie ich finde – die Befindlichkeit vieler Menschen, die bereit sind, Wirtschaft und Gesellschaft wohlwollend positiv, aber nicht zu rosarot zu betrachten.

Warum manche weiter kommen als andere – der Sekundäre Optimismus

Das Geschäftsleben im deutschsprachigen Raum ist optimistischer als seine Außendarstellung. Fragt man Manager, Unternehmer und Aufstiegsorientierte öffentlich, wie es läuft, sind sie zurückhaltend, man gibt sich skeptisch. Nur nicht zu viel öffentliche Euphorie! Selbst wenn es sehr gut läuft, garantiert das ja nicht, dass es nächstes Jahr so weitergehen wird. Fragt man sie privat, sprudelt häufig die Begeisterung. Familie und Freundschaften geben Halt, die Einkommen sind stabil oder steigen. Die meisten können ihr normales oder komfortables Leben genießen, und manche können es luxuriös ausbauen. Man kann sich materielle Träume erfüllen, eine schicke Uhr oder den computergesteuerten Rasenmäher. Man kann die Vibration eines Boliden ab 300 PS genießen oder eine kostspielige Handtasche spazieren tragen. Nicht dass das Materielle überbewertet werden sollte, doch diese Gratifikationen machen vielen Menschen Freude. Vor allem Vorfreude – Optimisten lieben Vorfreude!

Stellen Sie sich deshalb einmal vor, bittet die Neurowissenschaftlerin Tali Sharot, Sie dürften Ihren Lieblingsstar intensiv küssen[33], und er wird Ihren Kuss garantiert und voller Leidenschaft erwidern! Sie brauchen also keine Angst davor zu haben, einen Korb zu erhalten. Sie dürfen sich nun sogar aussuchen, wann dieses legendäre Ereignis stattfinden soll: sofort, in 24 Stunden, in drei Tagen, in einem halben Jahr oder in 10 Jahren?

Die meisten von Tali Sharots Befragten wählten nicht die sofortige Erfüllung ihres Traums, das wäre zu überraschend – so ihre Begründung –, zu plötzlich und außerdem viel zu schnell vorbei. Eine Ausnahme bildet meine Kollegin Lea Gritmann, denn die will sofort küssen, als ich ihr von dem Beispiel berichte. Ihre Nordseeküsten-Mentalität folgt der Logik: »Was ich hab, das hab ich.« Die meisten von Tali Sharots Befragten denken aber nicht so. Ebenso wenig wählten sie die 10-Jahres-Option, denn das ist ja noch ewig hin! Wer will sich schon gerne heute darauf festlegen, zukünftig einen alternden Star zu küssen?

Der absolute Favorit war die 3-Tages-Option: Sie verspricht Vorfreude, die man noch gut aushalten und dann um so mehr genießen kann, denn drei Tage sind absehbar. Sie garantieren Tagträume, Fantasien, Nervenkitzel, Endorphine überschwemmen den Körper und dann endlich: der Kuss. Schöner geht's kaum!

Vorfreude multipliziert optimistische Gefühle. Deswegen lieben Berufstätige auch den Freitag, nicht den Sonntag. Obwohl man am Freitag noch schuften muss und obwohl der Sonntag frei ist und man im Pyjama leckere Croissants im Bett frühstücken kann. Doch der Sonntag hat keine Vorfreude, er ist lediglich das Tor zum düsteren

Montag. Der Freitag hingegen verspricht ein spannendes Wochenende, zum Beispiel mit Freunden und Partys, oder schöne entspannte Stunden.[34] Optimisten lieben das, sie erwarten – im übertragenen
Sinne – schlichtweg mehr Freitage, auch mehr Küsse in der Zukunft,
und das verbessert ihr Wohlbefinden ganz erheblich.

Vorfreude hebt die Stimmung, das wissen die Wirtschaft und vor
allem auch der Handel ganz genau. Deshalb gibt es auch so oft Warte-
zeiten bei hochpreisigen Produkten, wie beispielsweise der Kelly Bag.
Wartezeit ist Vorfreudenzeit, die bei dieser Handtasche deutlich über
drei Tagen liegt. Gleiches gilt beim neuen Flitzer mit Sonderausstat-
tung oder beim Maßanzug. Dessen Anfertigung kann dauern, folgt
aber einer bestechenden Logik.

Ein Mann lässt beim Schneider eine Hose anfertigen. Die Fertigstellung soll innerhalb
von 14 Tagen erfolgen. Zum verabredeten Termin ist die Hose aber leider doch nicht
fertig. Der Schneider nennt zwei neue Termine, die er jedoch ebenfalls nicht einhält.
Beim nächsten Termin klappt es endlich. Der Kunde zieht die Hose in einer Mischung
aus Verärgerung und Erleichterung an und meint: »Sie passt, aber warum in aller Welt
haben sie vier Monate für die Fertigstellung benötigt, wo Gott die Welt in sechs Tagen
erschaffen hat?«

Der Schneider erwidert: »Mein Herr, schauen Sie sich diese Hose genau an und
werfen Sie dann einen Blick auf unsere Welt: welch ein enormer Qualitätsunter-
schied!«[35]

Argwohn vor dem Neuen ist klug

Vorfreude ist das eine, Sekundärer Optimismus das andere. Er ist auf
den ersten Blick paradox, denn seine Basis ist der Argwohn vor dem
Neuen, so die Optimismus-Studie. Das Innovative wird zwar als notwendig erachtet, aber auch als Zerstörer alter Traditionen gefürchtet,
denn Bewährtes wird infrage gestellt und das verunsichert. Das sei ein
anomischer und damit unangenehmer Zustand, so der US-amerikanische Soziologe Robert K. Merton, denn das Alte gelte nicht mehr und
das Neue sei noch nicht erworben. Der Argwohn des Sekundären Op-

timismus hat also eine seriöse Grundlage und ist berechtigt. Im Wettbewerb ist alles eine Frage der Perspektive, denn nicht alles, was im Berufsleben hoffnungsvoll stimmt, begeistert auch die Mitbewerber – und umgekehrt. Die erfolgreiche Expansion ist natürlich ein Grund zum Feiern, nur nicht für den, der verdrängt wurde. Insofern sind Argwohn und die kritische Prüfung des Neuen eine kluge Strategie. Auch für Optimisten. Deswegen wird bei innovativen Projekten – wie bereits am Anfang des Buches beschrieben – kein spontanes Handeln, sondern das Abwägen in vier Schritten empfohlen:

1. Nachdenken, um die Chancen und Risiken zu realisieren,
2. entscheiden,
3. das Projekt bei positiver Entscheidung durchziehen,
4. mögliche Kritik abperlen lassen.

Erst auf den Realitätscheck folgt das Zünden des Turboladers. Mein britischer Kollege aus Birmingham korrigierte augenzwinkernd: »It's not the German turbo. It's the German panzer.« Sie können es nicht lassen, die Briten, Humor ist aber, wenn man trotzdem lacht. Nachdenken, Zögern und Abwägen werden international gerne als »German Angst« diskreditiert. Dabei ist das weder ängstlich noch innovationsfeindlich. Es verhindert lediglich spontane, nicht konsequent durchdachte Erstreaktionen, die zwar gut gemeint, aber nicht gut gemacht sind. Das Zögerliche wird in der Schweiz, in Österreich und Deutschland gerne in Kauf genommen, wenn das Projekt am Ende erfolgreich abgeschlossen werden kann, weil es von Anfang an ordentlich durchdacht war. Auf diese Erkenntnis haben die Macher des Berliner Flughafens offensichtlich verzichtet. Fehlplanungen waren die Folge, sodass der Schwarze Peter beim Thema Brandschutz zwischen Bauherr, Bauunternehmen und Architekturbüro hin und her geschoben wurde. Einigkeit bestand nur in der notwendigen Kostenexplosion im Milliardenbereich.

Typisch sind derartige Fehlentwicklungen allerdings nicht, auch wenn sie bei einigen Großprojekten ins Auge stechen. Charakteristisch ist für Optimisten eher die erfreuliche Tendenz, in Krisensituationen anzupacken. Bürokratie wird dann durch Improvisation ersetzt, etwa bei Flutkatastrophen. In vielen Menschen steckt hierzulande eine Krisenmanagementbereitschaft à la Helmut Schmidt. Sie hat den optimistischen Anspruch, aus Krisen gestärkt hervorzugehen. Die Spareinlagen, trotz Bankenkrise gesichert? Die Wiedervereinigung geschafft? Die österreichischen Grenzen gen Süden im Griff? Die schweizerische Neutralität bewahrt? Gesellschaftliche Konflikte durch Volksabstimmungen gelöst? All das unterstreicht die Bereitschaft zum Krisenmanagement: Nachdenken, entscheiden, durchziehen, Kritik abperlen lassen! Das wird auch von anderen Nationen gewürdigt: »Ja, ihr Deutschen habt das hier drauf. Im Autobau, in der Wirtschaft, im Austarieren mit Gewerkschaften. Nur bei Großprojekten schwächelt ihr, aber das kommt wieder«, so ein indischer IT-Compliance-Chef während eines gemeinsamen Abendessens in Berlin.

Positive Fokussierung hilft

Auf der Optimismusskala des Rheingold-Instituts sollten sich alle Interviewpartner selbst einschätzen zwischen 1 (nicht optimistisch) und 10 (sehr optimistisch). Die durchschnittliche Selbsteinschätzung der Befragten lag bei stolzen 8 bis 9. Das kollegiale Umfeld wurde dagegen kritischer mit 5 bis 6 bewertet. Spitzenwerte gab es in Bezug auf Kinder, Familie, Ehe – und Skepsis, was denjenigen betrifft, der im Büro oder im Kino neben uns sitzt.[36] Zweifler und Spaßbremsen sind wegen der positiven Fokussierung die anderen; man selbst sticht dagegen hoffnungsvoll hervor, so zumindest die Selbstwahrnehmung. Die anderen sieht man kritischer, denn die können fünf nicht gerade sein lassen, die suchen immer das Haar in der Suppe, die pflegen eine Vollkaskomentalität und behaupten, ihr Pessimismus sei nicht demotivierend, sondern mahnend und Ergebnis einer kritischen Reflexion.

»Nichts ist sicher! Ich bin davon überzeugt, dass ich keine Pension vom Staat erhalten werde, obwohl sie mir zusteht«, klagt eine verbeamtete 63-jährige Regierungsdirektorin in Dresden. Eine Vollkaskobeamtin mit Pensionsängsten? Mit Ansprüchen auf eine Pension, für die der Staat bürgt? Die Sorge ist unbegründet, doch die Regierungsdirektorin zweifelt weiter. Das nervt einen Optimisten wie mich. Ich habe ihr deswegen eine Wette angeboten: Wenn sie tatsächlich keine Pension erhalten sollte, zahle ich die ersten zwei Monate ihr Pensionsgeld aus meiner privaten Tasche. Wenn Sie aber ihre Pension erhält, schenkt sie mir ihre ersten beiden Überweisungen. Sie hat sich Bedenkzeit erbeten, ihre Antwort steht noch aus.

Die positive Fokussierung führt häufig zu Optimierungswünschen, manchmal sogar zum Optimierungswahn: noch besser werden, noch glücklicher, noch schlanker, noch athletischer, sich vergleichen, zu anderen hinüberschielen, um sich von ihnen eine Scheibe abzuschneiden. Gerne auch über Ländergrenzen hinweg. Von den Franzosen, die erscheinen so kulinarisch-kultiviert. Die Mallorciner so mediteran. Die Amerikaner mit ihrem »You name it, we have it« so positiv-pragmatisch. Die Italiener leidenschaftlich und spitzenmäßig gekleidet. Die Japaner diszipliniert und angenehm distanziert. Und die Dänen gelten ohnehin als eines der glücklichsten Völker.

Der Optimierungsbedarf erscheint grenzenlos. Er kann den Ehrgeiz wecken, besser werden zu wollen, doch glücklicher macht er nicht. Optimierungswünsche sind die Schattenseite der positiven Fokussierung und hindern eher auf dem Weg, ein optimistischer Mensch zu werden oder zu bleiben.

Ganz im Gegensatz zur Konzentration auf die Positivtrends, die ebenfalls zum Sekundären Optimismus zählen, wie sie etwa in der Studie der BAT-Stiftung für Zukunftsfragen[37] beschrieben werden. Ihr Gestern-Heute-Vergleich ist nicht blauäugig, sondern gibt Anlass zur Hoffnung und damit zum Zukunftsoptimismus. So ist die weltweite extreme Armut von 1990 bis heute reduziert worden; sie betrifft nicht mehr 1,9 Milliarden Menschen, sondern »nur« noch 0,7 Milliarden. Die Armutsquote sank von 47 Prozent (1990) auf 10 Prozent (heute), die Kindersterblichkeit sank im selben Zeitraum weltweit von 90 von 1000 Kindern auf 42 von 1000 Kindern. Hoffnung machen auch Entwicklungen wie die des Chinesen Yuan Longping, einem der renommiertesten Reisforscher der Welt. Er ist der Vater des Hybridreises. Mit seinem Superreis werden die Erträge drastisch gesteigert werden können. In Regionen, in denen es bisher kaum möglich war. Hunger könnte damit zum Fremdwort werden.[38]

Optimisten sind Meister derart positiver Fokussierungen. Wie ein Suchscheinwerfer orten sie Hoffnungsvolles, weil es sie ermutigt, auch in die eigenen Projekte hoffnungsvoll einzusteigen. Diese Fokussierung betrifft natürlich auch die Stärken des eigenen Landes: Ingenieurskunst, Export- und Fußballweltmeister, Erfolge der Wirtschaft in der Schweiz und in Österreich sowie historische soziale Errungenschaften seit der Bismarkschen Sozialgesetzgebung begründen dies. Sie bieten einen stabilen Rahmen für die eigene Erfolgsgeschichte, die sich unter anderem auch in der eigenen Arbeitsplatzzufriedenheit ausdrückt. Neun von zehn Berufstätigen sind damit heute zufrieden, wie die BAT-Stiftung für Zukunftsfragen hervorhebt. Auch die Anzahl der Beschäftigten ist gestiegen, die Anzahl der Arbeitslosen gesunken. Dennoch führen diese guten Entwicklungen hierzulande zu keinem Hurra-und-Hoppla-alles-super-Hype, und das hat gute Gründe, denn der Optimismus in Deutschland bleibt im Vergleich zu Österreich und der Schweiz immer ein wenig verhaltener. Es ist ein Tribut an die deutsche Geschichte, es bremst die historische Angst vor der blinden Begeisterung in der Nazizeit. »Der Optimismus der Deutschen ist damit untrennbar von der deutschen Identität zu begreifen. So wie der individuelle Optimismus sich aus dem Vergleich mit anderen und aus der Lebenserfahrung speist – so speist sich der nationale Optimismus aus dem Vergleich mit anderen Nationen und aus historischen Ereignissen.«[39] »Hurra-Optimismus« wird daher eher kritisch beäugt, selbst wenn es sich nur um fahnenschwingende Fans während einer Fußballeuropameisterschaft handelt. Zu patriotisch? Die Wortwahl in den Interviews unserer Studie belegen diese Distanz zur nationalen Identität: Die Befragten sprechen über »die Deutschen« und meinen sich selbst eigentlich nicht damit. Die ehemals schuldige Nation, so Grünewald in seiner Präsentation beim Clubvorstand der Optimisten, will damit nationaler Euphorie und zu viel Pathos vorbeugen. Daher wird der Sekundäre Optimismus als angemessen empfunden. Er ist keine Bremse, sondern ein Garant für Ernsthaftigkeit und die Voraussetzung für eine zupackende Gesellschaft, deren Erfolge sich sehen lassen können. Dieses selbstkritische Verständnis bezieht sich allerdings nur auf das gesellschaftspolitische. Bei privaten Zukunftsentscheidungen ist der optimistische Blick dagegen ungetrübt.

Werfen wir einmal einen Blick auf die Eheschließung. Sicher ist sie eine der folgenreichsten und verbindlichsten Entscheidungen im Leben von Paaren, die mit großem Mut angegangen werden muss, denn die Wahrscheinlichkeit einer Scheidung liegt heute bei zirka 40 Prozent. Das heißt, viele Paare werden sich trennen und dann um das Sorgerecht, den gemeinsamen Besitz und das Vermögen streiten. Das ist bekannt und unerfreulich.

Fragt man aber Frischverheiratete, wie es bei ihnen aussehen wird, antworten die meistens, die Wahrscheinlichkeit für eine Scheidung läge bei ihnen bei 0 Prozent. Das ist nun wirklich nicht realistisch, oder? Vielleicht sollte man deswegen lieber heiratswillige Scheidungsanwälte nach ihrer Einschätzung fragen – die sollten es ja wissen. Immerhin haben sie tagtäglich mit den Folgen von Trennungen zu tun. Laut ihrer Selbsteinschätzung liegt ihre persönliche Scheidungswahrscheinlichkeit bei: 0 Prozent! Das ist absurd, unbegründet, aber wahnsinnig romantisch.

Die Scheidungswahrscheinlichkeit von Optimisten entspricht übrigens im Durchschnitt ebenfalls der 40-Prozent-Marke. Doch die Wahrscheinlichkeit, sich erneut zu verheiraten, liegt in ihrem Selbstverständnis deutlich höher – wegen des Above-Average-Effekts. Sie halten sich selbst für attraktiver als andere und meinen deshalb bessere Karten zu haben, ein weiteres Mal erwählt zu werden. Die Neurowissenschaftlerin Tali Sharot nennt daher die Eheschließung mit einem Augenzwinkern den Triumph der Hoffnung über die Erfahrung.

Ist diese Hoffnung falsch? Sollten wir uns ganz nüchtern die 40-prozentige Scheidungsquote vor Augen halten und gar nicht erst heiraten? Sollten wir dann auch keine Unternehmen gründen, nur weil die meisten Neugründungen die ersten drei Jahre nicht überleben? Auf gar keinen Fall! Wir sollten nicht den Mut verlieren, und das ist dank einer optimistischen Einstellung kein großes Problem, denn sie schützt unser Gehirn wie eine Art Regenmantel. Sie behütet das irrational positive Denken, das sogenannte Irrational Positive Brain.[40] Allzu negative Gedanken prallen daran ab, zum Selbstschutz. So kann man sich auf das Machbare, das Hoffnungsvolle und auf die Problemlösung konzentrieren. Letzteres ist das Spezialgebiet unseres Gehirns.

»Blendet die Sonne, verlangt es nach einer Sonnenbrille, ist ein Weg versperrt, fahndet es nach einer Umleitung, ist es draußen zu heiß, fährt es die körpereigenen Kühlsysteme hoch. So erklärt sich, warum auf die Warnung vor dem Waldsterben statt des Waldsterbens der Klimaschutz folgte [...] Das Hirn ist aber nicht nur intelligent, es ist auch pragmatisch: Sobald wir eine Entscheidung getroffen haben, finden wir sie richtig.«[41]

Warum macht unser Gehirn das? Weil es evolutionär programmiert ist, die beste Lösung zu finden. Im deutschsprachigen Raum wird diese Programmierung immer von einem selbstkritischen Unterton begleitet, der zu immer besseren Leistungen anstachelt: »Da geht doch noch was!« Das leistungsorientierte Selbstverständnis des Wirtschaftsclubs der Optimisten entspricht dieser Logik: Das Leben könnte schön sein! Aber jeder muss sich dafür einsetzen, dass es schön bleibt oder besser wird![42] Ob wir noch die Länder der Dichter sind, kann ich schwer beurteilen. Die Länder der ökonomischen Denker sind wir allemal. Das ist das Gen, das in vielen Unternehmensgründern steckt:

»Sie sind quasi die Märtyrer des Optimismus. Obwohl sie wissen, dass gerade mal ein Drittel der Existenzgründungen die ersten drei Jahre überlebt, gründen Menschen immer wieder neue Unternehmen. Sie glauben einfach daran, zu diesem Drittel zu gehören. Erfolgreiche Gründer zeigen: Jene, die sich auf diese Mühen einlassen, werden auf Dauer auch belohnt [...] So führt der Optimismus einzelner am Ende zur Verbesserung ganzer Gesellschaften.«[43]

Und die Verbesserungen sind sichtbar. Sie sind keine rosarote Naivität, das Niveau der Zivilisation hat sich gehoben. Gesellschaftliche Toleranz wird verteidigt, Schulpflicht, Bildungschancen, Krankenversorgung sind im deutschsprachigen Raum Basics. Unsere demokratischen Umgangsformen und der Wohlstand weisen im Rückblick der Jahrhunderte in eine positive Richtung. Aber diesen Fortschritt gibt es nicht zum Nulltarif, er verlangt großes Engagement, wie beim nachhaltigen Ringen um den richtigen Weg.

»Optimismus strengt an und er gelingt nicht immer. Selbst den entschlossensten Optimisten verlässt manchmal der Mut. Gerade in Krisenzeiten sind Optimisten besonders gefordert [...] Es zählt zu den Aufgaben des Optimismus, zu hohe Erwartungen zu dämpfen, Wege aus der Krise zu finden.«[44]

Und das geschieht täglich. Optimismus kann schlummernde Ressourcen wecken, denn er lehrt, das Vorhandene wertzuschätzen und weiterzuentwickeln. »Auf diese Weise wirkt er effizient, nachhaltig und stabilisiert das mentale Ökosystem.«[45] Erst wer Gutes denken kann, kann auch Gutes tun. Dieses »gute Denken« fällt Optimisten leichter, aber sie übertreiben es eben auch nicht. Daher fällt der kurzfristige Stolz nach einem Erfolg, schnell wieder in den Zweifel zurück: Hat sich wirklich alles so toll entwickelt? Ist da nicht doch noch Luft nach oben? Stimmt die Work-Life-Balance? Tausend mögliche Fragen tun sich auf und der Kreislauf des Sekundären Optimismus kann erneut beginnen. Mit dem Ziel, es doch noch ein wenig besser zu machen. Allein dafür muss man Optimisten lieben.

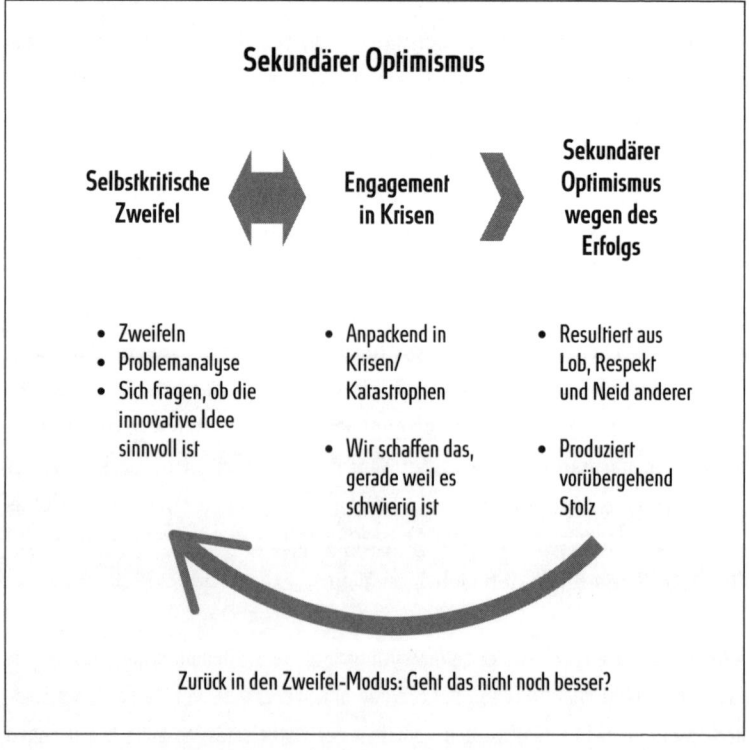

Sekundärer Optimismus

Selbstkritische Zweifel → **Engagement in Krisen** > **Sekundärer Optimismus wegen des Erfolgs**

- Zweifeln
- Problemanalyse
- Sich fragen, ob die innovative Idee sinnvoll ist

- Anpackend in Krisen/ Katastrophen

- Wir schaffen das, gerade weil es schwierig ist

- Resultiert aus Lob, Respekt und Neid anderer

- Produziert vorübergehend Stolz

Zurück in den Zweifel-Modus: Geht das nicht noch besser?

Quelle: Studie des Clubs der Optimisten/Rheingold-Institut

Der Zweifel, ob das Optimum erreicht ist, führt demnach weder zu Furcht noch zu Erstarrung, sondern zu Denkanstrengungen, zu einem kritischen Hinterfragen, das dem Sekundären Optimismus vorgeschaltet ist: Lohnt sich der geplante Einsatz wirklich? Das ist ein Selbstschutzmechanismus, der uns vor Fehlentscheidungen bewahrt und davor, Energie in Projektideen zu verpulvern, die sich bei näherer Betrachtung nicht lohnen. Dieser Selbstschutzmechanismus ist wichtig, denn er behütet uns davor, den Optimismus zu idealisieren, denn der ist kein fester Charakterzug, dem alles zufällt. Er garantiert nicht automatisch Tatkraft und Erfolg, er ist keine feste Größe. Eine permanente 24-Stunden-Optimismusstabilität gibt es leider nicht in unserer Psyche, denn sie ist auch Schwankungen in der Tagesform unterworfen, vor allem bei privaten Schicksalsschlägen. Das heißt auch, nur weil etwas beruflich sehr vielversprechend beginnt, muss es nicht gelingen. Dafür sind die gesellschaftlichen, persönlichen und wirtschaftlichen Einflüsse, denen wir ausgesetzt sind, zu vielfältig.

Die Welt ändert sich ständig, ohne dass ein entscheidender individueller Einfluss durch uns möglich ist. Daraus kann im schlechtesten Fall ein Zukunftspessimismus wachsen, weil die globalen Entwicklungen uns überfordern. Viele optimistische Menschen entkommen diesem Zukunftspessimismus durch eine Trick, indem sie sich auf das Nationale und Regionale konzentrieren, sie suchen Halt vor Ort und beim Gewohnten. Und dabei spielt der Gedanke an die Besitzstandswahrung eine wichtige stabilisierende Rolle.

Besitzstandwahrung ist das Minimalziel, das sich die meisten Bürger in der Silvesternacht für das kommende Jahr setzen, denn am besten sollte alles noch besser werden, aber so lange man wenigstens seinen Lebensstandard halten kann, ist auch noch alles in Ordnung. Solange das gelingt, bleibt die gute Stimmung – auch im Politischen – stabil. Ist der Besitzstand gesichert, fühlt man sich sicher. Diese Haltung ist typisch für den deutschsprachigen Raum. Das ist Heimat, da hat man alles im Griff. Gigantische Themen ängstigen dagegen: Digitalisierung, Globalisierung, Klimawandel et cetera. Sie sind zu groß, zu allumfassend, in ihren Konsequenzen unberechenbar. Die sich daraus ergebenden Krisen und Herausforderungen fördern eine kippelige Ausgangslage, die uns ins Wanken bringen kann. Computertechnologie neu erlernen? Elektroautos kaufen oder lieber nicht? Internationale Konferenzen rund um den Globus? In perfektem Englisch? Verhandlungen mit Indern, Chinesen, Südamerikanern? Per Skype oder Face-to-Face, auf halber Strecke in Dubai? Diese Herausforderungen können zu dramatisch empfundenen Momenten der Entscheidungsunklarheit führen. Ständig diese Frage: »Entscheidet man richtig oder falsch?« Diese konkurrierenden Handlungsimpulse werden von vielen in unseren Interviews als ein dramatischer Moment der Unentschiedenheit empfunden, so ein Ergebnis unserer Studie.[46] Bevor diese Herausforderungen gelöst oder ertragen werden, gibt es einen Zeitraum des Abwägens: Zwischen Hoffnungen, Chancen, Perspektiven und Befürchtungen, Grenzen und Problemen. Auch Optimisten wechseln in diesem Zeitraum aus Unsicherheit mehrfach zwischen den Perspektiven hin und her. Und erleben dies als eine große Phase der Anspannung – bis letztlich eine Handlungsentscheidung getroffen ist, der man folgt. Dieser Abwägungsprozess ist charakteristisch für den Sekundären Optimismus. Er ist das Vorspiel. Erst danach wird Gas gegeben, dann aber richtig!

Diese konkurrierenden Handlungsimpulse und die Vielfalt an Wahlmöglichkeiten nimmt überhand, mahnt David Bosshart, CEO des Schweizer Gottlieb-Duttweiler-Wirtschaftsinstituts. Er empfiehlt[47], weniger wäre mehr. Seine neue Wohlstandsformel der westlichen Welt ist das so genannte Age of Less: ein Zeitalter des »Immer-weniger«, das gleichzeitig Raum für ein neues, robusteres Wachstum bietet. Auch weil es uns erlaubt, den Überblick zu behalten: Think global, act regional, live local. Die Konzentration auf das Wesentliche schützt nach David Bosshart vor den Verwirrungen der Dissynchronisation – wieder so ein schönes Wort –, bei der alles Mögliche gleichzeitig auf uns einzustürzen scheint und uns schier erschlägt. Hilfreich ist das nicht – schon gar nicht für den Glauben an eine positive Zukunft. Die Formel »Überblick = Stabilität = Optimismus« wäre damit gefährdet. David Bosshart empfiehlt daher zum »Lessnesser« zu werden, also zum

»Wenigbraucher«[48] – und dabei immer auf der zutiefst optimistischen Suche nach dem Schlüssel für eine bessere Welt zu bleiben:

»Entgegen den abschottenden Zynismus der Eliten von oben und den abschottenden Populismen von unten, weiß die Glücksforschung, dass die richtige Haltung wie eine sich selbst erfüllende Prophezeiung wirken kann [...] Solche Menschen mögen ein dickes Bankkonto haben, doch sie sind weder von alten Statussymbolen noch von neuen (wie dem Hybridauto) zu locken. Es ist dem wertesuchenden Lessnesser daran gelegen, dass sich die Gesamtgesellschaft positiv verändert.«[49]

Diese gesamtgesellschaftliche Verantwortung ist Optimisten wichtig, denn sie wissen, dass ihre persönliche optimistische Lebenseinstellung stabiler ist, wenn es auch der Gesamtgesellschaft immer besser geht, weil es mehr Arbeit, weniger Armut und weniger Krankheit gibt. Auch aus diesem egoistischen Grund engagieren sie sich dafür, dass es zukünftig immer besser wird.

Dieses positive Engagement muss nicht auf Anhieb klappen, und das macht Optimisten auch wenig aus. Denn sie haben Geduld und die Begabung, nicht unter Misserfolgen zu leiden. Fehlentwicklungen liegen – nach ihrem Selbstverständnis – ja hauptsächlich nicht an ihnen, sondern an Fehlentscheidungen ihrer Vorgänger, an falschen Strukturen oder anderen externen Einflüssen, die sie kaum zu verantworten haben. Diese schuldverschiebende Einstellung muss nicht jedem gefallen, sie erlaubt aber dem Optimisten, sein Leben auf die etwas leichtere Schulter zu nehmen. Diese Einstellung mindert die Last des Lebens und ist schon deshalb unbedingt empfehlenswert. Misserfolge bleiben in dieser Logik nur kleine Baustein in einer Kette von zukünftigen Erfolgen.

Ein Hoch auf die positive Verzerrung

Warum das so ist, erklärt die Neurologie: Unser Gehirn hat sich grundsätzlich dazu entwickelt, immer zu viel Glück und zu viel Erfolg zu erwarten, weil genau diese Erwartungen Gesundheit und Karriere wahrscheinlicher machen.[50] Positive Verzerrungen produzieren das

Gefühl, eine komplexe Aufgabe mit Erfolg bewältigen zu können. Kahneman betrachtet diese Verzerrungen daher als zwingende Voraussetzung, wenn man etwas Schwieriges in Angriff nehmen will,[51] denn man hat den Mut, Neues auszuprobieren. *Trial and error,* Versuch und Irrtum. Fehlentscheider sind für ihn deswegen auch keine Versager, sondern Märtyrer des Optimismus.

Weil »sie glauben, für sie gelten die Statistiken nicht. In den USA sind nach einer Studie 81 Prozent der Unternehmensgründer überzeugt, ihre Aussichten seien gut; ein knappes Drittel glaubt sogar, das Risiko eines Scheiterns sei gleich null. Dabei überleben hier nur 35 Prozent der kleinen Firmen die ersten fünf Jahre. Dass so viele Gründungen scheitern, muss ja fürs Ganze nicht unbedingt schlecht sein. An ihnen können Sie lernen, welche Fehler Sie vermeiden sollten.«[52]

Ein schwacher Trost für die Gescheiterten, aber eine extrem wichtige Lernerfahrung für potenzielle Nachahmer und deren erfolgreiche Zukunft. Die Stabilität unseres Optimismus hängt immer von persönlichen, wirtschaftlichen und gesellschaftlichen Erfahrungen ab. Diese Trias kann jedem im Berufs- und Privatleben Rückenwind geben oder ihm die Stimmung verhageln: Die unerwartet hohe Steuernachzahlungsforderung; der Wirtschaftsboykott gegen Russland, der auch die eigene Firma einschränkt; die überraschende Scheidung; erste Burnout-Symptome – all das lässt Optimisten pessimistischer werden, ohne dass der Pessimismus die Oberhand gewinnen muss. Doch die Delle ist deutlich spürbar, auch wenn die negativen Konsequenzen schon nach kurzer Zeit abgeschüttelt werden können, dank der Fähigkeit zur Positivfokussierung, dieser wichtigen Eigenart des Sekundären Optimismus. »Das wird besser. Schauen wir mal, was das Leben noch Gutes zu bieten hat!«

Optimismus als versteckter Champion

Optimismus kommt im deutschsprachigen Raum nach unserer Studie dezent daher und wird als Hidden Champion verstanden. Wobei das Wort »Hidden« kein Zufall ist, denn die Bevölkerung will das eigene Land bewusst nicht zu attraktiv reden, man versucht es so vor den Begehrlichkeiten anderer Nationen zu schützen. Diese Schutzhaltung hat sich bei mir bis in die private Urlaubsplanung geschlichen.

Wenn ich von Hamburgern gefragt werde, wie mein Nordsee-Urlaub auf der autofreien Insel Langeoog war, antworte ich: »War okay, aber nichts los, Wetter ging so.« Der normale Hamburger wendet sich jetzt gelangweilt ab und bucht seine nächste Reise wieder nach Sylt. Wunderbar, denn so bleibt mir die unberührte, fantastische Natur kilometerlanger einsamer Strände auf Langeoog, die im Hochsommer an die Karibik erinnern. Wirklich, an die Karibik! Als Hidden Champion würde ich sagen: Ich schütze diese unberührte Insel vor den Begehrlichkeiten eines Edel-Tourismus á la Sylt.

Viele Bürger in Deutschland, Österreich und der Schweiz wollen ihre Länder, in einer Zeit globaler Wanderungsbewegungen ebenfalls vor den Begehrlichkeiten anderer Nationen schützen. Sie wollen sich nicht abschotten, wie von manchem rechten Rattenfänger propagiert, aber sie wollen sich schützen. Die Frage ist also nicht, ob wir etwas schaffen, wie die Bewältigung der Flüchtlingsströme. Das darf gelassen bejaht werden. Die entscheidende Frage ist, ob wir das überhaupt schaffen wollen. Denn die Besitzstandswahrungslogik betrachtet Veränderungen mehrheitlich nur so lange positiv, wie die eigene rosige Zukunftsperspektive unberührt bleibt. Eine wichtige Erkenntnis, gerade für die politischen Akteure in unseren Ländern. Es geht – so die Empfehlung unserer Studie – um das vernünftige Ausbalancieren zwischen Zweckoptimismus (»Wir schaffen das!«) und Zweckpessimismus (»Zu viele, zu schnell, zu fremd.«). Diese Suche nach dem richtigen Weg aus der Krise mag anstrengend sein, verhindert aber sowohl ein Überdrehen in blinden Optimismus als auch eine pessimistische Überdramatisierung der Lage. In unseren Interviews klingt es dazu so:

»Die Leute sind eher pessimistisch. Das Mitgefühl ist verloren gegangen. Flüchtlinge werden mit Terroristen gleichgesetzt. Es fällt schwer, anderes zu sehen. Man kriegt wenig mit von den Leuten, die was tun. Die Frage ist, behalten die die Oberhand?«

Eine weitere Stimme fordert: »Man kann nicht nur sagen: ›Wir schaffen das‹. Man muss auch sagen, wer und wie.« Um dann hoffnungsvoll zu resümieren: »Deutschland hat immer viel rausgeholt aus Krisen, da gibt es immer Gewinner und Verlierer, und Deutschland profitiert oft davon.«[53]

Kein Wunder also, wenn sich der Sekundäre Optimismus im deutschsprachigen Raum weder der eigenen Bevölkerung noch den internationalen Gästen auf Anhieb erschließt. Es liegt am skeptischen Abwägen, das unbedingt beibehalten werden sollte, weil das abwägende Nachdenken eine erstklassige Fehlervermeidung ist. Entsprechend werden in den Interviews nur behutsame gesellschaftliche Veränderungen begrüßt. Schnelle Veränderungen in Unternehmen, um sich neuen Marktgesetzen anzupassen, werden ebenso weniger geschätzt. Turboveränderungen können verunsichern und bringen nicht nur den Optimismus ins Wanken, sondern der Ärger über sie kann sich zur Wut steigern. Vom Besitzstandwahrer zum Wutbürger ist es dann nur noch ein kurzer, emotionaler Schritt. Der Vorsitzende der deutschen Sozialdemokratie, Martin Schulz, hat das erkannt: »Aus fehlendem Vertrauen wird Ungewissheit, aus Ungewissheit wird Angst und aus Angst wird immer häufiger Hass.«[54] Der Mensch ist voller Temperament[55,] und der Weg zur Instabilität und zur Wut ist kurz. Der Weg zurück ist es allerdings auch. Er wird gegangen, wenn sich Verbesserungen eingestellt haben, also wenn man zu einer optimistischen Risikoeinschätzung zurückgefunden hat und dadurch wieder zur Besinnung gekommen ist.

Zu dieser Besinnung ermutigte der Bundestagspräsident Lammert am Tag der deutschen Einheit 2016 in seiner Rede im Bundestag. Das Paradies auf Erden sei hier nicht, so Norbert Lammert, aber viele Menschen, die es verzweifelt suchen, vermuten es nirgendwo häufiger als hier bei uns. Wir dürften durchaus etwas mehr Selbstbewusstsein und Optimismus zeigen und uns eine kleine Dosis Zufriedenheit erlauben, wenn nicht sogar ein Glücksgefühl. Denn wir leben in Verhältnissen, um die uns fast die ganze Welt beneidet, so sein Resümee.

Optimisten stimmen ihm uneingeschränkt zu, ohne dabei aber Verbesserungswürdiges aus den Augen zu verlieren. Wer allerdings –

auch gegen Widerstände – etwas verbessern will, kann eine ordentliche Portion Glauben an die eigene Überdurchschnittlichkeit gut gebrauchen. Und deswegen möchte ich mich im folgenden Abschnitt genau diesem Glauben widmen.

Warum der Glaube an die Überdurchschnittlichkeit größenwahnsinnig ist – und hilfreich

Winston Churchill zählt sicher zu den Menschen, die sich für überdurchschnittlich intelligent und schlagfertig hielten, und er stellte das auf einer Abendgesellschaft unter Beweis, als er von Lady Astor angegriffen wurde: »Wenn ich Ihre Frau wäre, würde ich Ihnen Gift in den Tee schütten«, sagte sie. Worauf Churchill erwiderte: »Wenn ich Ihr Mann wäre, würde ich ihn trinken.«

Auch der Glaube an die eigene Überdurchschnittlichkeit gehört zum Sekundären Optimismus. Er führt zu einem Selbstbewusstsein, das einen Angriffe und Kritik besser ertragen lässt. Es fördert die Einsteckerqualität, und die kann man im Berufs- und Privatleben immer gebrauchen. Entsprechend empfiehlt die Optimismusforschung jedem von uns eine Dosis Größenwahn. Im Ernst? Ja, im Ernst, aber nur eine geringe. Denn wenn Tatkraft gefragt ist, ist Optimismus, selbst wenn er leicht wahnhafte Züge trägt, eine gute Sache.[56] Die Vorteile liegen auf der Hand:

»Wie die Gabe einer guten Fee bahnt der Optimismus den Erwählten den Weg durchs Leben [...] Der Erfolg fliegt den Optimisten zu, sie haben mehr Freunde, sie leben länger – und das haben sie auch noch ehrlich verdient, denn sie kümmern sich in der Regel besser um ihre Gesundheit [...] Und wenn es doch einmal schlecht aussieht, haben sie immer noch ihren Humor – wie jener Mann, der einem alten Witz zufolge vom Empire State Building springt und nach 50 Stockwerken ruft: ›So weit, so gut!‹«[57]

Optimisten leben, vorausgesetzt sie springen nicht von einem Wolkenkratzer, im Vergleich zu Pessimisten 19 Prozent länger als deren durchschnittliche Lebenszeitprognose. Besser geht's doch nicht. Diese Aussage stammt aus dem Munde des US-Wissenschaftlers Martin Seligman,[58] den die Fachzeitschrift *Psychology Today* als den »Freud des 21. Jahrhunderts« feiert: »Optimismus und Hoffnung schützen uns gegen Depression, wenn uns Schicksalsschläge treffen, sie verhelfen uns zu einer besseren Arbeitsleistung – speziell bei herausfordernden Jobs – und schenken uns bessere körperliche Gesundheit.«

Erfolg ist mein Verdienst – immer!

Optimismus ist keine Zauberei. Er basiert auf einem intellektuellen Taschenspielertrick: Man erklärt sich positive Ereignisse so, dass sie permanent bestehende Ursachen haben und demzufolge immer wieder eintreten können. Ich bin bei meinen Kollegen beliebt? Das liegt einfach an meinem Charme und meinen Genen. Ist das nicht wunderbar? Das macht mich natürlich nicht unfehlbar, aber es gibt mir die Gewissheit, dass die optimistische Richtung bei mir stimmt. So wird etwas permanent Vorhandenes (Gene) zur Ursache für meine Attraktivität und Beliebtheit. Und der Misserfolg? Der liegt an der mangelnden Kompetenz der anderen. Der Glaube an die eigene Überdurchschnittlichkeit basiert ja auf der Logik: Erfolg = mein Verdienst. Misserfolg = Sorry, das liegt an euch. Optimisten kommunizieren diesen Trick natürlich mit niemandem. Das würde nur ihr Umfeld verärgern – und das vollkommen zu Recht, denn diese Schuldzuschreibung entspricht natürlich nicht der Realität, was Optimisten auch wissen. Das macht aber nichts, denn darum geht es nicht. Dieses Denken tut gut, man macht sich weniger Sorgen, und man schläft besser, weil man sich nicht zu viele Gedanken über die eigenen Fehler macht. Es geht bei diesem Hauch von Größenwahn schlichtweg darum, sich positiv für zukünftige Aufgaben einzustimmen, trotz einer Niederlage. Es entspricht der Logik, die gute Vertriebler aus dem Effeff beherrschen: »Sechs Verkaufsgespräche verliefen katastrophal, jetzt freue ich mich aber auf das siebte! Das wird richtig geil!«

Optimisten sind nämlich Überzeugungstäter. Ihre vorausschauenden Fähigkeiten helfen zum Beispiel, die Chancen und Fallenstricke im Geschäftsleben seismografisch zu erfassen. Ihr Eigenlob klingt zwar ein wenig narzisstisch, deswegen verrät man es ja auch niemandem, es hat aber immense Vorteile, denn Geschäftsleute, die glauben, dass gute Ereignisse permanente Ursachen haben, strengen sich – nachdem sie einmal Erfolg hatten – beim nächsten Mal noch stärker an.[59] Sie sind sich eben sicher, dass sich das gute Gefühl des Erfolges permanent fortsetzen lässt. »Ich bin der geborene Kaufmann,« schwärmt der Blankeneser Einzelhändler mir gegenüber. Und der Leiter des Autohauses für Stuttgarter Sportwagen wird nicht müde bei jedem Verkaufsgespräch zu betonen: »Ich habe Benzin im Blut!« Die dahinterstehenden Botschaften lauten: »Deswegen haben wir auch permanent Erfolg.« Und: »Wir wissen, wovon wir sprechen, denn wir sind vom Fach und bei uns sind Sie sehr gut aufgehoben!« Optimisten sind Menschen, die das Beste aus ihrem Erfolg herausholen und nach einem guten Start gerne so richtig Gas geben.

Pessimisten befürchten dagegen, dass sich alles zum Schlechteren ändern könnte. Deswegen versuchen sie nichts Innovatives, sondern setzen auf altbewährte Stabilität, um so zukünftig Schlechteres zu verhindern. Und sie glauben im Gegensatz zu den Optimisten, dass die Ursache für ihre Niederlagen und Misserfolge permanent besteht und diese sich deswegen wiederholen werden.[60] »Mir liegt das Aktenstudium einfach überhaupt nicht«, klagte einer meiner Kollegen in der niedersächsischen Justiz und traf damit eine permanente Pessimismusaussage. »Ich kann einfach nicht räumlich denken«, stellt die junge Mutter resigniert fest, die sich vorgenommen hat, bei Ikea einen Eckschrank zu konfigurieren und daran sang- und klanglos scheitert. Auch sie trifft damit eine permanente Aussage, eine wiederholte Anstrengung ergibt daher für sie auch keinen Sinn. Projekte hinzuschmeißen, und sei es der Kauf eines Schrankes, liegt bei dieser pessimistischen Einstellung nahe. Eine demotivierende Haltung.

Optimisten betrachten negative Entwicklungen, wie das Konfigurationsmissgeschick, dagegen als temporär, das heißt, sie sind in ihren Augen nie von Dauer. »Heute war es bei Ikea extrem voll und unruhig. Kein Wunder, dass die Konfiguration nicht geklappt hat. Nächstes Mal nehme ich mir mehr Zeit und suche mir auch eine Servicekraft, die mir helfen wird.« Der Misserfolg war also nur ein zu vernachlässigender Ausreißer in einem Leben, das ansonsten recht gut verläuft.

Berufliche Misserfolge kenne ich auch aus meinem Leben. Im Dezember-Feedback-Gespräch sagte mir mein Chef, dass er meinen Zeitvertrag, der im September des kommenden Jahres ausläuft, nicht weiter verlängern wird. Mir blieben jetzt neun Monate, etwas Neues zu suchen. Ich war enttäuscht. Umstrukturierungen in der Justiz und die Unzufriedenheit mit meiner Art zu arbeiten waren der Auslöser für seine Kündigung. Die Chemie zwischen uns stimmte einfach nicht, das hatte ich auch schon gemerkt. Ich konnte deswegen sogar verstehen, dass er nicht so viel von mir hielt. Trotzdem schade. Mir hatte die Arbeit mit den Kriminellen viel Freude bereitet, denn mir gefiel es einfach, einen Beitrag zur Resozialisierung zu leisten.

Was ich zu diesem Zeitpunkt noch nicht wusste: Mein Chef hielt auch nicht viel von seinem eigenen Vorgesetzten im Justizministerium. Auf dessen Stelle hatte er ursprünglich spekuliert, sie dann aber nicht bekommen. Deswegen versuchte er jetzt, vielleicht nicht ganz untypisch für einen Verwaltungsjuristen, sich wegen eines Formfehlers auf dessen Stelle im Ministerium einzuklagen. Er hielt sich schlicht für den geeigneteren Mann, und das ist wiederum typisch für jemanden mit einem ausgeprägten Above-Average-Effekt. Er verlor allerdings seine Wettbewerbsklage und danach auch seinen bisherigen Status, denn man ließ ihn nun spüren, was man von solchen internen Klageverfahren hält. Nämlich nichts.

Für mich war diese unerwartete Entwicklung ein echter Glücksfall, denn die Fälle, in denen er Mitarbeitern eine Kündigung in Aussicht gestellt hatte, wurden nun erneut geprüft. Bei mir mit positivem Ausgang. Wie Phoenix stieg ich aus der Asche. Mein Vertrag wurde verlängert. Mein neuer Chef, ein super Typ, bewertete mich in den folgenden Monaten deutlich positiver. Zwei Jahre später erhielt ich sogar die Lebenszeitverbeamtung im höheren Dienst. Mehr ging nicht. Happy End, auch wenn ich hier zugeben muss, dass mein Optimismus während dieser monatelangen Zitterpartie arg strapaziert wurde.

Diese Angespanntheit hätte ich vermeiden können, wenn ich die goldene Regel der Optimisten, die ich damals gar nicht kannte, befolgt hätte. Psychologisch gesehen ist sie ganz simpel: »Permanente und universelle Ursachen für gute Ereignisse im Leben und temporäre und spezifische Ursachen für Unglück zu finden, darin besteht die Kunst.«[61]

Die Kunst besteht darin, gegen die eigenen pessimistischen Gedanken zu argumentieren, im inneren Monolog, gerne auch mit der rosaroten Brille auf der Nase, um wieder auf die optimistische Spur zu kommen. Es gibt eine Innere-Monolog-Übung, die ich Ihnen wirklich ans Herz legen möchte. Praktisch funktioniert sie so: Sie formulieren Ihren pessimistischen Gedanken, schreiben ihn auf und ergänzen darunter fünf positive Gedanken, die Ihren einen negativen Gedanken auf Zwergenformat schrumpfen lassen. 5:1! Im Fußball ist das ein Top-Score!

Wer hingegen am großen Ganzen verzweifelt, hat auch ein großes Problem. Denjenigen nervt nämlich nicht nur das letzte Gespräch mit dem fordernden Kollegen, sondern gleich die ganze Firma und das gesamte Leistungssystem, das zu viel Druck ausübt. Und überhaupt ist die ganze Welt übel! Wer so denkt, wird nie Optimist, sondern von der eigenen Schwere im Kopf heruntergezogen. Optimisten nervt die Firma auch manchmal. Aber nur weil sie bestimmte Details im neuen IT-Projekt nicht verstehen. Sie verzweifeln jedoch nicht an der Wirtschaftswelt im Ganzen, sondern lassen sich schlichtweg von fitteren Kollegen in die spezielle IT-Frage einarbeiten. Bei passender Gelegenheit werden sie sich bei dem hilfreichen Kollegen revanchieren. Sie fühlen sich danach prächtig, denn sie haben ein Problem gelöst und Hilfsbereitschaft demonstriert. Die Fokussierung aufs Detail, bei gleichzeitiger Ausblendung des großen Ganzen, ist also der Schlüssel zum Optimismus. Wer ihn hat, ist im Vorteil, wie Nadine Schwerdtfeger:

Bei einem Dresdner Mittelständler wird der Logistikbereich umstrukturiert und verschlankt. Die Stellenkürzungen treffen Nadine Schwerdtfeger und Karsten Hauser, beides Mitarbeiter einer Zeitarbeitsfirma. Beide haben diese Entwicklung nicht kommen sehen, sie fühlten sich sicher, trotz des Zeitarbeitsvertrages. Und nun das plötzliche Aus. Beide trifft die Entscheidung auf dem falschen Fuß, sie leiden, hadern, sind wütend, werden ansatzweise depressiv. Bei beiden ist die Luft raus. Sie haben die Schnauze so richtig voll.

Dennoch gibt es Unterschiede, die für ihre Zukunft richtungsweisend sind. Nadine gibt sich Mühe eine liebenswerte Partnerin zu bleiben, die ihren Frust nicht an ihrem Mann auslebt. Sie achtet weiter auf ihr Erscheinungsbild, ihren Freundeskreis pflegt sie weiter, sie hat ja nun auch mehr Zeit. Sie hat zwar das Sportstudio aus Kostengründen gekündigt, hat aber ihre Joggingeinheiten an der Elbe auf drei Mal die Woche erhöht. Sie tun ihr gut, und sie fühlt sich fit.

Nadine freut sich auch aufs Partymachen. Für sie ist das eine prima Gelegenheit, über ihre alte Firma zu lästern. Auch das tut ihr gut, zumal die meisten Partygäste mit Verständnis für sie reagieren.

Karsten wählt einen anderen Weg. Eigentlich wählt er ihn gar nicht, er passiert ihm. Er verschließt sich nicht nur vor seiner Ehefrau, sondern lässt auch seine kleine Adoptivtochter links liegen, die gar nichts von der vielen freien Zeit ihres Papas hat. Er grübelt viel über seine missliche Lage und ist bemüht, dass möglichst wenige aus seinem Bekanntenkreis mitbekommen, dass er gefeuert wurde. Einladungen kommt er nicht nach, weil er Angst vor der Frage hat, was er derzeit denn so mache. Seine Antwort wäre »Nichts« und das missfällt ihm noch mehr als die selbstgewählte Isolation. Er fühlt sich ständig schlaff, und sein Gesamtverhalten fördert auch noch die Spannungen mit seiner Frau, die darüber enttäuscht ist, dass er ihr weder bei der Erziehung des Mädchens noch bei der Hausarbeit hilft, jetzt, wo er viel daheim ist.

Uns ist sicher allen klar, wer von beiden mit dem Arbeitsplatzverlust besser zurechtkommt, wer sich selbstbewusster fühlt und vermutlich auch schneller den Wiedereinstieg in einen neuen Job schaffen wird. *The winner is:* Nadine!

Soll man bei Niederlagen sein Leben fortsetzen? Natürlich. Soll man mehr Events und Feiern besuchen und mehr Sport machen, gerade weil man aufgrund der Kündigung mehr Zeit hat? Klar. Soll man die freie Zeit nutzen, um sich intensiv um den Nachwuchs zu kümmern? Na sicher, wann denn sonst? Soll man mit der Niederlage transparent umgehen und sich nicht verstecken? Auf jeden Fall. Die Freunde werden weiter zu einem halten und trösten. Nur die Schönwetterfreunde werden sich abwenden – und die sind kein großer Verlust.

Karstens pessimistisches Lebensgefühl lautet dagegen: »Ich tauge rein gar nichts.« Das ist wieder so eine permanente Aussage, die in ihrer Wirkung deshalb so brutal ist, weil sie eine universelle Selbstanklage beinhaltet. Karsten sagt leider nicht: »Ich tauge in diesem einen speziellen Dresdner Scheißunternehmen nichts.« Damit würde es ihm besser gehen, denn er hätte seine universelle Klage gegen eine spezifische Erklärung eingetauscht und seine Einstecker- und Stehaufmännchenqualität[62] damit gefördert. Nadine zeigt dagegen sofort die richtige Haltung. Aufgrund ihrer Resilienz meistert sie die widrigen Umstände, ohne daran zu zerbrechen. Diese berufliche Krise wird gut für sie ausgehen[63], auch wenn es nicht leicht ist und viel Geduld und Nervenstärke abverlangt. Jeder weiß das, der schon einmal »freigestellt« wurde, allein das Wort ist ja schon eine Provokation!

»Mir war damals klar, dass mein Vertrag nicht verlängert wird. Alternatives hatte ich noch nicht gefunden. Am Ende waren es nur drei Monate ohne Job. In der Sommerzeit. Nur drei Monate, sage ich heute. Zu Beginn dieser Phase wusste ich natürlich nicht, wie lange sie dauern würde. Das neue Jobangebot kam dann von heute auf morgen. In der Zeit der Freistellung machte ich mir viele Gedanken, wie es nun weitergehen könnte. Im Nachhinein ärgere ich mich, dass ich den Sommer nicht genossen habe, bevor sich das Hamsterrad wieder drehte«, so der Topverkäufer eines Autohauses beim gemeinsamen Mittagessen in der Hamburger Hanse Lounge.

Pflegen Sie Ihren Above-Average-Effekt

Gegen zu viele Selbstzweifel empfiehlt der Sekundäre Optimismus den Above-Average-Effekt, das heißt, sie halten sich für überdurchschnittlich toll und dadurch in der Geschäftswelt und im Privatleben für weniger verwundbar.[64] Sie sehen sich als athletischer, intelligenter, organisierter, gerechter und attraktiver als andere Menschen. Natürlich ist das ein verzerrtes Urteil, was den Optimisten bewusst ist. Nichtsdestotrotz ist es schmeichelhaft und erhöht das Selbstwertgefühl.[65] Deswegen können Optimisten mehr ein- und wegstecken, weil der Above-Average-Effekt Kritik abperlen lässt. »Die Kritik, die du heute über mich in der Zeitung gelesen hast, mag ja stimmen, aber wer so viel macht, wie ich, der macht auch mal Fehler, kann passieren, was soll's«, so der Kommentar eines hyperaktiven Ingenieurs für Windkraftenergie beim

Fachsimpeln auf dem Hochschulcampus. Diese Einstellung ist sehr hilfreich, wenn man etwas Neues angehen will oder muss!

Die Risikoeinschätzung kann natürlich unter dieser Einstellung leiden, aber nur wenn man nicht bereit ist, sich auch selbstkritisch zu hinterfragen. Wer diese Bereitschaft nicht mitbringt, der wird ökonomische Gefahren unterschätzen oder gar nicht erst wahrnehmen, weil der Above-Average-Effekt zu stark ausgeprägt ist. Zu erwartende Steuernachzahlungen werden dann im Vorfeld ignoriert; auf Konkurrenzanalysen wird verzichtet; Menschen, die einem beruflich schaden können, werden auf die leichte Schulter genommen; Verträge werden nur oberflächlich gelesen; kleine Fehlbeträge in der Kasse werden noch kleiner geredet.

Unterm Strich legt der pure Above-Average-Effekt, also der ohne selbstkritische Erkenntnisse, das persönliche Frühwarnsystem für drohenden Ärger lahm, denn eine übertriebene Selbstüberzeugung vernebelt den Blick auf die Realität.

Aber ein bisschen Vernebelung ist durchaus vertretbar und sogar empfehlenswert. Es kommt hier wieder einmal auf die Dosis an. Über 120 wissenschaftliche Studien belegen[66], dass die meisten Menschen optimistische Fehlschlüsse ziehen, dem so genannten »Optimistic Bias« unterliegen, der dazu führt, dass sie Gefahrensituation zu leichtfertig einschätzen. Das ist alltäglich und normal, aber nicht immer klug und beschreibt eine der Schattenseiten des Optimismus.

Der Verkaufsleiter Henrik Martens neigt zu optimistischen Fehlschlüssen, vor allem wenn es um seine Raserei im Straßenverkehr geht. Er fährt leidenschaftlich gern schnelle M-Flitzer der Marke BMW und macht mit seiner Tempoverliebtheit die Autobahn zwischen Hamburg und Kiel unsicher. Er will nicht wahrhaben, dass sein Unfallrisiko deutlich über dem eines gemäßigten Autofahrers liegt, denn er hat schließlich ein Fahrsicherheitstraining absolviert, bei dem allerdings nie mit 270 Stundenkilometern gebrettert wurde! Er unterliegt dem optimistischen Fehlschluss, das ihm nichts passieren könne, weil er es »draufhat«. Der Temporausch schlägt hier die Vernunft.

Sehen wir einmal von Henrik Martens Irrsinn ab, sind optimistische Fehlschlüsse grundsätzlich etwas sehr Positives, denn sie machen das

Leben leichter. Sie sind hilfreich bei unserer Alltagsbewältigung, weil sie uns helfen, nicht ständig über mögliche Gefahren nachdenken zu müssen. Flugzeugabsturz? Kein Thema für Vielflieger. Einbruchsgefahr? Nicht bei der Alarmanlage. Scheidung? Nicht bei meiner Attraktivität. Unglückliche Kinder? Nicht bei dieser Mutter. Diese positiven Dauerselbsteinschätzungen signalisieren: Es läuft! So entsteht eine Gedankenfreiheit, die uns erlaubt, unseren Hobbys und Leidenschaften entspannt nachzugehen, ohne ständig an mögliche Unglücke denken zu müssen.

Optimistische Fehlschlüsse können aber auch auf falschen, bewusst gestreuten, zu rosigen Informationen beruhen. Manche Anlageberater fördern dies bei ihren Kunden, wenn sie selbstsicher mit Kurvendiagrammen die Zukunft einer Aktie hochjubeln, nur um zum Abschluss zu kommen, bei dem der ahnungslose Kunde Teile seines Vermögens versenkt, weil schlussendlich das Risiko der Anlage doch zu hoch war. Optimistische Fehlschlüsse können – auch das ist nicht gut – einer unangemessenen Angstabwehr dienen, indem man sich Gefahrensituationen schönredet, bei denen man seine Angst lieber beibehalten sollte, wie zum Beispiel beim Tauchen mit Haien oder beim Freeclimbing, Sportarten, die einem beide die Gesundheit kosten könnten.

Grundsätzlich dienen optimistische Fehlschlüsse aber einer guten Sache, nämlich schlicht der Förderung des eigenen Selbstwertgefühls, nach dem Motto: »Ich bin besser, als die anderen behaupten.« Kurzum: Sie bewahren uns vor unnötigen Selbstzweifeln – manchmal auch vor nötigen, denn die übertriebene, unerschütterliche Zuversicht macht »blind und vermessen, sie schlägt um in maßlose Selbstüberschätzung. Die Gefahr des Umschlagens steckt schon im Wesen des zuversichtlichen Charakters. Eine geringe Überdosis genügt, und der Optimismus hebt ab ins Megalomane, also Größenwahnsinnige. Es droht der Realitätsverlust«.[67]

Der optimistische Fehlschluss kann so beträchtliche Kosten verursachen, etwa in Krisen oder bei Investitionen, die man mit gesundem Menschenverstand nicht getätigt hätte. Dennoch ist selbst dieser zweifelhafte Optimismus immer noch besser als eine grundsätzlich pessimistische Haltung. Man muss diesen Optimisten nur realistische Kollegen als Korrektiv zur Seite stellen. Am besten von der Kostenstelle oder vom Controlling, als Ausgleich, um die wildesten Pläne wieder einzufangen.

Dennoch liegt der Optimist im Vergleich zum Pessimist beim Thema Projektrealisierung um Längen vorne, weil für ihn Fehlplanungen nur ein vorübergehendes Phänomen sind. Davon lässt er sich nicht irritieren, nach dem Motto: »Shit happens!« Diese Haltung ist zwar oberflächlich, setzt aber sofort neue Energie frei. Der Pessimist verschwendet dagegen diese Energie, um überhaupt erst einmal mit seiner Fehleinschätzung klarzukommen: Wie konnte ihm das bloß passieren? Ausgerechnet ihm, der immer an alles denkt, fragt er sich zweifelnd. Pessimisten denken – und das ist ein echter Optimismuskiller –, dass Probleme dauerhaft, allumfassend und selbst verursacht sind. Das ist aus optimistischer Sicht die Trias des Grauens.

Oliver Schomaker hat vergessen, den Kostenplan eines Neubaus pünktlich an seinen Investor zu versenden. Er hat ihn zwar fertiggestellt, aber weder seine Word-Datei noch die Excel-Tabellen abgeschickt. Er war einfach unkonzentriert, eine private Verpflichtung hatte ihn das vergessen lassen. Oliver macht sich Selbstvorwürfe.

Als Pessimist würde sich sein innerer Monolog nun ungefähr so anhören: »Verdammt, ständig (dauerhaft) vergesse ich wichtige Deadlines! Was schwirrt mir bloß in meinem Kopf herum (allumfassend)?. Was bin ich nur für ein schlechter Geschäftspartner (persönlich verursacht)?« Dauerhaft, allumfassend, persönlich verursacht – viel übler geht's nicht. Wenn Ihnen das bekannt vorkommt, sollten Sie den Club der Pessimisten gründen.

Unterstellen wir jetzt einmal, Oliver Schomaker sei ein Optimist. Dann würde sich das Ganze in etwa so anhören: »Unglaublich, alles habe ich fertiggestellt und dann lass ich mich durch eine private Sache so sehr ablenken. Dabei habe ich in all meinen Berufsjahren immer pünktlich geliefert (vorübergehend). Man könnte mich Mr. Zuverlässig nennen, aber das weiß ja mein Investor auch. Wir sind ja schon lange zusammen im Geschäft (situationsbezogen). Es lag bestimmt an der Masse an Aufträgen in der letzten Zeit. Unglaublich, wie mein Geschäft brummt! Das nimmt mich derzeit einfach zu sehr in Anspruch, genau wie meine Familie (nicht selbstverschuldet).

Vorübergehend, situationsbezogen, nicht selbst verschuldet. Das ist die Erfolgstrias der Optimisten. Oliver hat übrigens auch eine Lösung parat: ein ganz dickes Sorry und eine Einladung zur Frankfurter Eintracht, dem Lieblingsclub seines Investors! Was meinen Sie, mit welcher Einstellung er das Missgeschick besser wegsteckt?

Halten wir fest: Der Above-Average-Effekt ist das Ergebnis der kognitiven Fehleinschätzung und beides erscheint auf den ersten Blick negativ. Doch wer sich überdurchschnittlich fühlt und Dinge »positiv fehleinschätzt«, traut sich schlichtweg mehr zu, er probiert mehr aus. Er folgt dem Schrotgewehrprinzip, das heißt, er ballert mit seinen vielen Ideen durch die Gegend und freut sich wie ein Kind, wenn es irgendwo einschlägt. Das Projekt wird dann weiterverfolgt, bis zum Erfolg.

Deswegen empfehle ich auch meinen Studenten: »Werdet kompetent. Ohne Kompetenz geht es nicht. Und dann werdet ansatzweise arrogant, keine Selbstzweifel, probiert eure Ideen aus. Was nicht klappt, kommt auf den Müll. Wenn es klappt: Super, das ist dann euer Erfolg! Über den sprecht ihr – überall. Den Misserfolg lasst ihr unter den Teppich fallen.«

Die Schönheit der positiven Illusion

Zum Sekundären Optimismus gehört auch die positive Illusion, bei der man sich in ein besseres Licht stellt, als es objektiv gerechtfertigt wäre. Ein gutes Selbstmarketing hat noch niemandem geschadet, vor allem wenn es nicht nur Show ist, sondern mit Substanz unterfüttert ist. Dennoch neigen Optimisten schnell dazu, ihre Fähigkeit zur Kontrolle beruflicher Entwicklungen zu überschätzen. Zukünftiges erscheint ihnen dadurch weniger riskant, man hat schließlich gefühlt alles im Griff. Für Selbstständige ist dieser Ansatz überlebenswichtig, sonst würden sie sich den Herausforderungen erst gar nicht stellen, die eine Selbstständigkeit mit sich bringt. Die Gedanken an Investitionsmittel und Verschuldung würden sie um den Schlaf bringen. Doch dank der positiven Illusion fühlt es sich trotzdem gut an. Sollten Sie sich an dieser Stelle wiedererkennen, sorgen Sie sich nicht: Sie gelten damit als normal, anpassungsfähig und gesund und haben eine gute Grundlage für optimistisches Handeln, solange die Neigung zum optimistischen Fehlschluss (»Das könnte klappen«) mit einer Portion Realismus ergänzt wird.

Der Managementberater Hans-Uwe L. Köhler beschreibt diesen notwendigen Realismus am Beispiel der Rede des Vorstandes eines angeschlagenen Konzerns, die nicht mit 0/8/15-Durchhalteparolen langweilen sollte. Vielmehr sollte im ersten Schritt versucht werden, die verängstigte Stimmung der Mitarbeiter aufzugreifen, um ihnen danach wieder Zukunftsmut einzuhauchen:

Es wurde eine 60-Sekunden-CD produziert, auf der unterschiedliche Stimmen die vorhandenen Ängste aussprachen, so zum Beispiel »Ich habe Schiss!« oder »Oh Gott, oh Gott, was wird nur aus mir?« Zu Beginn des Vortrags wurde der Saal abgedunkelt […] dann waren nur diese Stimmen zu hören, so als könnte man die Gedanken des Sitznachbarn hören. Bis nach etwa einer Minute eine Stimme sagte: »So, und jetzt geht es richtig los!« Das war der Augenblick für den Auftritt des Vorstands. Und wie wurde er begrüßt? Mit hoffnungsvollem Applaus! Die Mitarbeiter spürten, dass die Situation im Unternehmen schwierig war, aber sie erlebten einen ehrlichen Vorstand, der sie ernst nahm und sie nicht mit albernen Floskeln beleidigte.[68] Optimismus wächst eben nur auf dem Boden der Realität.

Bei der Bewältigung dieser Realität hilft die Hope-Scale[69], die sogenannte Skala der Hoffnung, die auf zwei Säulen ruht:

1. Auf der Bestimmtheit, mit der man zukünftige Ziele anvisiert und sich bereits erreichte Ziele ermutigend vor Augen führt.
2. Auf der Freiheit, sich Alternativen vorzustellen, die auch zu einem positiven Abschluss führen könnten.

Die Hoffnung auf Erfolg zeigt im Geschäftsleben Wirkung: Hoffnungsvollen Führungskräften wird mehr Sympathie entgegengebracht als pessimistischen.[70] Sie erfahren mehr soziale Wertschätzung, und das trotz ihrer optimistisch verzerrten Risikoeinschätzungen. Klingt gut, doch sie werden deswegen im Job noch lange nicht automatisch mehr unterstützt. Das geschieht nur, wenn sie in die wichtigen Netzwerke integriert sind. Optimismus ohne Netzwerk taugt demnach wenig, wenn man etwas erreichen will, denn große Ziele erreicht man nie allein. Exzellente Netzwerke erleichtern die Durchsetzung und Realisierung von Projekten. Das weiß auch der Professor für E-Commerce, mit dem ich im Rahmen eines Managementseminars ins Gespräch kam.

»Es hat doch gar keinen Sinn, meine Ideen zu behindern oder mich infrage zu stellen«, sagte er. »Alles, was ich anrege, ist durchdacht. Was soll also das Gezeter? Und es ist mit meinen Jobpartnern im Vorfeld abgestimmt.« Ich frage ihn, wer die sind. »Meine Dekanin, unser Wirtschaftschef, der Hochschulkanzler. Unser Hochschulpräsident. Wer mich anpisst, trifft nicht nur die am Bein, sondern auch den Wissenschaftsminister, der gehört auch zu meinem Netzwerk und der mag das gar nicht. Den kenne ich richtig gut – aus einer Kommission der Landesregierung. Wie gesagt, wer mich in meinen Bahnen stört, hat die alle am Hals. Das wissen die meisten. Deswegen erfahre ich auch viel Unterstützung und wenig Widerstand.«

Der Mann ist ein Netzwerker und deswegen bester Dinge. Ein Optimist? Auf jeden Fall, denn er erfährt in seinem Netzwerk große Unterstützung, was ihn zu weiteren, auch komplexen Zukunftsplanungen animiert. Sein Netzwerk hilft bei der Finanzierung und der Realisierung von Projekten und macht einfach alles leichter. Sein Netzwerk gibt ihm das Gefühl, dass Dinge spielerisch gelingen können und fördert die optimistische Haltung »Yes we can«. In der Kriminologie würden man sagen: Er hat eine astreine, schlagkräftige Gang, die ihn unterstützt. Und ich würde mir dreimal überlegen, mich mit ihm anzulegen, um nicht sein Netzwerk gegen mich aufzubringen.

Das Verrückte am Netzwerk der Optimisten ist: Sie nehmen häufig mehr potenzielle Unterstützung wahr, als real vorhanden ist. Auch das gehört zum Above-Average-Effekt. Und das noch Verrücktere ist: Diese Fehleinschätzung tut ihnen subjektiv gut, denn sie ermutigt sie, Projekte anzupacken. Dieses Engagement führt wiederum dazu, dass dem Optimisten letztlich doch mehr Mitarbeiter folgen, allein aufgrund dieser anpackenden Haltung.

Die Bereitschaft, Pessimisten zu unterstützen, wird dagegen mit der Zeit immer geringer. Ihre Skepsis führt zu negativen Prognosen,

am Erfolgsglauben, denn das Negative wirkt sich emotional
d für die Unterstützer aus – und weg sind sie! Auf der Flucht
ler inneren Emigration. Beides lässt Pessimisten verzweifeln
___ ler Folge noch pessimistischer werden. Ein Teufelskreis mit
Konsequenzen.

Empfehlung: Seit ich mich intensiv mit dem Thema Optimismus
beschäftige, verlasse ich fluchtartig Räume und (wenn möglich) Sitzungen, wo Pessimisten am Werke sind. Das kann nichts werden,
also nichts wie raus da. Das ist nur Zeitverschwendung! Diese Freiheit
möchte ich auch Ihnen hier dringend ans Herz legen.

Als Führungskraft sollten Sie versuchen, die Pessimisten in ihrem
Einfluss zu reduzieren, sonst reden die Ihnen jede Idee kaputt. Oder
Sie sollten sie wenigstens so beschäftigen, dass sie andere nicht mehr
mit ihrem Gejammer und Gebremse (sie selbst nennen das »kritische
Reflexion«) demotivieren können.

Diese Beschäftigungstherapie funktioniert extrem gut über vordergründig statushohe Arbeitsgruppen, also Gruppen, die einen
bedeutenden Titel im Unternehmen tragen; irgendetwas mit »Zu-
kunftswerkstatt« oder »Strategie 2030«. Auf jeden Fall sollte es wichtig klingen. Dort lassen Sie die Pessimisten wie im Bermudadreieck
verschwinden. Entscheidend ist dabei die Auswahl der Gruppenmitglieder: Pessimistische Wortführer sind natürlich gesetzt. Ihnen zur
Seite gestellt werden andere nervige Kollegen. Unter denen sollten
mindestens zwei sein, die mit den Pessimisten per se über Kreuz
liegen. Das konnten Sie schon häufiger beobachten. Da entflammten
Streitigkeiten aus dem Nichts. Setzen Sie die Gruppe so zusammen,
dass die Chemie schlichtweg nicht stimmt. Die Gruppenmitglieder
neigen also dazu, wortgewaltig ihre eigenen Positionen in den Vordergrund zu stellen. Das nervt viele und provoziert natürlich die Gegenrede oder zumindest die Skepsis der Pessimisten – was wiederum der
Rest der Arbeitsgruppe als destruktiv bewertet wird.

Ich muss das hier nicht weiter ausführen, aber Sie sehen schon:
Das Elend nimmt unweigerlich seinen Lauf. Alle sind beschäftigt,
und Sie können in Ruhe Ihre Bahnen ziehen. Vor allem wenn Sie sagen, dass die Arbeitsgruppe mindestens ein halbes Jahr Zeit hat, um

das Konzept zu erstellen. Möglichst im Konsens. Die sind Sie für eine Weile los! Das funktioniert, verlassen Sie sich darauf, auch wenn ich zugeben muss: Richtig nett ist das nicht. Aber dieses Vorgehen gibt Ihnen die Möglichkeit, Ihre innovativen Ideen in Ruhe umzusetzen, was wiederum Ihren Optimismus fördern wird.

Sie sehen, optimistische Fehleinschätzungen, Selbstüberschätzung und positive Illusion bringen mehr Zukunftsglauben und Innovationen ins Berufs- und Privatleben als eine pessimistische Herangehensweise. Und wer es als Optimist schafft, seinen Above-Average-Effekt so zu zügeln, dass er auch die Realität zur Kenntnis nimmt, kommt besonders gut weiter und wird auch noch fürstlich belohnt, mit

- überdurchschnittlich häufig guter Laune,
- einem besseren Selbstwertgefühl,
- besseren Verkaufsergebnissen in der Krise[71],
- einem längeren Leben[72],
- und sogar mit Wahlhilfe: In der Politik hilft dieses Verständnis, denn »ein durch die Politik vermittelter Optimismus, dass aktuelle Probleme durch eine Reform in Zukunft gelöst werden, führt zu einer positiveren Politikeinstellung, zu weniger Widerstand gegenüber den politischen Maßnahmen, zu mehr Vertrauen in die Macher und ihre Strategie sowie zu weniger Angst vor Überforderung und Verlust«[73]. Kurzum: Wer Hoffnung auf Verbesserung glaubhaft vermittelt, der wird wiedergewählt.

Was kann man mehr verlangen? Lassen Sie uns nun der Frage widmen, was für unterschiedliche Optimismustypen es im deutschsprachigen Raum gibt. Ich tippe, es ist für jeden Geschmack und auch für jeden Lebensstil etwas dabei. Aber schauen Sie selbst.

Welcher Optimismustyp sind Sie?

Es gibt fünf zentrale Optimismustypen im Geschäfts- und Privatleben, so das Ergebnis der Studie des Clubs der Optimisten und des Rheingold-Instituts. Alle fünf Typen garantieren ein besseres Leben als jede Form des Pessimismus. Alle fünf sind daher wärmsten zu empfehlen, und ich habe die große Hoffnung, dass für jeden von Ihnen der passende Typ dabei ist. Für die aufstiegsorientierten Leserinnen und Leser möchte ich an dieser Stelle besonders auf den Best-of-Optimisten hinweisen, denn der liefert die Zutaten zu einer erstklassigen Karriere. Wem Karriere weniger wichtig ist oder völlig egal, findet sich sicher bei einem der anderen vier Optimismustypen wieder, denn sie alle sind in ihrer positiven Grundorientierung wunderbar, und es lohnt sich, nach ihnen zu leben. Aber Vorsicht: An manchen Stellen bieten sie auch Fallstricke, in denen Sie sich nicht verfangen sollten und die ich Ihnen schildern werde, damit genau das nicht passiert. Lassen Sie sich aber davon nicht abschrecken, denn die richtige Optimismusdosis wird Ihr Leben bereichern, nur die Überdosis wird zu Gift. Ich bin mir aber sicher, dass Sie die richtige Mischung hinbekommen werden.

Lassen Sie uns zunächst aber einmal schauen, wie optimistisch Sie eigentlich sind.

Der Test

Dieser Test erfragt die Stärke Ihrer optimistischen Haltung im Berufs- und Privatleben, von »nicht vorhanden« (Pessimist) bis »sehr stark vorhanden« (Best-of-Optimist).

Bitte beantworten Sie dazu die folgenden Fragen einfach mit einem »ja« oder »nein«.

1. Können Sie an das Gute denken und es genießen, noch bevor es Realität geworden ist?
2. Sind Sie ins Gelingen verliebt?
3. Nehmen Sie Niederlagen gelassen in Kauf?
4. Haben Sie die Grundhaltung »Das packen wir«?
5. Haben Sie den Glauben, Dinge positiv beeinflussen zu können?
6. Starten Sie Ihre Projekte langsam, abwägend und entwickeln dann einen starken Glauben an das Gelingen?
7. Haben Sie ein seismografisches Gespür für drohenden Ärger?
8. Haben Sie einen positiven Zukunftsglauben?
9. Meiden Sie Ideenzerfleischer und Nörgler, so gut es geht?
10. Mögen Sie den Zustand der Vorfreude?
11. Haben Sie eine Krisenmanagementbereitschaft?
12. Spielt die materielle Besitzstandswahrung für Sie eine stabilisierende Rolle?
13. Betrachten Sie negative Entwicklungen als temporär, das heißt, sie sind in Ihren Augen nie von Dauer?
14. Unterstellen Sie positiven Ereignissen eine permanente Ursache, das heißt, sie werden sich bestimmt wiederholen?
15. Gelingt Ihnen die Fokussierung aufs Detail, bei gleichzeitiger Ausblendung des großen Ganzen?
16. Verzerren Sie die Realität für eine gute Sache, etwa um Trost zu spenden?
17. Suchen Sie proaktiv den Weg aus der Sackgasse?
18. Überschätzen Sie Ihre Karriereaussichten?
19. Halten Sie sich für überdurchschnittlich gesund?
20. Unterschätzen Sie Ihr Risiko für Schicksalsschläge, wie Scheidung, Krebs oder Arbeitslosigkeit?
21. Sagen Sie sich manchmal: »Durch meinen Einsatz ist diese Welt wieder ein Stück besser geworden«?
22. Teilen Sie die Meinung, dass Karriere ein Marathonlauf ist, bei dem das Timing stimmen muss?
23. Können Sie zukünftige Entwicklungen durch die rosarote Brille betrachten, ohne die Schattenseiten der Wirklichkeit aus den Augen zu verlieren?

24. Glauben Sie an eine zukünftige Verbesserung Ihrer Situation?

25. Tun Sie praktisch etwas für die Verbesserung Ihrer Situation?

26. Teilen Sie den Satz »Wenn ich mit etwas Neuem im Job konfrontiert werde, weiß ich ziemlich genau, wie ich damit umgehen kann«?

27. Sind Sie bereit, sich selbst vor anderen positiv darzustellen?

28. Können Sie sich ihren zukünftigen Erfolg konkret vorstellen?

29. Sind Sie empathisch?

30. Teilen Sie die Auffassung, dass ein motivierendes und fröhliches Betriebsklima zu geringerer Vulnerabilität führt (weniger Krankmeldungen, geringere Fluktuation, weniger innerbetriebliche Konflikte)?

31. Haben Sie Ambiguitätstoleranz, also die Fähigkeit, unterschiedlichen Anforderungen gleichzeitig gerecht zu werden, wie ein Jongleur, der viele Bälle zur gleichen Zeit in der Luft hält?

32. Sind Fehlentscheider für Sie Märtyrer des Optimismus (weil sie etwas versucht haben – auch wenn es schief gegangen ist)?

33. Zählt das Zukunftsdenken zu Ihrem Spezialgebiet?

34. Folgen Sie dem Above-Average-Effekt und halten sich für überdurchschnittlich toll?

35. Haben Sie die Egozentrik, Ihre eigenen Visionen für umsetzbar zu halten?

36. Zählen Pessimisten zu Ihren Hauptfeindbildern?

37. Glauben Sie, dass eine geringe Dosis Größenwahn der Karriere hilft?

38. Teilen Sie die Auffassung »Erfolg = mein Verdienst. Misserfolg = liegt an den anderen«?

39. Haben Sie Frustrationstoleranz, das heißt, können Sie viele kleine Schritte über einen langen Zeitraum gehen, wenn das Große nicht auf Anhieb klappt?

40. Reden Sie sich ihre Erfolgschancen immer wieder ein?

41. Nehmen Sie Krisen sportlich?

42. Teilen Sie den Satz »In überraschenden Situationen ist mir fast immer klar, wie ich mich verhalten sollte«?

43. Delegieren Sie, wenn möglich?

44. Teilen Sie die Formel: Machbarkeitsanalyse plus gesunder Menschenverstand = Erfolg?

45. Sind Sie in der Lage, tragfähige Beziehungen trotz Dissonanzen zu erhalten?

46. Haben Sie eine »Gore-Tex-Mentalität«, die alles Unangenehme abperlen lässt?

47. Teilen Sie die Meinung, dass Optimismus die »Maschine des Kapitalismus« ist?

48. Ist eine Enttäuschung für Sie nicht das Misslingen eines erwarteten Ergebnisses, sondern die Befreiung von einer Täuschung?
49. Glauben Sie, dass sich Optimismus verstärkt, wenn man gewinnt?
50. Teilen Sie die Meinung, dass Erfolg »1 Prozent Inspiration und 99 Prozent Transpiration« ist?

Die Auswertung

Bitte addieren Sie Ihre »Ja«-Stimmen und schauen Sie sich gleich an, welches Ergebnis Sie erzielt haben.

Sollten Sie mit Ihrem Testergebnis nicht zufrieden sein, weil Sie sich selbst viel positiver und optimistischer bewerten, dann folgen Sie Ihrer Einschätzung. Vergessen Sie dann einfach den Test, denn Fakt ist: Sie kennen sich besser, als es jedes Testverfahren zutage fördern könnte.

Oder machen Sie es wie ein echter Optimist: Sie führen den Test solange durch, bis sich Ihr Wunschergebnis eingestellt hat. Normalerweise geht das nicht, aber bei einem Test zum Thema »Optimismus« sieht das natürlich anders aus. Denn Sie wissen ja: Wir Optimisten haben die Lizenz, unsere Welt rosarot zu gestalten – und da kann man auch gleich mit diesem Test beginnen!

0 bis 10 Ja-Stimmen: Viel pessimistischer geht es nicht. Ihr Glas ist eher halb leer als halb voll. Ihre Einwände gegen Innovationen sind anstrengend und eine echte Herausforderung für Macher. Ihre kritische Sicht auf die Welt ist für Optimisten fast schon belastend, weswegen sie Ihnen aus dem Weg gehen werden. Sollte Ihnen Ihre pessimistische Haltung trotzdem gefallen, dann sei's drum.

Sollten Sie aber einen optimistischeren Blick auf die Welt wagen wollen, sind Sie dazu herzlich eingeladen. Die Sozialisationstheorie betont ja, dass wir uns lebenslang verändern können, wenn wir es wollen. Das gilt auch für Sie.

11 bis 20 Ja-Stimmen: Gemessen an den Möglichkeiten, die der Optimismus bietet, sind Sie zu pessimistisch, zu selbstkritisch, zu zweifelnd und zu misstrauisch. Aber das sind Sie auf eine moderate Art und Weise, denn Sie können auch mit denen noch gut kommunizieren, die das Ganze deutlich positiver betrachten als Sie. Allerdings lassen sie sich von deren Sicht nur schwer überzeugen, ohne dabei aber dogmatisch aufzutreten. Das schätzt man sehr an Ihnen. Deswegen dürften Sie in der Justiz, bei der Polizei, dem Verfassungsschutz, dem Finanzamt oder als Gender- oder Compliance-Beauftragte eine fabelhafte Figur abgeben, denn Vertrauen finden Sie okay, Controlling finden Sie aber besser.

21 bis 40 Ja-Stimmen: Sie werden sich mit einem oder mit mehreren der beschriebenen Optimismustypen identifizieren können. Mit Ihnen umgibt man sich sehr gerne, denn Sie sind positiv drauf, ohne es zu übertreiben. Sie finden gut und richtig, was Sie tun, aber selbstverliebt sind Sie nicht. Sie sehen manches auch einmal rosarot, aber nur für kurze Zeit, denn dann setzen Sie Ihre realistische Brille wieder auf und wägen ab.

Sie halten sich auch nicht für überdurchschnittlich, sondern für einen Teamplayer, und das macht Sie sympathisch. Ihre Dosis Optimismus stößt selten auf Widerstand, denn Sie übertreiben es nicht. Sie tun Ihrem Umfeld gut, und Ihr Umfeld weiß das zu schätzen, denn man umgibt sich einfach gerne mit Ihnen und Ihrer unprätentiösen Art.

Bleiben Sie daher so, wie Sie sind! Außer Sie wollen unbedingt Karriere machen, dann lesen Sie bitte weiter.

41 bis 50 Ja-Stimmen: Willkommen im Club der Best-of-Optimisten, im Club der Karriereorientierten, der Macherinnen und Macher! Sie wollen mehr, vor allem wollen Sie mehr Erfolg. Der Above-Average-Effekt wurde für Sie erfunden und das wissen Sie auch, denn Sie finden, dass Sie ein herausragender Typ sind. Auch wenn Sie das nicht jedem gleich auf die Nase binden, nicht aus Bescheidenheit, sondern aus der Strategie heraus, nicht gleich als Angeber dazustehen. Dabei ist Ihr umfassendes Selbstlob keine Angeberei, sondern nur ein Aufzählen von harten Fakten, die sie auch belegen können.

Sie arbeiten hart, und Sie haben sich Ihren Erfolg verdient. Vc nichts kommt nichts, und dass Sie an Ihre Ideen glauben, ist nur eine Selbstverständlichkeit. Sonst bräuchten Sie gar nicht an den Start gehen. Ihre Vorhaben sind durchdacht, und wer da nicht mitzieht oder gegen Sie agiert, der sollte sich warm anziehen. Denn am Ende wird es wieder heißen: *The winner* sind Sie! Wenn das nicht gute Laune macht!

Nun ist aber Optimist nicht gleich Optimist, wie Sie im Test sicher bereits bemerkt haben. Stellt sich also die Frage, wie viele unterschiedliche Optimismustypen gibt es eigentlich? Die Antwort lautet: Es gibt fünf Typen, und die möchte ich Ihnen gleich einmal vorstellen:

1. Den Zweckoptimist,
2. den naiven Optimist,
3. den heimlichen Optimist,
4. den altruistischen Optimist,
5. den Best-of-Optimist.

Diese werde ich Ihnen nun im Einzelnen erläutern, und Sie überlegen sich dabei, was davon zu Ihnen passen könnte.

Warum der Zweckoptimist die Realität verbiegt

Zweckoptimisten sind feine Menschen mit einem sehr langen Atem, wenn es darum geht, sich auf die positiven Aspekte einer schwierigen beruflichen Aufgabe zu konzentrieren. Zweckoptimismus ist besonders in sozialen Berufen oder auch in Change-Prozessen gefragt, wenn es notwendig wird, dem Unangenehmen positive Seiten abzugewinnen, selbst wenn die Umstände kaum veränderbar sind, weil sie durch Krankheiten oder Alterungsprozesse ausgelöst sind. Mitarbeiter in Hospizen demonstrieren diese Zuversicht täglich auf bewundernswerte Art und Weise, wie auch manche Angehörige im Rheingold-Interview: »Ich denke nicht daran, dass Vater stirbt, erst wenn ich es schwarz auf weiß habe. Ich lasse mich nicht runterziehen, lasse mich nicht davon auffressen.« Zweckoptimisten demonstrieren Durchhaltevermögen und wünschen sich heimlich, dafür auch etwas Bewunderung zu ernten. Völlig zu Recht. »Der gibt nie auf!«, »Unglaublich, was die für einen Willen hat.« Zweckoptimisten lieben solche Zuschreibungen. Sie sind kämpferisch, auch bei eher geringen Erfolgsaussichten, weil sie Unveränderbares akzeptieren können und sich trotzdem engagieren.

Für die 48-jährige Grundschullehrerin Wiebke Toscheck ist der Zweckoptimismus überlebensnotwendig, »sonst verliert man die Hoffnung, dass alles besser werden kann«, so ihr Statement im Interview. Sie unterrichtet an einer Brennpunktschule mit 95 Prozent Migrantenkindern und Inklusionsklassen. Entgegen aller gesetzlichen Regelungen ist sie dort für 28 Kinder allein zuständig. Sie beklagt »eine regelrechte Zweiklassengesellschaft der Flüchtlinge. Albaner, die nur die Hand aufhalten und nichts machen, und andere, die ehrgeizig und engagiert sind.« Dabei sieht sie die schwierige Lage der Albaner, die im Grunde nur auf ihre Abschiebung warten und deren Kindern sie trotzdem eine bessere Unterstützung bieten möchte. Sie mag ihren Job und lässt sich auch nicht davon abbringen, zusätzlich in ihrer Freizeit ehrenamtlich in der Flüchtlingshilfe zu arbeiten.

Bei der Bewältigung des Konfliktpotenzials ihres Berufes hilft ihr der Zweckoptimismus, auch wenn die Chancen der strukturellen Veränderung in ihren Augen eher gering sind. Im Kleinen kann und will sie Hoffnung geben.

Im Geschäftsleben ignorieren Zweckoptimisten schon mal die Faustregel, nur solche Kämpfe zu führen, bei denen man mindestens eine 51-prozentige Gewinnchance hat. So ein Kalkül sehen sie gar nicht ein, sondern laufen selbst bei unter 10 Prozent Erfolgschance mit hohem Energieaufwand zur Höchstform auf. Vermutlich vergeblich, aber sie haben alles gegeben und können morgens zufrieden in den Spiegel schauen. Dieser Kraftaufwand birgt natürlich immer auch ein gewisses Burn-out-Risiko. Zweckoptimisten nehmen das billigend in Kauf, erscheinen deswegen aber manchmal auch einen Tick zu verbissen, was erfahrene Geschäftspartner skeptisch machen kann, denn dieser Optimismus kann angestrengt wirken, auch aufgesetzt, aber erst auf den zweiten Blick. Auf den ersten Blick fasziniert die Leidenschaft der Zweckoptimisten für das schier Aussichtslose, eine Leidenschaft, die mitreißend ist, aber auch über das Ziel hinausschießen kann. Das kennt man aus der Wirtschaft und der Politik, wo der Zweck auch schon mal die Mittel heiligt:

»Karl-Theodor zu Guttenberg verriet sich durch nichts, weil er ja auch nicht schwindeln musste. Wahrscheinlich glaubte er tatsächlich mal, all die abgeschriebenen Passagen in seiner Doktorarbeit habe er höchst selbst erdacht – zu ihm würde das passen. So virtuos allerdings sind die wenigsten in Sachen Selbstaufblasen.«[74]

Heute kann zu Guttenberg selbstironisch mit seinem groben Fehler umgehen. Der Mann hat dazugelernt: Vor kurzem sprach er beim Pawlik-Consulting-Kongress über die transatlantischen Beziehungen zu den USA. Er eröffnete seinen Vortrag mit dem Hinweis, dass er vielleicht darüber promovieren wolle. Die Lacher hatte er damit auf seiner Seite und die Skeptiker im Publikum begegneten ihm mit etwas mehr Wohlwollen. Von der Realitätsverzerrung zur Selbstironie – das ist hoffnungsvoll!

Zweckoptimisten verzerren die Realität für eine gute Sache, wenn sie dem unheilbar Kranken Hoffnung auf Genesung machen, um ihm die Ängste zu nehmen. Das ist die gute Seite, auf der schlechten können Realitätsverzerrungen Kollegen und Kunden in den Abgrund ziehen, weil ihnen einfach kein reiner Wein eingeschenkt wird. Diese Schattenseite ist so überzeugend, weil der Zweckoptimist selbst felsenfest an seinen eigenen Unfug glaubt. Trotz roter Zahlen in den Excel-Tabellen, trotz eines Businessplans, der wenig Anlass zur Hoffnung gibt. Er zählt zu denjenigen, die genau eruiert haben, dass kaum Kühlschränke am Nordpol stehen und dass es deswegen dort einen fantastischen Markt für dieses Produkt geben müsste. Zweckoptimismus ist eine verführerische Kraft, aber sie birgt eben auch Gefahren, auch bei dem, der gar nicht betrügen will, aber seine Fehleinschätzungen nicht erkennt. Weil nicht sein kann, was nicht sein darf. Er ist ein Meister im Schönreden von Niederlagen:

- »Diese Insolvenz hat ihren Zweck erfüllt, sie war eine ganz wichtige Erfahrung. Nicht nur für mich. Für uns alle.«
- »Unsere Verluste haben uns wachgerüttelt. Wir sind jetzt noch konzentrierter geworden.«
- »Wir wachsen aus Niederlagen, Gewinn ist ja nicht alles!«

Solche und ähnliche Aussagen gehören zu seinem Standardrepertoire. Er hat eben diese Fähigkeit, sich im Elend auf das Positive zu konzentrieren, und – damit kommen wir wieder zu seinen guten Seiten – ist deswegen für Menschen, die nach einer Niederlage oder einem Schicksalsschlag wieder aufstehen wollen, eine große Hilfe. Frei nach Tom Waits: »You have to tell horrible stories beautifully«, der Ton macht bei ihnen die Musik. Das gilt auch für die eigene professionelle Leistung, die gerne strahlender dargestellt wird, als sie ist.

So lobt ein Kriminalist seine beeindruckend geringen Rückfallquoten bei der Behandlung von Muttermördern. Er ist von sich und seinen Erfolgen überzeugt, denn sie wurden tatsächlich nicht rückfällig. Der Haken dabei: Auch ohne Behandlung wären sie nicht rückfällig geworden, denn sie haben ihr Problem ja mit dem Mord gelöst. Die Mutter ist weg, und da sie nur diese eine Mutter haben, liegt die Rückfallwahrscheinlichkeit bei null. Man könnte diese Täter sofort entlassen, wenn es das Gesetz zuließe. Das macht man natürlich nicht, das Strafgesetzbuch spricht dagegen.

Selbst wenn bei Zweckoptimisten etwas gründlich danebengeht, ohne ihren Einfluss wäre es bestimmt noch viel schlechter verlaufen. Das denken sie, und das sagen sie auch im Brustton der Überzeugung. Dabei fördert Schönfärberei allein keinen nachhaltigen Optimismus, eine gelungene Krisenbewältigung muss immer dazukommen, denn es fühlt sich gut an, etwas Schwieriges bewältigt zu haben: nach einer Insolvenz, nach einem unfreiwilligen Jobwechsel, einer Scheidung oder einem Schicksalsschlag. Man hat den Kopf nicht in den Sand gesteckt, sondern proaktiv einen Weg aus der Sackgasse gefunden! Nur Schönreden hilft dagegen gar nicht, denn es ist lediglich eine Art postfaktisches Getue, in dem nicht die harten Zahlen zählen, sondern die Realitätsverzerrung. Der Zweckoptimist weiß das, hängt aber trotzdem an seinen Verzerrungen, weil sonst seine Hoffnung auf Besserung verloren gehen könnte. Er will hoffen, dass alles klappen wird, nach dem Motto: »So schlimm wird's schon nicht kommen. Et hätt noch emmer joot jejange.« Der Artikel 3 des Rheinischen Grundgesetzes hilft jedem Optimisten, nicht nur dem Kölner Jeck. In der Geschäftswelt kann diese Mentalität aber ins Unseriöse kippen:

»Der ständige Zwang zum »Alles-ist-easy«, die unentwegte Aufforderung, alles positiv zu sehen, kann zu einem neurotischen Zwang werden. Alle laufen nun mit Masken der Fröhlichkeit herum. Herausforderungen werden als reine Stimmungsaufforderungen definiert. Leiden wird umetikettiert – und auf perfide Weise dem Leidenden zugeschrieben.«[75]

Auf eine manipulative Weise wird an die positiven Gefühle appelliert und so der größte Mist schöngefärbt:

- Sie sind freigesetzt worden? – Welch tolle Chance, Ihr Leben neu auszurichten!
- Sie sind überschuldet und insolvent? – Ein paar Jahre Verzicht und alles wird easy!
- Sie sind ausgebrannt? – Tolle Botschaft Ihres Körpers, bevor es noch schlimmer kommt!

Diese Optimismuskrücken sind perfide. Da hat der Zukunftsforscher Matthias Horx völlig Recht. Aber sie sind immer noch besser, als dem Pessimismus zu verfallen.

»Evolutionärer Optimismus heißt«, so Horx, »dass wir uns eingestehen, dass das menschliche Leben empfindlich und zerbrechlich ist. Dass es Leid gibt, viel Leid. Er weiß um den Anteil, den er selbst erlösen kann. Der Anteil mag nicht groß sein. Aber er zählt.«[76]

Diesen Anteil an Glück, Zufriedenheit und Erfolg gilt es zu packen und das Beste daraus zu machen. Für Optimisten ist das die wahre Kunst. Der extreme Zweckoptimist klammert sich hingegen an das Ideale und wird enttäuscht, weil es wahnsinnig schwer zu erreichen ist. Der realistische Optimismus sieht dagegen »die Welt aus der Gelassenheit der Systeme. Vertrauen entsteht nicht aus Wunschbildern, sondern aus realistischen Erfahrungen, die wiederum in Menschenbildern wurzeln, in denen wir uns nicht dauernd zu Übermenschen stilisieren oder als Untermenschen denunzieren müssen«[77]. Dem extremen Zweckoptimisten ist das fremd. Er feiert lieber den Triumph der Hoffnung über die Erfahrung, er lässt sich nicht von der schnöden Wirklichkeit stören, denn er überbewertet seine Fähigkeit, die Zukunft vorhersagen zu können. »Das wird schon« ist seine schlichte, optimistische Selbstüberschätzung. Selbstkritik ist also gefragt. Obwohl Verzerrungen, wie die Selbstüberschätzung, kurioserweise auch Gutes bewirken:

»Weil sie die Risiken falsch einschätzen, halten sich optimistische Unternehmer oftmals für besonnen, auch wenn sie dies nicht sind. Ihr Glaube an ihren zukünftigen Erfolg fördert eine positive Stimmung, die ihnen hilft, sich Finanzmittel von anderen zu beschaffen, die Arbeitsmoral ihrer Beschäftigten zu heben und die Erfolgschancen ihrer Firma zu erhöhen. Wenn Tatkraft gefragt ist, ist Optimismus, selbst wenn er leicht wahnhafte Züge trägt, eine gute Sache.«[78]

Also bleiben Sie bitte offen für ein wenig Realitätsverzerrung und eine gute Portion Verrücktheit, die uns ermutigt, Schwieriges anzugehen, wie es der Gründer des Wirtschaftsclubs der Optimisten Klaus Utermöhle bereits im Jahr 2005 propagierte: »*Die Verrückten werden siegen!*« Gerade im Bereich der Unternehmensgründungen muss man ein bisschen verrückt sein, damit einen die Wirklichkeit nicht erschlägt. Sie erinnern sich?

Dazu passen die Erfahrungen des kanadischen Inventor's Assistance Program. Dieses Programm beurteilt die gewerblichen Erfolgsaussichten von Geschäftsideen, bevor sie in die Wirklichkeit umgesetzt werden. Das geschieht objektiv nach 37 Kriterien, ähnlich der deutschen Fernsehsendung *Die Höhle der Löwen*, nur differenzierter. 70 Prozent der überprüften Innovationen wird ein Scheitern vorausgesagt, wobei die Misserfolgsprognose beeindruckt: »Nur 5 von 411 Projekten, die die niedrigste Bewertung erhielten, wurden kommerzialisiert, und keines davon war erfolgreich.«[79] Trotz dieser katastrophalen Prognose setzten aber 47 Prozent der Erfinder ihre Bemühungen fort »und im Schnitt haben diese beharrlichen und starrsinnigen Personen ihre anfänglichen Verluste verdoppelt, ehe sie aufgaben. Bezeichnenderweise zeigte sich diese Beharrlichkeit vor allem bei Erfindern, die in der Persönlichkeitsdimension Optimismus einen hohen Prozentwert erzielten«[80]. Der Zweckoptimist lässt grüßen!

Auch Manager und CEOs sind anfällig dafür, insbesondere jene, die in der Wirtschaftspresse hoch gelobt werden, die Titelbilder schmücken und denen ihr Above-Average-Effekt medienwirksam attestiert wird. Sie tappen besonders häufig in die Realitätsverzerrungsfalle.

»Unternehmen mit preisgekrönten Chefs haben sich im Anschluss an die Auszeichnung unterdurchschnittlich entwickelt, sowohl was ihren Aktienkurs anbelangt als auch im Hinblick auf ihre operative Leistungsfähigkeit. Gleichzeitig erhöht sich die Vergütung des Vorstandschefs, der jetzt mehr Zeit auf Aktivitäten außerhalb des Unternehmens verwendet, wie etwa das Schreiben von Büchern oder die Wahrnehmung externer Verwaltungsratspositionen, und sie betreiben jetzt auch eher Bilanzkosmetik.«[81]

Wie gesagt, der realitätsverzerrende Zweckoptimist ist in der Wirtschaft mit Vorsicht zu genießen, in sozialen Berufen ist er dagegen ein großer Gewinn, weil er den Hoffnungslosen Hoffnung gibt.

Warum der naive Optimist eine Präventionsallergie hat

Der naive Optimist ist begeisterungsfähig, voller Energie und Tatendrang. Leider neigt er aber auch dazu, blind vor Begeisterung über seine Ideen, über seine Projekte, über sich selbst zu sein. Hindernisse? Misserfolge? Sie werden ignoriert. Das erklärt auch schon, warum wir ihn hier als naiv beschreiben müssen, obwohl er alles andere als naiv wirkt, wenn man ihm gegenübersitzt. Die Hoffnung, die er verbreitet, ist grenzenlos und wohltuend, zumindest geht es mir so, wenn ich mit naiven Optimisten an einem Tisch sitze. Es ist einfach schön zu sehen, wie sie sich ihre und unsere Zukunft vorstellen können. Sollten sie nicht mehr weiter wissen, sind sie davon überzeugt, dass das Glück ihnen hold ist und den richtigen Weg zeigen wird. Deswegen bestellen sie im Gourmettempel auch Austern, weil sie auf die Perle hoffen, mit der im Anschluss die Restaurantrechnung bezahlt werden kann. Voller Zuversicht mit einem Hang zur Selbstüberschätzung, der so offensichtlich ist, dass man ihnen nicht böse sein kann. »Auf einer Skala von 1 bis 10 bin ich eindeutig eine 10 mit Sternchen.« Höchstwert! Sonst noch Fragen? Der naive Optimist sprüht vor Ideen, ohne deren Umsetzung konsequent anzugehen, er ist bester Laune, doch diese ist, was seine Zielerreichung betrifft, unbegründet. Das stört ihn aber überhaupt nicht, denn er sieht sich als Visionär mit grenzenlosem Ego, der immer das Richtige tut. »Meine Frau und meine Kinder sind selbst schuld, dass sie nichts mehr von mir haben«, fasste es einer unserer Interviewpartner zusammen, nachdem er seine Familie verlassen hatte.

Naive Optimisten sind umtriebig und sehr ehrgeizig, sie sind risikofreudig, kurzfristig erfolgreich, charmant und witzig: Es macht richtig Spaß mit ihnen Essen zu gehen. Ein toller Abend – geistreich und das Gegenteil von Langeweile. Sie lieben es, wenn man ihnen zuhört, wenn sie von ihren Ideen, Projekten, Leben monologisieren. Irgendwann widmen sie sich – so ein Bonmont – dann doch ihrem Gesprächspartner und sagen: »Lass uns jetzt auch einmal über dich sprechen, sag mal, wie findest du mich eigentlich?« Aus Sicht des naiven Optimisten ist diese Selbstdarstellung ein Geschenk für die anderen, denn zweifelsohne sind sie die Interessantesten am Tisch. Das sehen bestimmt alle so, oder besser fast alle, denn unsere Interviewerin ist vom naiven Optimisten genervt.

»Emotional unerreichbar, wie ein Stein«, sei ihr Interviewpartner gewesen. Er tritt extrem selbstbewusst und optimistisch auf, wirkt egozentrisch und kommuniziert nur, um sich darzustellen, denn er hat es schon in jungen Jahren in der Hotelbranche zu etwas gebracht, viel Geld verdient, Immobilien erworben und exzessiv kostspielige Hobbys gepflegt. Das ist ja wohl eine Mitteilung wert. Dass er sich für eine 10 mit Sternchen hält, ist offensichtlich. Sein grenzenloses Ego und seine rastlose Gier nach Erfolg und

Abwechslung führten schon mit 32 Jahren zum psychischen Zusammenbruch. Er hatte ignoriert, dass ein leistungsstarkes Berufsleben ein Marathonlauf ist, den man nicht angehen kann, als würde es sich nur um eine 5000-Meter-Distanz handeln. Hoher Blutdruck war die Folge, Schlaflosigkeit, die Verdauung war gestört. Bei ihm drehte sich gedanklich alles im Kreis, und er kam da nicht mehr raus, musste den Job kündigen und ein Sabbatical einlegen.

Bei den ersten Anzeichen von Erholung gab er aber sofort wieder Gas, den »Schuss vor den Bug« ignorierte er, um sich ganz auf sein finanzielles Fortkommen zu konzentrieren. Es ist ja schade, wenn ein so großartiger Mensch wie er sich mit schnöden Themen wie der Work-Life-Balance befassen muss.

Auf einen vergnüglichen Abend mit dem naiven, strahlenden Optimisten können Sie sich gerne einlassen und ihn wie ein Theaterstück genießen, auf gemeinsame Geschäfte sollten sie aber lieber verzichten. Geld in ihn investieren? Auf gar keinen Fall, das wäre verloren oder in seinen Worten: nur woanders! »Ist nicht böse gemeint, das hätte klappen können. Das war hoffnungsvoll. Es sah wirklich sehr gut aus«, werden sie aus seinem Munde hören, nachdem ihr Investment verbrannt wurde.

Frank Thelen, CEO der Risikokapitalfirma e42 für technologie- und designgetriebene Jungunternehmen, wird geradezu aggressiv, wenn der naive Optimist hoffnungsvoll seinen Weg kreuzt. Weil dieser nichts richtig durchgerechnet hat, weil er seine Zahlen nicht kennt, weil er den Markt nicht analysiert hat, weil er gar nicht gemerkt hat, dass ein anderer seine Idee schon vor zwei Jahren zur Marktreife geführt hat. Warum er das nicht gemerkt hat? Weil er sich nicht schlaugemacht hat! Er hat noch nicht einmal danach gegoogelt und steht deswegen schon am Abgrund, bevor es überhaupt losgeht.

Der naive Optimist ist ein Problemignorant, und das auf hohem Niveau. Ohne große Rücksicht auf Kollegen, Chefs, Investoren oder Angehörige, denn er überfrachtet sich ungern mit Detailwissen, aus Angst, dass er das große Ganze aus dem Blick verlieren könnte. Das muss schiefgehen – außer er hat Glück.

Nehmen wir den französischen Weinliebhaber. Der wanderte »nach Amerika aus und gründete dort eine französische Weingroßhandlung. Sein Unternehmen wuchs und wurde sehr bekannt. Zum 25-jährigen Geschäftsjubiläum gab es ein Fest mit vielen Ehrengästen und Journalisten.

Einer der Journalisten stellte dem Weingroßhändler die Frage: »Sie haben sich zur Zeit der Wirtschaftskrise selbstständig gemacht, ihren Betrieb aufgebaut und vergrößert. Was haben Sie für ein Erfolgssystem?«

»Sie werden mich auslachen, wenn ich Ihnen das erzähle«, antwortete der Franzose. »In den ersten Jahren hier in Amerika waren meine Englischkenntnisse so dürftig, dass ich keine Zeitung lesen konnte. Deshalb wusste ich gar nichts von der Krise.«[82]

Schlecht vorbereitet und trotzdem erfolgreich – das Wirtschaftsleben war gnädig mit ihm.

Doch das ist die Ausnahme von der Regel, denn der naive Optimist kann in seiner extremen Form selbstschädigend bis zum eigenen Untergang sein. Schuld sind natürlich immer die anderen, ihnen hat er den Schlamassel zu verdanken: weil sie nicht konsequent genug an seine Idee geglaubt haben.

Nur wie schafft es das Gehirn des naiven Optimisten, aus Stroh Gold zu spinnen? Die Antwort: Er ist ein Meister der Täuschung und übertreibt es mit seinem Können. Er »setzt das vernünftige Denken außer Gefecht und lenkt unsere Erwartung auf einen besseren Ausgang, ohne dass hinreichende Beweise dafür sprächen«[83] – mit verblüffenden Folgen. Die Neurowissenschaftlerin Sharot bezeichnet das Phänomen als »Optimism Bias«, das in Maßen wunderbare Konsequenzen mit sich bringt. Naiver Optimismus ist an sich nichts Schlechtes, denn es ist nur eine Frage der Dosis, ob die Täuschung hilft oder schadet.

»Wissenschaftliche Daten belegen eindeutig, dass die meisten Menschen ihre beruflichen Karriereaussichten überschätzen, ihre Kinder für besonders begabt halten, ihre wahrscheinliche Lebenserwartung zu hoch ansetzen, sich für überdurchschnittlich gesund und für erfolgreicher als ihresgleichen halten, ihr Risiko für Scheidung, Krebs und Arbeitslosigkeit deutlich unterschätzen und insgesamt davon ausgehen, dass ihr Leben in Zukunft besser sein wird als das ihrer Eltern.«[84]

Vermutlich sind das alles Selbsttäuschungen, aber es sind Selbst-täuschungen, die einem guttun und die dazu führen, dass es einem tatsächlich besser geht. Alle Eltern kennen und schätzen das gute Ge-fühl des »Optimism Bias«, wenn sie feststellen, dass ihr Kind wirk-lich besonders schön und besonders schlau ist. Elternpaare überbieten sich ja bei Treffen im Freundeskreis mit dem Satz »Mein Kind kann schon ...« dies oder jenes besonders gut.

Ein befreundeter Mathematiker trieb dieses Phänomen auf die Spitze. Er brachte seiner Tochter, nachdem sie gerade einmal »Mama und Papa« sagen konnte, das Wort »Neunundvierzig« bei. Mehr nicht, nur »neunundvierzig«. Wenn dann Besuch kam, fragte er die Kleine beiläufig im Beisein der Gäste »Schatz, wie viel sind sieben mal sieben?« »Neunundvierzig« war die Antwort, und die Gäste waren beeindruckt. Seine Frau hasste ihn für diese Dressur, denn hätte er sie nach dem Wetter gefragt, hätte sie auch »neunundvierzig« geantwortet.

Naive Optimisten glauben natürlich nicht an ihre Unsterblichkeit, dass ihnen irgendwann aber etwas Ernstes passieren könnte, daran glau-ben sie auch nicht. Deswegen erkennt man sie unter anderem daran, dass sie eine Allergie haben, für das Rentenalter zu sparen. Altersvor-sorge, Sparverträge, Lebensversicherung – sie sind ihnen ein Graus. Das Nachdenken über das Altern erscheint ihnen zu pessimistisch, zu nahe am Tod. Was soll das? Zumal Optimisten doch länger leben. »Wer über Altersrücklagen nachdenkt, muss leider auch über das Altern nachdenken. Und da wir diesen Gedanken am liebsten vermeiden, ver-meiden viele genauso ihre finanzielle Planung für die Zukunft.«[85] Die Eigentümerin der Treuhand Steuerberatungsgesellschaft, Susanne Ossewski-Gabbe, bestätigt mir dies in ihrer Kanzlei aus eigener Er-fahrung: Diejenigen, die ihre Zukunft mithilfe einer Beratung planen, bräuchten sie eigentlich nicht, diejenigen, die sie bräuchten, planen nicht. Dies mündet unweigerlich in einem Präventionsdebakel.

Vorbeugung ist einfach nicht das Ding des naiven Optimisten. Dafür sind sie zu hoffnungsvoll, nach dem Motto »Wird schon gut-gehen«. Antizipation liegt ihnen auch nicht. Sie denken nicht darüber nach, was beispielsweise die Mitbewerber als Nächstes tun könnten, weil sie sich selbst und ihre Projekte für so einmalig halten. Etwa in der Filmbranche – mit kuriosen Folgen für das Zeitmanagement.

Der ehemalige Chef der Disney-Studios wird gefragt, weshalb so viele kostspielige Filme am selben Tag in den Kinos starten, wie etwa am Unabhängigkeitstag in den USA. Seine Antwort: »Vermessenheit, Vermessenheit. Wenn man nur über sein eigenes Unternehmen nachdenkt, sagt man sich: ›Ich habe eine gute Story-Abteilung, ich habe eine gute Marketing-Abteilung, wir bringen das jetzt raus‹. Basta. Und man macht sich nicht klar, dass alle anderen genauso denken. An einem bestimmten Wochenende in einem Jahr laufen dann fünf Filme an. Und dann sind bestimmt nicht genügend Leute unterwegs, um alle Kinos vollzukriegen.«[86]

Vorbeugendes Denken oder Prävention? Fehlanzeige! Naive Optimisten kommen erst gar nicht auf die Idee, sich vor etwas schützen zu müssen. Sie halten sich für unverwundbar, für weniger gefährdet als andere Menschen. Ein riskanter Lebensstil ist für sie daher kein Problem, sondern ein Anreiz. Sex ohne Kondom? Spontaneität hat seinen Preis. Überschuldung wegen eines Luxuswagens? Na klar, noch besser wäre aber ein Boot. Wird schon genug Geld reinkommen. Vermögen für 13 Prozent anlegen? Ein Spitzenangebot in Niedrigzinszeiten. *No risk, no fun!*

Naive Optimisten pflegen ihre verharmlosende Risikowahrnehmung. Sie ist spontan, ohne großes Nachdenken, aber sie ist nicht Erfolg fördernd und schon gar nicht nachhaltig. Das stört diesen Optimismustyp aber wenig. Auch Risikorückmeldungen oder Vernunftappelle zu möglichen schmerzvollen Folgen ändern daran nichts.[87] Ohne intrinsische Motivation passiert bei diesem Typus gar nichts. Sein naiver Glaube, dass sich die Dinge schon gut entwickeln werden, ist psychisch vorteilhaft, aber passiv. Er motiviert weder zu proaktivem Handeln noch zu strategischem Denken. Für Macher ein klares No-Go. Der naive Optimist spürt den Schuss vor den Bug schlichtweg nicht, vor allem wenn der erst in der Zukunft kommt.

Ich sitze in der Sprechstunde an meiner Fakultät in der Alexanderstraße in St. Georg. Nächste Woche sind Klausuren. »Und, wie läuft's so?«, frage ich den Studenten.

»Super. Ich hab ein Spitzengefühl«, erwidert dieser.

»Sie haben sich also gut vorbereitet?«, hake ich nach.

Seine Antwort: »Nee, gar nicht. Hab ja das Spitzengefühl!«

Interessante Strategie. Typisch naiv. Seine Klausur musste leider mit der Note 5 bewertet werden. Das kratzte aber keineswegs an seinem grenzenlosen Ego, denn er beschwerte sich über mich. Ich hätte seine Leistung völlig falsch eingeschätzt und die Substanz seiner Worte nicht erfasst. Damit lag er zwar falsch, aber irgendwie war er in seiner Dynamik auch sympathisch. Aus einem erfolgreichen Studienabschluss wird so natürlich nichts, aber er ist jung, da besteht noch viel Hoffnung!

Warum der heimliche Optimist auf sein kleines Glück setzt

Heimliche Optimisten sind weit verbreitet, sie verkörpern die Mehrheit der Optimisten im deutschsprachigen Raum. Sie nehmen das Übelste an, denn dann kann es nur besser werden, sagt unsere Rheingold-Studie. Wirtschaftsnobelpreisträger Kahneman fällt nach eigenen Angaben ebenfalls in diese Kategorie, auch wenn er es noch etwas drastischer ausdrückt: »Ich würde mich als defensiven Pessimisten bezeichnen.«[88] Heimliche Optimisten bereiten sich auf alle Eventualitäten vor und vor diesem Hintergrund erledigen sie ihre Arbeit. Erwartungen hängen sie niedrig, dann ist deren Erfüllung wahrscheinlicher. Dieser Minimalismus macht ihnen gute Laune. Die perfekte Enttäuschungsprophylaxe? Sie erscheint ihnen zumindest als der sicherste Weg zum Glück. Heimliche Optimisten definieren sich als defensive Glückssucher, weil sie ihre niedrigen Erwartungen schnell übertreffen.

Jede Führungskraft, die einen neuen Bereich übernimmt, kennt das Spiel mit der niedrigen Erwartung aus dem Arbeitsalltag: Man zieht nach vier Wochen eine erste Bilanz. Man sagt, die Zahlen seien doch schlechter als erwartet. Man sagt, die Prognose müsse gesenkt werden. Man spricht von »unerwarteten Baustellen«, die vom Vorgänger nicht abgearbeitet wurden. Man hängt die Messlatte tief, senkt die Erwartungen – um dann nach einem halben Jahr überraschend schnelle erste Erfolge zu verkünden. Natürlich gemessen am selbst definierten niedrigen Anfangsniveau. Man wird zum Helden, der Neuanfang ist geschafft und das Unternehmen wieder auf dem richtigen Kurs.

Das klappt auch im Privaten: Je weniger man vom Partner zu Jahresbeginn erwartet, desto glücklicher wird das Jahr in puncto Partnerschaft verlaufen. Schließlich ist dann jede Menge Luft nach oben. Sagen Sie daher nie zu Jahresbeginn: »Ich glaube, wir haben unser schönstes Jahr vor uns!« Die Messlatte liegt dann schlichtweg zu hoch. Zu niedrig sollte sie aber auch nicht liegen. Wie bei McCartens Bonmot,[89] wonach es stimme, dass verheiratete Männer länger leben würden als unverheiratete. Aber Verheiratete würden auch lieber sterben … Zu pessimistisch. Dabei wusste Goethe schon anno 1771, worin der Schlüssel zum wahren Optimismus liegt, nämlich in der Liebe. In *Willkommen und Abschied* hat er Worte gefunden, die den Romantiker in uns zum Schmelzen bringen:

»Ich sah dich und die milde Freude floss aus dem süßen Blick auf mich.
Ganz war mein Herz an deiner Seite, und jeder Atemzug für dich.
Ein rosenfarbenes Frühlingswetter lag auf dem lieblichen Gesicht
und Zärtlichkeit für mich, ihr Götter, ich hofft es, ich verdient es nicht.«[90]

Der Glücksphilosoph Aristippos von Kyrene sieht das pragmatischer. Glück gelingt demnach, wenn zwei Dinge umgesetzt werden: die Maximierung der Lust bei gleichzeitiger Reduzierung des Schmerzes. Einfacher geht es doch wohl nicht!

Die Japaner haben dafür sogar Glücksbotschaften erfunden: Omikuji, das Lotterie-Orakel. Das sind kleine Papierstreifen, auf denen Wahrsagungen geschrieben stehen. Man findet sie in kleinen Schachteln in buddhistischen Tempeln. Man schüttelt dann eine dieser Schachteln, bis das Omikuji zusammengerollt aus dem kleinen Loch fällt. Entrollt man es, wird die Wahrsagung sichtbar. Diese kann ein »Großer Segen« sein. Wenn es nicht so gut läuft, ein »Beinahe-Kleiner Segen«. Die Japaner sind hier sehr differenziert. Wenn es richtig schiefgeht, wird der »Große Fluch« sichtbar. Dann sieht es für die Karriere finster aus und für die Liebe sowieso. Das will natürlich niemand, schon gar nicht der Japaner. Deswegen hilft er seinem Glück nach, indem er das Papierstück mit dem Großen Fluch an einer Kiefer befestigt. Er kettet damit das Unglück an diesen Baum, damit es sich nicht wie ein Fluch an ihn heften kann. Clever! Ich denke, man hat hierzulande diese Bedeutung der Kiefer völlig unterschätzt. Es ist der Baum, der Unglück verhindert. Glücklich, wer eine im Garten hat. Ein japan-affiner Düsseldorfer wollte seine Steuernachzahlungsforderung – seinen Großen Fluch – an seine Kiefer heften. Auch wenn die Rheinländer positiv verrückt sind: Das hat natürlich leider nichts genutzt!

Beruflich ist der heimliche Optimist defensiv ausgerichtet. Die zweite Reihe reicht ihm allemal. Man ist oben, aber nicht voll verantwortlich. Zudem ist er ambivalent, denn er wünscht sich Wachstum, ohne aber Bestehendes zu verändern. Seine sehr geringe Risikobereitschaft passt zu seinem eher geringen Ehrgeiz, nur keine Experimente, nur keine Unruhe! Das Rheingold-Institut spricht von einer »kleinmütigen Ausstrahlung«, ein bisschen wie ein Gartenzwerg: fröhlich lächelnd, aber am liebsten im eigenen Vorgarten. Denn sein Sicherheitsbedürfnis ist ausgeprägt. Verreisen? Nach Schleswig-Holstein. In die Steiermark. Ins Engadin. Gerne bleibt er im eigenen Land. Warum auch nicht? Österreich, Schweiz und Deutschland sind fantastische Urlaubsländer. Ist das spießig und konservativ? Den heimlichen Optimisten stört das nicht, er sieht sich im Mainstream der Mehrheitsgesellschaft, wie der 31-jährige leitende Angestellte, der im Rahmen unsere Studie interviewt wurde. »Ich bin spießig. Ich brauch' so meinen Mittelpunkt. Ich bin Teil der Konsumgesellschaft, das will ich auch bleiben: die Wohnlandschaft, den Männerkeller, die Theke im Haus, das Küchengerät.« Er hat sich zurückhaltend, aber gut eingerichtet, seinen finanziellen Möglichkeiten entsprechend. Verschuldung? Bitte nicht. Über die finanziellen Verhältnisse leben? Wozu? Er kokettiert fast mit seiner Bescheidenheit.

Nichtsdestotrotz sollte man den heimlichen Optimist im Geschäftsleben nicht unterschätzen, denn er ist durchaus gewillt, das Feld von hinten aufzurollen, wenn sich die Gelegenheit dazu bietet. Er forciert diese Situationen nicht, aber wenn sie sich ohne sein Zutun auftun, dann ist er zur Stelle. Aufgrund dieser Passivität hält er sich im Wettbewerb für den besseren Menschen: antikarrieristisch, ein Gegenentwurf zu den Ellenbogenaufsteigern. Er favorisiert seine Nice-Guy-Haltung. Er passt sich an und schlängelt sich bei beruflichen Konflikten durch, ohne negativ aufzufallen. Das klappt allerdings nicht immer.

Als junger Mann gefiel mir diese Strategie des Lavierens. Das war nicht besonders charakterstark, aber ich wusste, wie es geht. Zu der Zeit absolvierte ich einen Praxis- und Forschungsaufenthalt in einem privaten US-Jugendgefängnis bei Philadelphia. Dieses Gefängnis war luxuriös ausgestattet, es glich einem Internat. »Wir bieten viel, wir verlangen viel«, so das Credo dieser Vorzeigeeinrichtung. Dort wurde die Beachtung des umfassenden Regelwerks erwartet, sowohl von den straffällig gewordenen Jugendlichen als auch von den Mitarbeitern. Ohne ein derartiges Regelwerk ist so eine Einrichtung auch kaum zu leiten. Ein Eckpfeiler lautete: United Front. Das bedeutete: Wir stehen als Mitarbeiter zusammen. Ziel war es, kriminelle Strukturen zu verhindern.

Wenn fünf durchtrainierte Gefängnisinsassen vor einem Mitarbeiter standen und einen absurden Wunsch kraftvoll äußerten, machte das schon Eindruck. Man hatte intuitiv Angst zu widersprechen, obwohl Widerspruch dringend geboten wäre. Um das zu vermeiden, verpflichtete die Einrichtung alle Mitarbeiter über die United-Front-Norm zur Schützenhilfe. Fühlte sich ein Mitarbeiter bedroht, brauchte er nur das Zauberwort »Support« zu rufen. Alle Mitarbeiter, die diesen Ruf hörten, mussten ihm augenblicklich zu Hilfe eilen. Den fünf Angstmachern standen dann in Windeseile zehn und mehr Gefängnismitarbeiter gegenüber. Dieses Machtspielchen war damit zugunsten der Mitarbeiter entschieden, und zwar schnell. United Front – eine tolle Idee.

Nun war ich an diesem Sommerabend zeitlich knapp dran, ich wollte noch ins Kino gehen. Ich ging zügig auf meinen Wagen zu, der auf dem Parkplatz stand, als ich laut und deutlich das Wort »Support« hörte. Aus etwa 50 Metern Entfernung. Verdammt, mein Kinoabend war gefährdet! Denn so ein Disput konnte schon mal 30 Minuten oder länger dauern. Also überhörte ich den Ruf geflissentlich, beschleunigte meine Schritte, schaute dabei konzentriert in meine Akten, erreichte meinen Wagen, stieg ein und brauste los. Der Kinofilm war actionreich – das Meeting am nächsten Morgen ebenfalls. Mein Chef sagte scharf: »You are a nice guy.« Vor Aufregung übersetzte ich das auch noch falsch als »guter Typ«. Er präzisierte deshalb: »Fucking German,

pack your suitcase.« Übersetzt heißt das sinngemäß: »Wir sind hier mit Ihrer Arbeits-
haltung nicht ganz einverstanden ...«[91]

Die Nice-Guy-Haltung galt in den USA nicht als Kompliment, und sie
ist auch beim heimlichen Optimisten mit Vorsicht zu genießen, denn er
kennt verdeckte Strategien, zum Beispiel die Illusion der Alternativen.

»Welches der beiden Projekte würden Sie mir empfehlen?«, fragt der Chef. »A oder B?«
»Projekt A«, lautet die nachdenkliche Antwort seines Abteilungsleiters.
»Schade ...«, sagt der Chef. »Ihre Antwort enttäuscht mich.«
Der Abteilungsleiter lag also falsch. Er verlässt das Büro mit hängendem Kopf. Was
er nicht weiß: Hätte er Projekt B favorisiert, wäre dieselbe enttäuschte Antwort des
Chefs gekommen. Warum? Die Illusion der Alternativen wird genutzt, um Druck aus-
zuüben oder Verwirrung zu stiften oder um einen Kollegen in die Schranken zu weisen.
Sie vermittelt dem Betroffenen: »Das geht besser. Ich erwarte mehr von Ihnen!« Ein
echter Optimismuskiller.

Heimliche Optimisten sind nicht naiv. Sie wissen genau, wie sie
sich einen Vorteil verschaffen. Sie machen das nur verdeckt, diskret.
Wegen ihres fehlenden Ehrgeizes wirken sie harmlos, als könnten
sie kein Wässerchen trüben. Das stimmt auch, bis sie es sich anders
überlegen und doch die Chance ergreifen, die vor ihnen liegt. Dieses heimliche Wissen, diese Karte ziehen zu können, aber nicht zu
müssen, gefällt ihnen, bringt sie zum Schmunzeln und stimmt sie
optimistisch, denn »man muss ja nicht gleich sagen, was man wirklich wollen würde«, so die verklausulierte Formulierung eines Rhein-
gold-Interviewpartners. Sie sind eben heimliche Genießer:

»Wir sind träge optimistisch. Je mehr wir besitzen, umso ängstlicher werden wir. Wir
haben viel, und deswegen auch viel zu verlieren. An der Oberfläche meckern wir, aber
darunter haben wir echten Tatendrang und sind optimistisch, wir glauben ja auch, dass
wir schaffen, was wir uns vornehmen. «

Für heimliche Optimisten ist es einfach ein gutes Gefühl zu wissen, dass
sie können, wenn sie wollen. Dieses Wissen entspannt sie. Auch schön!

Warum der altruistische Optimist glaubt, dass alles gut wird

Der altruistische Optimist ist uneigennützig, selbstlos, rücksichtsvoll und hat sich seinem Schicksal ergeben, auch weil es ihm gefällt. Im Grunde ist er das Gegenteil eines Egoisten. Wer altruistisch handelt, denkt an das Wohl der anderen, an das Gemeinwohl. Kein Wunder, dass dieser Optimismustyp oft in helfenden Berufen zu finden ist. Er ist seltener selbstständig und häufiger in familiärer, beruflicher oder materieller Abhängigkeit. Altruistische Optimisten sind begeisterungsfähig, aber inkonsequent, denn sie wollen sich nicht durch ihre eigenen Träume unter Druck setzen lassen. Wenn ich mit ihnen spreche, denke ich manchmal, die altruistischen Optimisten haben gekifft, so gelassen kommen sie daher, irgendwie beneidenswert. Sie tun allerdings wenig, um Dinge zu realisieren, die sie sinnvoll finden, denn sie setzen auf automatischen Erfolg, der wie von selbst kommt, nur weil man das glaubt. Vor dem Erfolg kommt hier kein Schweiß, alles ganz entspannt, ohne sich übermäßig zu verausgaben.

»Ich sitze ja nicht in irgendeinem Vorstand, ich habe wenig Verantwortung oder komme selten in die Lage, wo ich mir sagen muss ›Das wird, wir packen das‹«, so die ehemalige Personalreferentin und jetzige Hausfrau und engagierte Mutter im Interview mit dem Rheingold-Institut. Sie ist seit zwei Jahren von ihrem Ehemann getrennt und lebt bereits mit ihrem neuen Partner und den Kindern zusammen. Von beiden Männern ist sie finanziell vollkommen abhängig, hat sich aber damit arrangiert, findet es auch okay und angemessen. Das Sorgerecht für die Schulkinder teilt sie mit dem Exmann, und das funktioniert recht gut.

Nach der Geburt der Kinder erschien ihr der Wiedereinstieg als Personalreferentin wenig attraktiv, auch nicht sofort erfolgversprechend, und die Erziehungsaufgaben nahmen sie zeitlich sehr in Anspruch, zwei Kinder sind nicht ohne. Stattdessen träumt sie zukünftig von einer kleinen Boutique in Kölns Innenstadt und schwärmt von Heidi Klums Stil, ohne sich aber stärker mit der Modebranche und ihrem zum Teil knallharten Geschäft realistisch auseinanderzusetzen. Ausbildung, Beruf, Heirat, Kinder, weitere Ziele hat sie sich nie gesteckt, sie sieht sich aber vollkommen optimistisch in der Lage, dies jederzeit zu tun. Sie tut es aber nicht, weil sie es nicht muss, weil sie mit ihrem jetzigen Leben sehr zufrieden ist und weil sie ihre jeweiligen Partner nie in den Beruf drängten und ihren eher privaten Lebensstil akzeptieren. Ihr Optimismus basiert auch auf der existenziellen Sicherheit, die ihr ihre Partner geboten haben und bieten, und auf die sie sich hundertprozentig verlassen kann. Das fühlt sich für sie gut an.

Der altruistische Optimist erinnert ein wenig an die nordfriesische Bier-Werbung: wenige Worte, wenige, punktgenaue Taten und voller Hoffnung auf einen schönen Sonnenuntergang. »Lehnstuhl-Optimismus« nennt es Richter[92], weil dieser Typ in einer lässigen Beachclub-Haltung alles toll findet, was er tut.

Altruistische Optimisten richten sich im Job bequem ein und vermeiden Aufgaben, die ihre entspannte Weltsicht stören könnten. So kommen sie zwar nicht vom Fleck, könnten aber etwas tun, wenn sie nur wollen. Aber sie tun es nicht, sie deuten es nur an, denn es ist ihnen nicht so wichtig, was aus ihren Projekten wird, auch weil sie sich selbst nicht so wichtig nehmen. Der altruistische Optimist produziert Vorschläge in der Arbeitsgruppe, ohne bei ihrer Umsetzung mitzumachen. Er hat Ideen, setzt sie aber nicht um. Seine Unverbindlichkeit hat für ihn einen schönen Nebeneffekt: Er reibt sich nirgends auf und ist zufrieden, er wertschätzt, was er hat: Gesundheit, ein überschaubares, aber seriöses Einkommen, nette Freunde. Er strebt nicht nach mehr, dafür sind Dankbarkeit und Frohsinn für ihn charakteristisch. Das macht ihn sympathisch, und auch, dass er sich ehrenamtlich engagiert – trotz seines eher überschaubaren Verdienstes im Job.

Mit dieser Einstellung kommt man in puncto beruflichem Aufstieg nicht weit. Will man aber auch nicht. Man macht keine Karriereplanung, denn dieser Optimismus speist sich nicht aus dem materiellen Erfolg, sondern aus einer werteorientierten Zufriedenheit, der viele im deutschsprachigen Raum folgen. Sie machen nicht zu viel, sie machen aber auch nichts kaputt. Sie trennen ihren Müll, sie halten sich an die Gesetze, sie zahlen ihre Steuern, und es ist ihnen auch nicht wichtig, ihr Geld gewinnbringend anzulegen.

Der altruistische Optimist leistet seinen Beitrag, diese Welt ein Stück besser zu machen. Auf jeden Fall in der eigenen Familie, denn die gehört direkt zu seiner Schicksalsgemeinschaft, um die er sich kümmert. Das kann sich im Ehrenamt oder im Beruf fortsetzen, solange es, unter dem Aspekt der Werteorientierung, sinnvoll ist. Wer einem Obdachlosen eine Wohnung vermitteln konnte, hat etwas Sinnvolles getan, wer einem Suizidalen Lebenssinn schenkt, auch. Oder wer – wie ich – jahrelang Gewalttäter friedlich stimmte, sodass sie keine weiteren Opfer produzierten, hat auch werteorientiert gehandelt. Der altruistische Optimist steht morgens schon mal vor dem Spiegel und sagt sich: »Durch meinen Einsatz konnte die Welt wieder ein Stück besser werden!« Ein bisschen peinlich ist das schon, aber dieses werteorientierte Verhalten führt zu mehr Zufriedenheit und sei an dieser Stelle unbedingt empfohlen.

Führungskräfte mit dieser ethischen Haltung übernehmen sogar freiwillig die Verantwortung für ihre Entscheidungen. Selbst für die falschen und auch zu ihrem eigenen Nachteil. Gerade wenn es um harte Themen geht, wie bei einem notwendigen Stellenabbau. Die Rede des Chefs könnte dann so klingen:

»Liebe Kolleginnen und Kollegen, die Wahrheit ist folgende: Das Management unseres Unternehmens hat es nicht geschafft, Produkte zu entwickeln oder herzustellen, die von unseren Kunden mit Begeisterung gekauft worden wären. Wir haben zu viele Mitarbeiter an Bord. Damit die meisten überleben können, werden wir uns von 10 Prozent aller Mitarbeiter in den nächsten 12 Monaten trennen. Das betrifft also genau 680 Leute. Wenn der 679-te das Werk verlässt, werde ich selbst als Letzter gekündigt. Ohne Abfindung. Ohne Polster. Und das ist gut so!«[93]

Sein Unternehmensprojekt hat nicht geklappt, vielleicht war es sein Versagen als Chef, vielleicht war es auch ein bisschen Schicksal, weil seine Firma vom Wirtschaftsembargo gegen Russland überdurchschnittlich stark betroffen war. Das Embargo war abzusehen, und es ist ihm nicht gelungen, alternative Märkte zu öffnen. Hier ist er gescheitert, das wären andere aber auch. Der altruistische Chef hat Hoffnung, trotz seines eigenen und selbst bestimmten Jobverlustes. Er denkt in der Kategorie eines Gesamtlebens und nicht in der Kategorie eines misslungenen gegenwärtigen Einzelereignisses. Ja, er ist sich sicher, am Ende wird für ihn und die seinen alles gut. Seine optimistische Gewissheit hat etwas Wohltuendes, sie ist unaufgeregt und sie beruhigt. Kurz: Er ist ein angenehmer Typus.

Jetzt fehlt uns nur noch ein Optimismustyp, der Best-of-Optimist, und weil dieser so außergewöhnlich ist, widme ich ihm ein eigenes Kapitel.

Warum der Best-of-Optimist
am weitesten kommt

Der Best-of-Optimist sucht den Erfolg, will nach oben kommen und strebt eine Karriere an. Bei ihm wechseln sich eine maßvolle berufliche Risikobereitschaft mit Konsolidierungsphasen ab, denn er weiß, dass Karriere ein Marathonlauf ist, bei dem das Timing stimmen muss. Er zeichnet sich durch eine geistige Flexibilität aus, mit der die Ziele verfolgt werden, und er ist überzeugt, seine Projekte zum Erfolg zu bringen, denn er denkt vom Ende her und hat das Spitzenergebnis schon vor Augen. Und was er da sieht, gefällt ihm. Aber er beharrt nicht darauf, denn wenn die Zielerreichung unwahrscheinlich wird, wird sich schnell davon verabschiedet. Er ist in dieser Hinsicht kein bisschen sentimental, sondern er nimmt etwas Neues ins Visier, denn Stillstand ist für ihn – außer eben in den Phasen der Konsolidierung – keine Option. Er hat ausgeprägte adaptive Bewältigungsstrategien, ist anpassungsfähig und beharrt nicht auf der tollen Idee, die mit hoher Wahrscheinlichkeit aber nicht funktionieren dürfte. Er ist Gestalter und Verantwortungsträger, sozial eingebunden und erstklassig vernetzt. Er wägt ab zwischen Chancen und Grenzen.

Daniel Kahneman, betont, dass dieser Erfolgstypus mit seinen Entscheidungsbefugnissen in den Spitzenpositionen von Wirtschaft, Politik und Gesellschaft einen starken Einfluss auf unser aller Leben ausübt. »Ihre Entscheidungen haben weitreichende Folgen; sie sind die Unternehmer, die Erfinder, die politischen und militärischen Führungsfiguren – keine gewöhnlichen Menschen. Sie gelangten in ihre Positionen, weil sie Herausforderungen suchten und Risiken eingingen«[94]. Ihre Kraft ziehen sie aus gemeisterten Krisen. Sie wissen, dass sie schwierige Phasen auch zukünftig bewältigen werden.

Machbarkeitsanalyse und gesunder Menschenverstand helfen ihnen dabei.

»Warum haben Sie eigentlich damals keine Lehman-Papiere gekauft?«, fragte ich den Bankdirektor, der gleichzeitig Präsident eines Bundesliga-Zweitligisten ist. Er antwortet nicht, sondern winkt seine beiden stellvertretenden Direktoren heran. Die beiden springen sofort auf und kommen an unseren Tisch. Die Hierarchie funktioniert also in dieser Bank.

»Warum hatten wir keine Lehman-Papiere?«, will der Chef von den beiden wissen.

Sein erster Stellvertreter antwortet: »Die habe ich durchgelesen. Hab's aber nicht richtig verstanden. Ich habe daher meinen Kollegen um seine Expertise gebeten.«

Dieser ergänzt: »Ja. Ich hab's mir auch durchgelesen. Hab aber auch nicht richtig begriffen, wie das funktionieren soll. Aber wir sind ja nur Stellvertreter. Deswegen haben wir unseren Chef gefragt.«

Der antwortet mir jetzt: »Aber ich hab's auch nicht richtig erfasst. Sehen Sie, wenn drei gestandene Banker es trotz Nachdenkens nicht auf Anhieb verstehen, dann sind die drei entweder inkompetent oder das Produkt wirft zu viele Fragen auf. Inkompetent sind wir nicht. Deswegen haben wir nichts von Lehman gehalten.«

Kluge Banker! Sie haben sich nicht von der Euphorie anstecken lassen, ihre Kunden haben es ihnen gedankt. Machbarkeitsanalyse plus gesunder Menschenverstand – das ist eine Erfolgsformel des Optimismus. Sie bewahrt vor Schaden, denn die realistische Prüfung ist das Nonplusultra. Hinzu kommt sein Zukunftsglaube an das Machbare, im Gegensatz zum Pessimisten traut sich der Optimist einiges zu. Der Pessimist sieht Schwierigkeiten und Probleme bei jeder Gelegenheit, der Optimist erkennt dagegen die Gelegenheit bei jeder Schwierigkeit, und der Best-of-Optimist liebt diese Situationen sogar. Hermann Scherer nennt das Chancenintelligenz:

»Schälen Sie bitte in Gedanken eine Orange. Darin finden Sie 12 Fruchtstücke. Sie symbolisieren die Chancen, die Sie in Ihrem Leben bekommen werden. 12! Die meisten lassen aber 9 Chancen links liegen. Und von den verbleibenden drei schlingen sie zwei runter und widmen sich voller Konzentration dieser einen verbleibenden Chance. Nur dieser einen! [...] Chancen sind Potenziale, die es umzusetzen gilt, keine

Geschenke, die den Erfolg fix und fertig mitliefern. Die Formel lautet: Erfolg = Chance + Anstrengung, das Potenzial der Chance zu nutzen.«[95]

Best-of-Optimisten lassen sich nicht von den Sonderangeboten des Lebens ablenken, »die einfach zu haben und momentan interessant sind, sie aber nicht wirklich voranbringen. Chancenintelligenz setzt Zielklarheit voraus. In enger werdenden und immer dichter besetzten Märkten ist diese Fähigkeit doppelt wichtig: Ein hoher »CQ« befähigt Unternehmer dazu, neue Märkte zu erschließen und damit den Kannibalisierungstendenzen etablierter Marktsegmente elegant auszuweichen«[96]. Sie wissen, was es heißt, Chancen zu nutzen: 1 Prozent Inspiration und 99 Prozent Transpiration. Sie strengen sich an.

Dabei kommt ihnen zugute, dass sie häufiger Chancen erhalten, denn bei gleicher Qualifikation werden Best-of-Optimisten bevorzugt. Sie bekommen eher die gewünschte Position oder den lukrativen Auftrag, und sie verhandeln erfolgreicher. Warum? Weil sie trotz des beruflichen Drucks gelassen wirken, fast entspannt, fast immer gut gelaunt. Und weil man sich im Business gerne mit ihnen umgibt. Best-of-Optimisten genießen das, ihre Ausstrahlung steckt an, sie verschönern den Berufsalltag, und das wird ihnen gedankt. Sie machen Hoffnung auf Erfolg. Sie folgen Jean-Jacques Rousseaus optimistischem Menschenbild, kennen aber auch Thomas Hobbes pessimistische Anthropologie vom Homo Homini Lupus: Der Mensch ist des Menschen Wolf. Es gibt die Abgebrühten, die Ellenbogenkarrieristen, die Betrüger, weswegen Best-of-Optimisten im Geschäftsleben sehr genau prüfen, wen sie gerade vor sich haben: Den Fairen begegnen sie mit dem hanseatischen Handschlag, mit Kollegialität, es geht um Win-win-Situationen und um Nachhaltigkeit. Den Abgebrühten bieten sie aber die Stirn, denn sie spüren, wenn jemand versucht, sie über den Tisch zu ziehen, sie folgen ihrem unguten Gefühl, das sich breitmacht, wenn sie so einem Abzocker gegenüberstehen. Dann wechseln sie in den Schutz- und Angriffsmodus. Sie wissen, dass es gute Gründe geben kann, schwarz zu sehen und im Gegensatz zum Zweckoptimisten reden sie sich das auch nicht schön. Im Gegensatz zum altruistischen Optimisten hoffen sie auch nicht, dass es schon irgendwie gutgehen wird. Sie packen an – mit einem Repertoire von liebevoller Umarmung bis hin zum Würgegriff.

Der Unternehmer Jan-Rene Phillips beherrscht diesen Wechsel zur Kampfbereitschaft, was auch sein konkurrierender Geschäftspartner bemerkt: »Sie wirken heute gar nicht so freundlich wie sonst.«

Phillips ernste und langsam vorgetragene Antwort: »Ich ändere mich – und der Prozess ist noch nicht abgeschlossen.«

Die Botschaft ist klar. Man sollte seine Freundlichkeit besser nicht als Schwäche interpretieren, denn Phillips könnte auch anders. Er wird sich nicht kampflos der neuen Konkurrenz geschlagen geben, auch wenn er enttäuscht ist, das will Phillips gar nicht verhehlen. Er hatte mit seinem Geschäftspartner bisher gut zusammengearbeitet und dessen Attacke gegen sein Geschäft weder erwartet noch für nötig gehalten.

Eine wichtige, wenn auch unschöne Erkenntnis hat Phillips gewonnen, meint Ex-Montblanc-Chef Wolff Heinrichsdorff in seinem Statement zum Optimismus, denn der Optimist sieht in einer Enttäuschung nicht das Misslingen eines erwarteten Ergebnisses, sondern die Befreiung von einer Täuschung![97] Optimismus allein reicht eben nicht, man muss das Gute auch durchsetzen können. Allerdings wohl dosiert, denn wer sich zu bissig positioniert, schafft sich überflüssige Feinde. Aber die homöopathische Dosis, die fast unbemerkt verpufft, ist auch nicht ihr Ding, denn Best-of-Optimisten favorisieren die positive Aggression und akzeptieren deren Spielregeln, die sich vom Ellenbogenkarrierismus wohltuend abgrenzen: Sie kämpfen konsequent für ihre Interessen, streben aber keine Vernichtung des Mitbewerbers an. Sie demütigen den Unterlegenen nicht, sondern zollen ihm Respekt. Und sie vergessen nicht, wer ihnen in schwierigen Zeiten geholfen hat. Sie achten Fairness, Zuverlässigkeit und Seriosität.[98] Sie pflegen ihre Lust am Wettbewerb, denken strategisch und wissen, dass Biss im Business eine Realität ist, mit der sie souverän umgehen können.[99] Durchsetzungsstärke befeuert den Optimismus, denn sie hilft, Träume wahr werden zu lassen und Grenzen zu setzen, wenn andere diese überschreiten.

Das Meeting findet an einem Dienstag statt. Erst vorgestern ist Balthus Beckmann aus dem Urlaub zurückgekommen. Das Meeting ist Routine, denn bereits vor seinem Urlaub wurde festgezurrt, dass er die beiden neuen Stellen besetzen kann. Es geht dabei um ein Volumen von 1,8 Millionen Euro. Allerdings irritiert ihn die heutige Zusammensetzung der Versammlung. Einige Teilnehmer gehören nicht zum üblichen Dunstkreis. Hier hat sich in seiner Abwesenheit etwas verschoben, was er im Moment noch nicht einordnen kann. Schnell wird ihm klar, dass Kollegin Sabine Wankelsberg seine Stellen infrage stellt und sie für sich beansprucht. Das trifft ihn unvorbereitet! Warum war er nur so naiv zu glauben, dass sein Betrag ohne Komplikationen durchgehen würde?

Sabine Wankelsberg hat während seines Urlaubs ihre Hausaufgaben gemacht. Sie argumentiert souverän. Die neuen Meeting-Teilnehmer, fast alles Urlaubsvertreter, nicken wohlwollend. Gar nicht gut … Beckmann sieht seine Felle davonschwimmen. Diese Zusammensetzung wird niemals für ihn stimmen, er muss das hier beenden. So wird das nichts!

Beckmann schaltet auf Attacke, um die Sitzung zu sprengen. Vielleicht hilft ein neuer Termin, bis dahin kann er alles in seinem Sinne ordnen. »Frau Wankelsberg lügt!«, sagt er unvermittelt und laut. Ohne weitere Begründung. Alle starren ihn fassungslos an, so redet man hier nicht! Balthus Beckmann ignoriert die Blicke. Er tut sogar so, als ob er sie nicht einmal bemerkt, und tippt stattdessen teilnahmslos auf seinem Smartphone herum. Kollegin Wankelsberg setzt nach kurzer Pause ihre Ausführungen fort. Beckmann unterbricht erneut: »Sie lügt!« Noch lauter, noch bestimmender. Unruhe entsteht. Beckmanns Verhalten ist untragbar, die Sitzung wird unterbrochen.

Der Chef versucht zu schlichten: »Ich sehe hier zwei Züge im Tunnel aufeinander zu rasen.« Beckmann widerspricht: »Ich sehe hier nur eine Frau, die lügt!« Die Stimmung in der Sitzung eskaliert. Es wird abgebrochen. Man sieht Gesprächsbedarf. Es kommt zu keiner Abstimmung. Die 1,8 Millionen stehen noch im Raum. Es ist nur offen, wohin sie gehen. Fest steht, sie gehen heute nicht an Sabine Wankelsberg, die alles so schön eingefädelt hatte während Beckmanns Urlaub.

Das Meeting soll in zehn Tagen fortgesetzt werden. Bis dahin wird Beckmann sein Netzwerk aktiviert haben. So ein Vorbereitungsfehler wird ihm kein zweites Mal unterlaufen!

Eigentlich sollte Best-of-Optimisten so ein Malheur nicht passieren, denn sie pflegen ihr gesundes Misstrauen. Sie wissen, dass jeder für seinen Bereich kämpft, für seine Abteilung, für sein Unternehmen. Ihnen ist klar, dass daraus Konflikte entstehen können. Vor allem wenn es um die Verteilung von Budgets geht. Und sie sehen diesen Wettkampf sportlich, wie in dem Disput zwischen einem IT-Compliance-Chef und einem Flugzeugbauer.

»Sie wollen doch auch, dass die Flugzeugtüren schließen, oder? Sind Sie nicht sogar selbst im Miles-and-More-Vielfliegerprogramm?«, fragt ein gutgelaunter Airbusingenieur den IT-Compliance-Chef. Beide konkurrieren um Budgets, die jeder in seinem Bereich investieren möchte. Der Flugzeugingenieur ist ein sympathischer Mann, der es gewohnt ist, hart zu verhandeln. Sympathie und Härte sind für ihn kein Widerspruch. Warum auch? Er freut sich auf die Auseinandersetzung. Häufig gewinnt er, ab und zu verliert er. So läuft das eben. Für ihn ist Wettbewerb Sport, und Verhandlung ist dabei die Königsdisziplin.

Für den Gründer und Technologieexperten Frank Thelen ist bei seinen Investitionen deshalb der Faktor Mensch genauso wichtig wie dessen starke, innovative Ideen. Gründer »müssen diesen Killer-Instinkt haben, sie müssen sicher sein: Das werden wir umsetzen, egal was uns im Weg steht.« Er nennt das ganz optimistisch seinen »Weltveränderungsvirus«, und damit ist natürlich eine Veränderung zum Besseren gemeint. »Entweder man läuft durch die Welt und lässt sie so, oder man sagt sich, ich kann sie ändern [...] Man hat es in der DNA oder bekommt es wie einen Virus, dieses ›Ich kann die Welt verändern‹.«[100]

Optimismus verstärkt sich, wenn man gewinnt, hat unsere Studie zum Vorschein gebracht. Gewinner im Kleinen wie im Großen wissen das. Wenn man Erfolgreiche zu ihrem Leben und Status interviewt, zeichnen sie von sich und der Gesellschaft daher auch ein positiveres Bild, als wenn man die Gesamtbevölkerung befragt. Die Arbeitsprozesse der Entscheider sind zwar im Arbeitsumfang belastend, aber die Erfolge, der Status, das Ausleben der Kreativität befriedigen extrem. Die beruflichen Härten werden billigend in Kauf genommen. *Fortiter in re, suaviter in modo* – hart in der Sache, sanft in der Form. Best-of-Optimsten favorisieren das Prinzip: Je durchsetzungsstärker die Reputation, desto freundlicher kann man agieren. Es ist eine Lieblingsformel des Verhandlungsprofis Matthias Schranner, denn niemand bekommt das, was er verdient, sondern nur das, was er verhandelt.

Also ist Härte im Geschäftsleben notwendig und zielführend und deswegen gut. Sie wird für Optimisten erst dann ethisch oder moralisch zweifelhaft, wenn es nicht um den Wettbewerb geht, wie bei den Verhandlungen über Flugzeugtüren, sondern wenn die Machtfrage und das Ego der Akteure im Vordergrund stehen, unabhängig von den Inhalten.

Aggressivität und unfairer Wettbewerb sind im Geschäftsleben immer eine Reaktion auf eine vermutete Minderung der eigenen Macht. Diese Vermutung reicht für die aggressive Reaktion. Best-of-Optimisten lassen daher keine Konkurrenzvermutungen aufkommen, sonst folgen implizit-negative Aggressionen, mit denen der wirtschaftliche Erfolg auch mit unlauteren Mitteln angestrebt wird. Die existenzielle Bedrohung des vermeintlichen Gegenspielers wird dabei billigend in Kauf genommen. Man kennt das aus den Machtkämpfen auf Topebenen, denn diese Aggressionsform gehört zum Repertoire der Wirtschaftseliten. Die »Liebe zur strategischen Halblegalität« nannte das mir gegenüber ein Stahlmanager bei einem Treffen im Hotel The Charles in München. Er sprach verklausuliert von seinem »kreativen Interpretationsrahmen auf dem Weg nach oben«. Viele Führungskräfte fürchten sich vor der Machtminderung und sind deswegen bereit, die Grauzonen im Geschäftsleben auszuloten. Gleichzeitig treibt sie ganz pessimistisch die Angst, etwas zu übersehen, das sie den Kopf kosten könnte, denn es dauert 20 Jahre, seine Reputation aufzubauen, aber nur fünf Minuten, sie zu ruinieren. Wer das bedenkt, agiert vorsichtiger, so Warren Buffet.

Heute stolpert man beruflich nicht über eine missratene Verhandlung oder eine Personalfehlentscheidung. Heute stolpert man über Kleinigkeiten, wie eine private Fahrt mit dem Firmenwagen an die Nordsee oder die getürkte Restaurantrechnung, die man seinem Unternehmen als Geschäftsessen verkauft. Best-of-Optimisten wissen das und verzichten darauf, die Grauzonen auszureizen. Sie fragen sich bei jeder dienstlichen Handlung – und das möchte ich Ihnen unbedingt als nachahmenswert empfehlen –, ob sie sich schämen müssten, wenn sie damit auf der Titelseite ihrer Tageszeitung stehen würden.

Dies ist eine einfache und wirkungsvolle Form des strategischen Denkens. Je besser es ausgeprägt ist, desto schneller wird drohender Ärger antizipiert und vermieden.

Stattdessen konzentrieren sich Best-of-Optimisten lieber auf die großen Projekte. Das Wort »unmöglich« ist für sie eine Herausforderung, denn es macht sie neugierig, etwas Gewagtes zu versuchen. Nicht dass sie reihenweise Unmögliches schaffen. Aber sie stehen jenen positiv mit Rat und Tat zur Seite, die es versuchen oder davon träumen:

»Zu einer bestimmten Zeit war es tatsächlich unmöglich, schneller als der Schall zu fliegen und höher als in die Stratosphäre aufzusteigen. Und dann kommt ein Felix Baumgartner, steigt mit seinem Ballon auf 40 000 Meter Höhe, springt raus, durchbricht als erster Mensch mit seinem Körper die Schallmauer und jede Menge unmöglicher Vorstellungen sind von gestern.«[101]

Alles ist mit dieser optimistischen Einstellung möglich. Oder besser: Fast alles, denn der Gesundheitsexperte Slatco Sterzenbach zeigt eine der ganz wenigen unverrückbaren Grenzen auf, wenn er sagt: »Sie werden Ihren Körper nicht lebend verlassen.« Aber selbst diese Wahrheit relativiert die evangelische Theologin Margot Käßmann, weil sie optimistisch ins Jenseits denkt: »Du kannst nie tiefer fallen als in Gottes Hand.« Schön, wer das glaubt, denn dieser Glaube beruhigt sicherlich sehr.

Um im Geschäftsleben voranzukommen, reicht natürlich nicht Gottes schützende Hand. Man muss sich »alternative Realitäten vorstellen können – nicht einfach irgendwelche alten Realitäten, sondern bessere, und wir müssen daran glauben, dass sie möglich sind. Ohne diesen Optimismus hätte das erste Space Shuttle vielleicht nie abgehoben.«[102] Ohne Optimismus gäbe es kaum Erfindungen, Risikokapital würde nicht verteilt. Im Privaten würden es nur wenige wagen, ein zweites oder drittes Mal zu heiraten. Doch all das geschieht, weil das optimistische menschliche Gehirn das fantastische Talent hat, gedanklich in eine hoffnungsvolle Zukunft zu reisen. »Mentale Zeitreise« nennt es der kanadische Psychologie Endel Tulving, und ich persönlich liebe diese Zeitreisen, denn das, was ich denken kann,

kann ich auch versuchen zu realisieren. Das, was ich nicht denken kann, existiert dagegen gar nicht.

»Wenn wir unsere Zukunft nicht denken können, können wir sie auch nicht in rosigen Farben sehen. Sie versetzt uns in die Lage, eine schwere Arbeit durchzustehen, weil wir die spätere Belohnung dafür vor Augen haben. Es wird schnell klar, warum die Fähigkeit zur mentalen Zeitreise im Verlauf der Evolution einen Selektionsvorteil darstellt. Wenn wir uns nicht die Welt in 100 Jahren vorstellen könnten, würde uns dann ein Thema wie die Erderwärmung überhaupt interessieren?«[103]

Herausragende Klimaforscher des Helmholtz-Zentrums für Ozeanforschung wie Mojib Latif würden ohne diese mentale Zeitreise ignoriert. Vermutlich gäbe es das Kieler Forschungszentrum noch nicht einmal. Best-of-Optimisten wissen das. Deswegen setzen sie auf ihre Fähigkeit zur mentalen Zeitreise und schmieden Zukunftspläne, von denen einige das Licht der Welt erblicken und neue Arbeitsplätze schaffen werden. Warum ist das so? Den Schlüsselgedanken liefert die Neurowissenschaft:

»Die meisten von uns sind Optimisten. Zwar passieren natürlich auch gute Dinge, doch unsere Erwartungen übertreffen im Durchschnitt das, was tatsächlich eintritt. Es ist wissenschaftlich belegt, dass wir uns bevorzugt angenehmen Gedanken hingeben.«[104]

Diese Antizipation des zukünftig Angenehmen treibt an. Sie wird – wie vieles Neue im Leben – trotzdem auf Bedenken stoßen, auf Widerstände, vielleicht sogar auf vernichtende Kritik. Wollen Sie deswegen aufgeben? Ich tue es nicht. Wollen Sie deswegen ihre gute Laune und ihr optimistisches Menschenbild verlieren? Ich will das nicht. Und damit das klappt, brauchen Sie die Gore-Tex-Mentalität.

Warum die Gore-Tex-Mentalität glücklich macht

Best-of-Optimisten haben das Talent, sich ihre mentalen und körperlichen Kräfte für besondere Bedrohungen aufzuheben.[105] Sie haben

Einsteckerqualitäten, können Kritik gut wegstecken, denn was nutzt Ihnen die positivste Grundhaltung, wenn Sie ein Glaskinn haben und sich jede Kritik zu Herzen nehmen. Egal, ob sie berechtigt oder erstunken und erlogen ist, beides verärgert. Die digitale Welt mit ihrer Hate-Speech und ihren Shitstorms kann diesen Ärger ins Unendliche multiplizieren. Nicht so bei den Best-of-Optimisten. Sie sind sich darüber im Klaren, dass sie auch kritikwürdige Seiten haben, und sie sind bereit, bei ernsthafter Kritik darüber nachzudenken und sich gegebenenfalls zu verändern. Sie wissen aber auch, dass es Schlaumeier gibt, die es lieben, in den Schwächen anderer zu bohren. Aber das schütteln sie ab mithilfe ihrer »Gore-Tex-Mentalität«. Diese lässt, wie das wetterbeständige Bekleidungsmaterial, alles Unangenehme abperlen. Praktisch heißt das: Wurde eine Entscheidung durchdacht und getroffen, wird sie durchgezogen, solange dies zielführend erscheint. Trotz der Kritiker – sogar in den eigenen Reihen.

Dazu kommt ihre Widerstandsfähigkeit gegenüber Rückschlägen, vor allem wenn sie im Vertrieb tätig sind: »Wenn einem gerade von einer wütenden Hausfrau, die Tür vor der Nase zugeknallt wurde, ist der Gedanke, dass ›sie eine schreckliche Frau ist‹ viel angenehmer als der Gedanke, ein unfähiger Vertreter zu sein.«[106] Ohne diese Einsteckerqualität wird es im Geschäftsleben schwierig. »Heute habe ich in zehn Kundengesprächen zehn Mal ein fettes Nein gehört. Bin ich jetzt frustriert? Nein. Ich sage mir: Das letzte Nein, das war wirklich das Schönste dieses Tages. Und weiter geht's«. Starke Worte, die mir ein Vertriebler für Finanzprodukte auf einem Berliner Fachkongress sagte, um zu erklären, warum er motiviert immer weiter macht, trotz Rückschlägen.

Diese Widerstandsfähigkeit hilft, bei Gegenwind standhaft zu bleiben, ohne den Glauben an die Machbarkeit zu verlieren, eine Stehaufmännchen-Mentalität. Sie beinhaltet Kampfbereitschaft im Wettbewerb, den Glauben an die eigenen Potenzen und eine gehörige Portion Zuversicht, dass sich Neues lohnen könnte:

»Carl Benz hätte sich weiter hervorragend in einer Kutsche umherfahren lassen können, der Agenda-Kanzler Gerhard Schröder hätte prima weitere Jahre die Vorzüge seines Amtes genießen können, anstatt sich in die Schlacht für eine umfassende Sozialreform zu werfen. Der Suchmaschinenkonzern Google hat sein Handy-Betriebssystem Android offengelegt und damit Zigtausende von Entwicklern motiviert, für Smartphones Apps zu programmieren. Er hätte auch aus lauter Angst um die eigenen Patente mauern können.«[107]

Hat er aber nicht, weil er an die Expansion der Idee glaubte und daran, dass er der Einzige ist, der sie so vorantreiben kann. Carl Benz und Gerhard Schröder haben gehandelt und damit der Empfehlung des irisch-britischen Philosophen Edmund Burke aus dem 18. Jahrhundert entsprochen, der vor dem Nichtstun warnte und auch nichts davon hielt, die Dinge einfach laufen zu lassen: Alles, was der Teufel für seinen eigenen Erfolg brauche, sei, dass gute Menschen nichts tun und dem Teufel das Spiel der Kräfte überlassen. Optimisten wissen das und handeln entsprechend. Die einen etwas zurückhaltender, wie die altruistischen Optimisten, die anderen etwas intensiver, wie die Best-of-Optimisten. Gemeinsam ist ihnen, dass sie Erfolg nie ellenbogenkarrieristisch und nur zu einem geringen Anteil egoistisch definieren, sondern immer das Ganze im Blick haben. Genauer gesagt, auf drei Ebenen: Erstens Erfolg für sich selbst, zweitens für das Unternehmen und drittens für die Gesellschaft. Das ist die optimistische Trias des nachhaltigen Erfolgs:

1. Wer sowohl eigene Ideen als auch gute Projekte seiner Partner fördert und durchsetzt, wird ein gutes Gefühl haben, persönlich erfolgreicher werden, besser vernetzt sein und wahrscheinlich auch mehr verdienen. Das ist im egoistischen Sinne gut für ihn persönlich.

2. Kommen diese Ideen und Projekte dem Unternehmen zugute, wird es auf deren Basis neue Produkte entwickeln können, innovative Konzepte kreieren und neue Arbeitsplätze schaffen. Das ist gut für das Unternehmen und stimmt hoffnungsvoll für die Zukunft.

3. Diese wirtschaftliche Expansion führt zu erhöhten Steuerzahlungen, die der Finanzierung der Sozialstaaten in Österreich, der Schweiz und Deutschland zugute kommen. Brummt die Wirt-

schaft, sind Steuergelder für soziale Verbesserungen vorhanden. Das ist ein Gedanke, der mir als einem Professor an einer Fakultät für Wirtschaft und Soziales besonders am Herzen liegt.

Diese Trias steht für eine Win-win-win-Orientierung, die der heutigen sozialen Marktwirtschaft gerecht wird und an der Optimisten einen großen Anteil haben, denn ihr Ziel ist der wirtschaftliche, wissenschaftliche, soziale, kulturelle und ökologische Erfolg. Daniel Kahneman spricht je gerade deshalb vom Optimismus als »Maschine des Kapitalismus.«[108]

Best-of-Optimisten sind mit dieser Haltung exzellent für den Wettbewerb aufgestellt, denn bei aller Dynamik suchen sie das richtige Maß, das sie in dieser Trias finden. Entschleunigungsfans sind sie aber definitiv nicht. Die finden wir eher unter den altruistischen Optimisten, denen mit der stoischen Ruhe aus der nordfriesischen Bierwerbung. Wenn Daniel Kahneman aber von Maschine spricht, dann meinen Best-of-Optimisten hochtourige Maschinen! Entschleunigung macht sie dagegen nervös, weil man Zeit verliert, sie bremst aus, während Mitbewerber einen leicht überholen könnten. Entschleunigung fördert bei ihnen sogar Psychosomatosen, denn zu viel Ruhe bringt die Hochtourigen aus ihrem Leistungsrhythmus. Das Herunterfahren von 100 Prozent Leistung auf 100 Prozent Entspannung ist für sie ungesund. Ich habe das selbst schon mehr als einmal erlebt. Doch dank Smartphone und Laptop ist der Leistungsentzug in der Freizeit gut dosierbar. Formulierungen wie »Entspann dich«, »Fahr langsamer«, »Mach nicht so einen Druck« oder »Das können wir doch auch nächste Woche machen« sind nicht ihr Ding.

Nicht, dass wir uns falsch verstehen: Best-of-Optimisten plädieren nicht für berufliches Tempo um jeden Preis. Es ist nichts gegen David Bossharts Idee des »Weniger ist mehr« einzuwenden und seiner Konzentration auf das Wesentliche, nichts gegen eine durchdachte Work-Life-Balance, denn sie schützt vor dem Burn-out. Außerdem ist es großartig, wenn Arbeitstiere es schaffen, Leistungsdruck und Privatleben so zu vereinbaren, dass sie ihre Kinder erleben, den Wünschen ihrer Partner gerecht werden und es nicht zu Trennungen im Privaten kommt, die in der Regel von einer pessimistischen Lebensphase begleitet werden. Es ist intelligent auszuloten, wie leistungsfähig man wirklich ist, denn wir alle müssen unsere körperlichen Grenzen respektieren. Wer kann sich nicht eingestehen, dass er beim Arbeitspensum einer Kanzlerin nach zwölf Wochen unter Herz-Rhythmus-Störungen leiden würde. Hier ist eine individuelle Tempoanalyse gefragt. Im analysierten persönlichen Leistungsrahmen gilt es allerdings Tempo aufzunehmen.

Geschwindigkeit wird hier geschätzt, schnelles Geld auch und dafür steht bei Best-of-Optimisten das Temporal Discounting, also eine Preisreduzierung, wie im Sprichwort »Lieber den Spatz in der Hand, als die Taube auf dem Dach«. Sie favorisieren den Spatz, weil sie grundsätzlich die Gegenwart höher bewerten als die mögliche positive Zukunft[109]:

Wenn der Optimist heute 1 000 Euro für eine Leistung geboten bekommt oder 2 000 Euro, die aber erst in einem Jahr ausgezahlt werden, dann wählen die meisten die schnelle Variante. Schließlich kann man nicht wissen, ob der Geschäftspartner in einem Jahr noch zahlungsfähig sein wird. Warum sollte er sonst die zusätzlichen verspäteten 1 000 Euro anbieten? Seine realistische Risikoeinschätzung macht ihn misstrauisch. Er sichert sich das schnelle Geld und freut sich über seinen Tausender.

Das favorisiert auch Ketteler in seinen *Finanz-Regeln für Optimisten*[110]: Er untersuchte den Zusammenhang von Optimismus und Gehaltssteigerungen bei Jurastudenten. Je mehr Optimismus-Punkte in seinem Test vorlagen, desto höher wurde das spätere durchschnittliche Gehalt. Das klingt zu schön, um wahr zu sein, es scheint aber etwas dran zu sein, dass das Leben für Optimisten einfach ein wenig besser läuft, nicht nur in Finanzfragen.

»Optimisten sind normalerweise fröhlich und zufrieden und von daher beliebt; sie kommen gut mit Fehlschlägen und Notlagen zurecht, sie haben ein geringeres Risiko, an einer klinischen Depression zu erkranken, ihr Immunsystem ist stärker und sie haben tatsächlich eine höhere Lebenserwartung. Selbstverständlich profitieren nur Menschen mit einer leichten rosaroten Brille von den Segnungen des Optimismus;

sie sind in der Lage, das Positive zu akzentuieren, ohne die Wirklichkeit aus den Augen zu verlieren.«[111]

Die Dosis muss also stimmen. Puri und Robinson sprechen im *Journal of Financial Economics* von »Optimismus und ökonomischer Wahlfreiheit«.

Warum das Zusammenspiel von Introvertierten und Extrovertierten für den Erfolg unverzichtbar ist

Debattiert man mit Berufstätigen auf unterschiedlichsten Hierarchieebenen, ob Ellenbogen oder Harmoniestreben die bessere Strategie sei, dann herrscht unter Optimisten Einigkeit: Beides gehört zum Repertoire, aber Harmonie macht mehr Freude! Welche der beiden eingesetzt wird, hängt von der jeweiligen Situation ab. Einem funktionierenden Team begegnet man mit Harmonie und Motivation; Gegenspieler und Blender bekommen die angemessen dosierten Ellenbogen zu spüren. Dass diese Frage die Geschäftswelt bewegt, darf ich im Karrierenetzwerk Xing verdeutlichen, in der Rubrik »Klartext« unter dem Titel »Ellenbogen vs. Harmonie: welche Strategie macht erfolgreicher?«

»Wer nur auf Inhalte achtet und nicht das Machtgefüge im Unternehmen durchschaut, hat schnell das Nachsehen gegen Ellenbogen-Karrieristen und Bedenkenträger. Dies gilt es zu verändern: Wenn die Regeln der Durchsetzungskunst bekannt sind, wenn Macht- und Karrierespiele durchschaut werden, haben es Innovations- und Karrierebremser schwer [...] Fakt ist: Wer positiven Biss aus ethischen Gründen ablehnt, wird Schwierigkeiten haben, sich im Wettbewerb zu positionieren.«[112]

Innerhalb von 48 Stunden folgten 35 000 Leserreaktionen – auch dank der Gegenrede des Persönlichkeitscoaches Sylvia Löhken, denn sie warnt davor, defensivere Menschen zu unterschätzen. Introvertierte hätten besondere Stärken, die die Karriere beflügeln können: Sie könnten mit echter Aufmerksamkeit besonders gut punkten. Viele »leise

Menschen«, so Sylvia Löhkens Formulierung, seien jedoch zu selbstkritisch und zu unsicher. Ihr zurückhaltender Charakter könne aber auch Ausdruck einer starken Persönlichkeit mit starken Ideen sein.

»Sie haben die Fähigkeit, klug innezuhalten, tiefe Beziehungen einzugehen, Dinge zu reflektieren und zuzuhören, vor allem auch bei den Problemen anderer. Sie können mit ihren Stärken ihre Interessen durchsetzen, motivieren, Kontakte schließen und souverän mit Angriffen umgehen – auf ihre eigene Weise und mit eigenen Mitteln.«[113]

Leise Mitarbeiter und Führungskräfte seien also nicht besonders empfindlich, sondern hätten schlicht andere Stärken und Bedürfnisse als Extrovertierte.

»Für die eigene Karriere mag Introversion auf den ersten Blick hinderlich sein. Wer sich nicht offensiv einbringt, wirkt einzelgängerisch und durchsetzungsschwach. Doch wer sich obiger Stärken bewusst ist, kann sie erfolgreich für seine Karriere nutzen […] (denn) Planung, Struktur und analytische Kraft gehören zu den großen Stärken introvertierter Menschen.«[114]

Die richtige Mischung macht's mal wieder, wobei das Bissige und das Zurückhaltende nicht in einem Menschen vereint sein müssen. Nicht jeder muss alles können – Teams müssen sich aber ergänzen, sodass beide Strategien zielführend eingesetzt werden können.

Das gilt auch für mich. Ich bin sehr gut darin, Dinge gegen Widerstände durchzusetzen, auch im Hinterzimmer, mit den richtigen Leuten, mit den richtigen Mehrheiten. Strategien entwickeln, um bessere Budgets und mehr Personal zu erhalten, zählt zu meinen Kernkompetenzen.

Aber im diplomatischen Umgang bin ich eine Katastrophe. Mir fehlt das Gespür, die Sensibilität. Wer mich um Konfliktschlichtung bittet, hat eine falsche Personalentscheidung getroffen, denn durch mich wird der Konflikt eher schlimmer! Ich kenne meine Potenzen und Grenzen. Daher bitte ich bei Konfliktschlichtungen immer Prof. Dr. Harald Ansen um Hilfe. Er ist ein wahrer Diplomat. Wenn er den Raum betritt, entsteht eine konfliktschlichtende Atmosphäre. Ich weiß nicht, wie er das schafft, ich weiß nur, *dass* er es schafft. Er spielt mit, weil er das kann und weil wir uns verstehen. Er weiß, dass ich für ihn jederzeit in den Ring steigen würde, um seine Projekte durchzuboxen, wenn er das wünscht, denn das liegt ihm wiederum weniger.

Ellenbogen und Harmonie entfalten demnach im selben Team ihre Potenz. Optimisten wissen das und handeln danach, denn es fällt ihnen durch ihre positive Art nicht schwer, extrovertierte und introvertierte Kollegen zusammenzuführen.

Die Xing-Kommentatoren begrüßen dieses Miteinander von Extroversion und Introversion, sie würdigen die gegenseitige Bereicherung, auch wenn diese bei den Introvertierten herausgekitzelt werden muss, denn ihnen erscheint die Hürde sehr hoch, um sich aus der defensiven Zone mit zielführenden Beiträgen zu melden. Sie sehen sich als feinsinnige Mitarbeiter oder Geschäftsleute, die in ihrer Qualität wachgeküsst werden müssen, auf deren Bedürfnisse eingegangen werden sollte – wegen ihrer Sensibilität. Diese passive Haltung zwingt Optimisten zur fürsorglichen Hilfestellung, wenn man den Introvertierten nicht verlieren will, und das will man nicht, denn von ihrer Expertise darf man sich gute Lösungsvorschläge versprechen. Entsprechend wurden in der Xing-Diskussion wertschätzende Feedbacks empfohlen, die der Introvertierte zur Entfaltung und zur Ermutigung braucht, damit er sich traut, den Kopf aus dem Fenster zu halten. Denn der Introvertierte hat Angst vor Gegenwind, weil er dem nicht gewachsen ist.

Deshalb sind Optimisten bemüht, die Potenzen der Introvertierten freizulegen, wie bei einem Schatz, den es zu bergen gilt, denn Selbstmarketing leisten Introvertierte auch nicht, das finden sie zu angeberisch, zu peinlich. Das ist zwar sympathisch, aber eben auch ein klarer Karrierenachteil. Sie kommen nur schwer aus ihrem Schneckenhaus, dabei ist Introversion nicht mit Schüchternheit zu verwechseln, sondern Introvertierte genießen das Alleinsein. Dennoch sollte von ihnen wenigstens der Hinweis kommen, Wichtiges nach außen tragen zu wollen, damit es nicht übersehen wird. Optimisten versuchen diese versteckten Kompetenzen für das Unternehmen ans Licht zu bringen: als Sprachrohr, und diese Hilfe ist bitter nötig, denn es gilt die Business-Regel: Trifft ein zurückhaltender Mitarbeiter auf ein kaltschnäuziges Gegenüber, gewinnt der Kaltschnäuzige. Optimisten erforschen und fördern deshalb die heimlichen Stärken der Introvertierten, weil sie sich von ihnen Positives für die Zukunft erhoffen. Diamanten liegen ja auch selten griffbereit im Vorgarten. Einsatz ist also gefragt, denn nicht alles Brillante ist laut und nicht für jede wertvolle Idee wird offensiv geworben.

Theoretisch könnten sich Introvertierte den fehlenden Biss in Managementseminaren aneignen, aber nur theoretisch, denn glücklich werden sie damit nicht. Man sollte aus einem tiefsinnigen Menschen keinen extrovertierten Kämpfer machen wollen, das ist wenig erfolgversprechend und ergibt keinen Sinn. Genauso wenig wie der fromme Wunsch nach einer Wirtschaft, die den Introvertierten ausreichend Platz lässt und in Wettbewerbssituationen Rücksicht nimmt. Auch das wird nie geschehen, bei allem Optimismus, denn Thanatos, also die Fähigkeit, aggressiv im Guten wie im Schlechten zu agieren, schlummert in jedem Menschen und wird in Konkurrenzsituationen immer hervortreten. Deswegen brauchen Introvertierte ein kollegiales Mikrofon, das ihre Ideen überträgt, sie ihnen aber nicht klaut. Und eine Atmosphäre, in der sie sich ernst genommen fühlen, aufgrund ihrer Qualität. Dazu braucht es ein Signal der Wertschätzung, das aus dem Führungszirkel kommen muss. Denn extrovertierte Machtspieler haben es leicht, Introvertierte unterzubuttern, und sie werden auf diesen leichten Sieg nur verzichten, wenn sie erkennen, dass sie damit den Führungsstab gegen sich aufbringen und sich unter Umständen damit die eigene Karriere verbauen. Auf intrinsische Einsicht braucht man bei Bissigen nicht zu setzen, dafür ist die aggressive Strategie zu verführerisch und zu erfolgreich für diejenigen, die sie beherrschen.

Doch auch dann bleibt der Umgang mit Introvertierten eine Herausforderung, betont Sylvia Löhken, denn im schnelllebigen Businessalltag kostet zuhören, beobachten, sich einfühlen, netzwerken, sich austauschen Zeit. Und die bekommen Introvertierte in der Regel nicht, genauso wenig wie die Zeit zur Rückzugsmöglichkeit, um seelisch ausgeglichen zu bleiben. Ein 36-Stunden-Tag wäre für sie hilfreich, aber auch den gibt es leider nicht, denn Introvertierte brauchen in Strategie- und Planungsrunden länger, um zu sinnvollen Ergebnissen zu kommen. Diese sind dafür dann sehr fundiert. Ihr Zögern schützt also vor Schaumschlägerei, und das schätzen Optimisten als Ausgleich, weil sie ja aus lauter Überschwang manchmal dazu neigen. Die Differenzierung der Introvertierten entblößt den postfaktischen Populisten und den realitätsverzerrenden Optimisten. Schon deshalb muss man sie lieben! Optimisten propagieren daher nicht Introversion oder Extraversion, sie propagieren ein Sowohl-als-auch. Best-of-Optimisten verkörpern aber selbst die extrovertierte Seite.

»Wenn wir uns alle ein wenig überschätzen, packen wir eben die großen Aufgaben auch an. Dann entsteht als Antwort auf das Ernährungsproblem eben neues Fleisch, als Antwort auf den Klimawandel das Elektroauto – und nicht die Rückkehr zum Pferdefuhrwerk. Was wir also brauchen, sind die Optimisten, die es schaffen, diese positive Einstellung in Energie umzusetzen und diese wiederum für die Gesellschaft einzubringen. Ein Perpetuum mobile des Optimismus also. Denn Optimismus ist vor allem eins: harte Arbeit.«[115]

Dem kann ich mich nur anschließen, und zu dieser Anstrengung sind Best-of-Optimisten zu 100 Prozent bereit, und alle anderen Optimismustypen unterstützen sie dabei. Sie auch? Mich würde es freuen, denn dann kann ich sagen: Willkommen im Club!

Welchen Einflüssen wir auf dem Weg zum Optimisten ausgesetzt sind

Optimismus entsteht nicht von allein. Man liegt nicht in der Hängematte und hat ihn plötzlich. Optimismus ist ein Ergebnis von persönlicher Einstellung, von Erziehung, von Einflüssen in der Gesellschaft und natürlich auch von Erfahrungen am Arbeitsplatz. Fachlich spreche ich hier von den Einflüssen der primären, sekundären und tertiären Sozialisation, die unseren Optimismus im Guten wie im Schlechten – dann in Richtung Pessimismus – prägen können. Wir sind diesen Prägungen aber nicht hilflos ausgesetzt, sondern können Sie beeinflussen und steuern. Wie genau, möchte ich Ihnen jetzt erläutern.

Je mehr Optimismus wir in der Lebens- und Berufswelt haben, desto besser. Davon bin ich überzeugt und mit mir auch alle Autoren, denen ich bei meiner Recherche begegnet bin. In der Kindheit wird die Grundlage für das optimistische Potenzial gelegt, das später im Beruf Berge versetzen soll. Das weiß auch die Chefredakteurin der *Wirtschaftswoche*: »Optimisten werden nicht als solche geboren. Sie bilden sich. In der Schule, im Arbeitsleben, immer durch das Testen der eigenen Möglichkeiten und den eigenen Erfolg angetrieben.«[116] Das betrifft ihre Persönlichkeit, ihre Kreativität, ihren Geschäftssinn sowie ihr Gespür für Erfolg.

Wie man diese optimistische Haltung befeuern kann, ist die spannende Frage. Warum starten viele von uns »als Chancensucher ins Leben und warum verlieren wir später auf unserer Lebensreise die Wahrnehmung für das Glück und die Kraft, Entscheidungen für unser eigenes Leben zu treffen?«[117] fragt Managementtrainer Köhler. Was können wir tun, damit uns das nicht passiert? Welche Prozesse tragen zur optimalen und optimistischen Sozialisation bei?

Seit 20 Jahren halte ich Vorlesungen zu diesem Thema an der Hochschule für Angewandte Wissenschaften in Hamburg. Die Sozialisationsforschung beschäftigt sich ganz allgemein mit der Frage, was unseren Pessimismus oder unseren Optimismus in der Sozialisation fördert, und sie beschäftigt sich ganz konkret mit der gelungenen und misslungenen Entwicklung des Menschen, ob er eine Steuerkanzlei gründet oder lieber in die Fußstapfen des Hochstaplers Felix Krull tritt. Oder eben mit der Frage, warum jemand Bankräuber wird und nicht Banker?

Ein vierfacher Bankräuber, den ich in Begleitung eines SEK-Beamten zu Gast in meiner Vorlesung hatte, antwortete darauf: »Ich wurde Bankräuber, weil ich es konnte. Weil ich es mir zutraute. Weil ich nicht nur Ideen hatte, wie ich in die Bank reinkomme, sondern auch, wie ich rauskomme. Weil es mehrmals gutging und mich das ermutigte.«
Moralische Zweifel? Hatte er nie. Dafür aber den unerschütterlichen Glauben an seinen nachhaltigen Erfolg. Er hielt sich für *above average,* also überdurchschnittlich clever. Ein krimineller, fehlgeleiteter Zweckoptimist par excellence, denn er hätte spätestens nach dem dritten erfolgreichen Bankraub aufhören und nicht stur an seinem Berufsbild festhalten sollen. Doch das tat er nicht. Er hätte sein kriminelles Leben ändern können – die finanzielle Grundlage hatte er ja durch die gelungenen Überfälle. Doch auch das tat er nicht. Er war ein Gewohnheitstier, wurde erwischt – und damit wurde eine langjährige Haftstrafe unausweichlich. Die nutzte er übrigens, um einen florierenden Drogenhandel im Strafvollzug aufzuziehen. Aber das ist eine andere Geschichte, die hier nicht erzählt werden soll …

Egal, welchen Weg man geht: Alles ist intelligenter als Bankraub. Das Risiko lohnt sich schlichtweg nicht, denn es handelt sich um eines der wenigen Delikte, bei dem die Polizei schon während der Tat vor Ort ist. Rein in die Bank ist leicht – raus ist schwer. Die Sanktionswahrscheinlichkeit ist extrem hoch, nahezu 100 Prozent aller Bankräuber werden früher oder später erwischt und inhaftiert.

Matthias Schranner weiß davon ein Lied zu singen. Wer ihn kennt, wundert sich, dass er seinen Optimismus nie verloren hat und sogar zum Best-of-Optimisten wurde. Er war früher Verhandlungsführer der Polizei bei Geiselnahmen, bevor er zum Verhandlungsprofi in der Wirtschaft wurde. Er verhandelte mit Bankräubern, erklärte ihnen in ruhiger Tonlage, dass ihr Handeln nicht in Ordnung sei. Entweder hörten sie auf ihn, sahen das Unrecht ihrer Tat ein und gaben auf, was Schranner fröhlich stimmte, aber eher selten geschah. Oder sie wurden mit dem zusätzlichen Druck eines Sondereinsatzkommandos überzeugt, denn Blendgranaten, Täteridentifikation und Fahndungsdruck ist kaum jemand gewachsen, was ihn ebenfalls fröhlich stimmte, weil auch in diesem Fall die Täter festgenommen wurden. Belastende Berufssituationen und Optimismus gehen gut miteinander einher, wenn man den zukünftigen Fahndungserfolg schon ahnt.

Die Bankräuber hätten mit ihrer Energie und ihrem Planungswillen übrigens auch einen gesetzestreuen Weg gehen können. Das wollten sie aber schlichtweg nicht. Durch Bildung, Lehre, duales Studium eine Karriere aufbauen? Kein Interesse, viel zu langwierig und viel zu langsam lukrativ.

Dann doch lieber das schnelle Geld, alternativ auch als Geldeintreiber. »Noch so'n Spruch – Kieferbruch«, konnte man ankündigen, wenn einer die Frage nach der Kohle verneinte. Das war einfach und effizient, jedenfalls bis zur Inhaftierung.

Man hätte ihre Gewaltbereitschaft durch gezielte Anti-Aggressivitäts-Trainings[118] abbauen können. Doch auch dazu waren sie nicht bereit, obwohl der Wandel vom Saulus zum Paulus bei knapp zwei Dritteln der behandelten Gewalttäter gelingt.

Umgekehrt kann man positive Aggression im Berufsleben durch Coachings aufbauen und auf diese Weise Durchsetzungsstärke fördern, die Führungskräfte brauchen, um im Geschäftsleben voranzukommen. Diese Art von Nachschulungen, egal ob es sich um Durchsetzungsstärke handelt oder Resozialisierungsmaßnahmen, nennt man »tertiäre Sozialisation«, denn der Mensch, egal ob Manager oder Bankräuber, ist beeinflussbar, natürlich auch in Richtung Optimismus, vorausgesetzt er bringt ein Minimum an intrinsischer Motivation mit, diesen Weg gehen zu wollen. Sonst geht gar nichts.

Während meiner 25-jährigen Tätigkeit als Managementtrainer am Schweizer Gottlieb-Duttweiler-Institut für Wirtschaft und Gesellschaft sowie am Schranner-Negotiation-Institute in Zürich habe ich mich den Tiefen der tertiären Sozialisation gewidmet, zum Beispiel durch die Erörterung der Frage, wie viel Fairness in der Geschäftswelt ein Muss ist? Das ist leicht zu beantworten, denn Gesetzestreue und Respekt vor den Compliance-Richtlinien bieten eine sehr gute Orientierung. Wer sich daran präzise hält, kann kaum in Schwierigkeiten kommen. Eine andere aufschlussreiche Frage ist, wie viel Durchsetzungsstärke für die Karriere zwingend erforderlich ist? Die Antwort lautet: Viel, aber nicht so viel, dass sie zur Arroganz verkommt. Nicht so viel, dass man zum egomanischen Karrieristen wird, der weniger Erfolgreiche als »Minderleister«[119] abwertet. Das unangenehme Persönlichkeitsprofil des egomanischen Karrieristen setzt sich nämlich aus 90 Prozent Egomanie und 10 Prozent Fairness zusammen, wobei die freundlichen 10 Prozent ausschließlich dem familiären Umfeld beziehungsweise dem eigenen Netzwerk vorbehalten sind. Egomanische Karrieristen sind Personen mit einem pessimistischen Menschenbild, die keine hohe Meinung von Kollegen und Vorgesetzten haben, ihr elitärer und abwertender Habitus verbreitet schlechte Stimmung, fördert Konflikte und nervt.

Optimisten machen es genau andersherum. Sie favorisieren 90 Prozent Fairness und können mit ihren verbleibenden 10 Prozent auch zulangen, wenn es nötig ist. 100 Prozent Fairness hingegen sind für sie Ausdruck eines zu naiven Optimismus, 100 Prozent Bissigkeit empfinden sie als teuflisch.

Warum werden wir nun aber optimistisch und nicht pessimistisch? Worauf müssen wir achten, wenn wir Lebenspartner, Geschäftskollegen oder unsere Kinder mehr in die optimistische Ecke locken wollen? Laut Sozialisationsforschung basiert die Entwicklung zum Optimisten auf vier Faktoren:

1. Die *Gesamtgesellschaft*, also die ökonomischen, sozialen, politischen, kulturellen Strukturen und historischen Wurzeln, die uns prägen, und die uns im deutschsprachigen Raum zum Beispiel davon abhalten einem »Hurra-Optimismus«, wie dem der Amerikaner, zu folgen.

2. Die *Institutionen*, also Medien, Unternehmen und Bürokratie, die uns beeinflussen und – picken wir uns mal das Beispiel der Medien heraus – uns signalisieren, dass nur schlechte Nachrichten verkaufsfördernd sind und nur eine kritische Berichterstattung ernst zu nehmen ist. Für Optimismus bleibt da zunächst einmal wenig Platz.

3. *Interaktionen* innerhalb der Familie, im Kollegenkreis, in den Netzwerken, die uns beruflich behindern oder helfen können, einen optimistischen Blick in die Zukunft zu wagen und Innovationen anzuschieben, selbst auf die Gefahr hin zu scheitern.
4. *Persönliche Erfahrungen, Einstellungen, Emotionen und Triebe*, die unser Auftreten prägen und die ganz stark darüber entscheiden, ob wir leidenschaftliche Optimisten werden, egal wie viel Gejammer um uns herum zu hören ist.

Gerade unsere Triebe steuern uns häufig in unkalkulierbare Situationen, wie Ihnen nicht nur jeder Psychoanalytiker bestätigen kann, sondern auch der cholerische Abteilungsleiter, den ich auf einer Weihnachtsfeier im Lufthansa Center bei Frankfurt erleben durfte. »Ich kann einfach nicht aus meiner Haut«, sagte er entschuldigend, nachdem er die Stimmung auf der Firmenfeier mit seiner aggressiven und völlig überflüssigen Ansprache komplett verdorben hatte. Mehr Pessimismus ging nicht.

Die gleiche Formulierung wählte der 52-jährige Chemiemanager in Begleitung seiner neuen, schwangeren und deutlich jüngeren Frau bei einem Empfang in Karlsruhe. »Ich kann auch nicht aus meiner Haut«, denn er hat bereits sieben Kinder. Keines mit ihr, sondern mit ihren drei Vorgängerinnen. Auch er kennt die Kraft seiner Emotionen und Triebe.

Die vier Sozialisationsfaktoren beeinflussen unser Verhalten, ob wir zurückhaltend, teamorientiert oder aggressiv handeln. Wenn es bei Ihnen fantastisch laufen sollte, werden Sie im Berufsleben das richtige Gespür für das richtige Verhalten in der richtigen Situation an den Tag legen. Köhler spricht vom »situativen Führen«.[120] Für ihn ist das der kürzeste Sammelbegriff für wirkungsvolles Leiten, alles andere versage, weil die Unterschiedlichkeit der Menschen einen fixierten Stil generell ausschließt: »Bitte gehen Sie davon aus, dass ich Sie ungleich beurteilen und demzufolge auch ungerecht entscheiden werde«, so seine realistische Empfehlung, der wir uns anschließen sollten.

Die primäre Sozialisation zum Optimisten

Die Sozialisation ist ein lebenslanger Prozess, das Lernen hört daher nie auf. Macho Herzberg, ein erfolgreich resozialisierter Gewalttäter, fasste diese Erkenntnis sehr klar zusammen: »Ich habe fast 20 Jahre lang die Gewalt verherrlicht und werde jetzt weitere 20 Jahre intensiv daran arbeiten, sie wieder los zu werden.«[121] Wenn das nicht Hoffnung macht!

Es liegt tatsächlich in unseren Händen, die richtigen Stellschrauben zu drehen, um die von uns gewünschten Prozess voranzutreiben. Dieses Schrauben findet maßgeblich im Rahmen der Erziehung statt, entsprechend finden sich in den kommenden Beiträgen zur primären, sekundären und tertiären Sozialisation einige Erziehungshinweise. Beim Lesen können Sie Ihre eigene Sozialisation Revue passieren lassen und sich das eine oder andere für die Erziehung Ihres Nachwuchses zu Optimisten merken.

Optimisten wollen nicht nur Akteure sein, sondern auch Regisseure ihres Lebens, das sie positiv prägen wollen. Wissenschaftlich spricht man von »produktiven Realitätsverarbeitern«[122], die ihre Realität aktiv und zielorientiert gestalten, auch in kniffligen beruflichen Situationen.

Prof. Dr. Valentin Fauth ist kein sympathischer Spitzenbeamter. Er nimmt alle Privilegien in Anspruch. Beim Thema Dienstpflichten zieht er sich auf die »Freiheit der Wissenschaft« zurück, denn diese verpflichte ihn zu gar nichts. Er ist vom Stamme Nimm, achtet auf seine Vorteile und beherrscht das Delegieren.

Der Bitte seiner Dekanin kommt er nicht nach: Sie bräuchte bei einem Exposé für das Ministerium seine Expertise. Das würde ihn rund zwei Stunden Zeit kosten, wohingegen sie mindestens zwei Tage benötigen würde, sich da hineinzufuchsen.

»Könnten Sie das bitte bis April erstellen?«, fragt sie ihn im März.

Seine Antwort: »Zum Herbst ist das kein Problem.«

Er weiß genau, dass das Ministerium umgehend eine Antwort erwartet und Herbst daher viel zu spät wäre. Seine Antwort ist pure Provokation.

Für den Stanford-Professor Sutton ist sie Ausdruck der »Asshole Rule«[123], oder wenig schmeichelhaft übersetzt, einer »Arschloch-Haltung«. Die kann man reduzieren, sagt die Sozialisationsforschung, wenn eine Nachsozialisation gelingt. Und die Dekanin hat dafür einen Plan. Als Frau mit Führungsanspruch und Verantwortliche der Raumplanung entscheidet sie sich für folgende Erziehungsmaßnahme: Sie steckt den Professor am Montagmorgen mit der ersten Vorlesung ins Souterrain, in den mit Abstand hässlichsten Raum auf dem gesamten Campus. Die darauffolgende Vorlesung muss er hingegen im vierten Stock abhalten. Rund 1 400 Studierende blockieren zu dieser Zeit alle Fahrstühle. Professor Fauth ist kein sportlicher Typ, aber er muss wohl oder übel die vier Stockwerke hochlaufen. Wenn er oben ankommt, ist sein Hemd komplett durchgeschwitzt.

Zwei Wochen geht das so. Dann erwartet die Dekanin ihn um 10 Uhr vor seiner Seminartür im vierten Stock. Professor Fauth flucht innerlich, er findet die Dekanin zum Kotzen und ist genervt. Sie sagt süffisant: »Blöde Raumplanung. Könnte man ändern.«

Fauth lenkt ein und sagt, dass sich unerwartet ein Zeitfenster geöffnet habe und er seinen Beitrag zum Exposé kurzfristig liefern könne. Sie erwidert, das treffe sich gut, da zufällig gerade der Nachbarseminarraum frei geworden sei.

Er wollte sie mit seiner Arbeitsverweigerung auf den Arm nehmen und seine Dekanin hat mitgespielt. Allerdings nach ihren Regeln. Sie ist mit sich zufrieden.

In der Logik der Optimisten ist ihre Zufriedenheit berechtigt, denn Optimismus heißt, dass man an eine Verbesserung der Situation glaubt und etwas dafür tut. Und die Dekanin hat etwas getan, dank ihrer Managementsozialisation – und die ist hundert Mal besser als gar keine, denn der »nicht sozialisierte Mensch wäre [...] ein Monstrum, weil die Fähigkeit, auf das Verhalten von Menschen subjektiv sinnvoll zu reagieren, ein wesentliches Merkmal des Menschseins schlechthin ist.«[124]

Die Sozialisation zum Optimismus (und nicht nur zu ihm) wird von Klaus Hurrelmann, einem der bedeutensten deutschen Sozialisationsforscher, als Prozess definiert, der die Entstehung der Persönlichkeit beschreibt, in wechselseitiger Abhängigkeit von und in kontinuierlicher Auseinandersetzung mit der sozialen und dinglich-materiellen Umwelt einerseits und der biophysischen Struktur des Organismus andererseits.[125] Das ist die schön komplizierte und in der Wissenschaft meistverwendete Entwicklungsdefinition. All diese Punkte prägen uns in unserem optimistischen, aber auch pessimistischen Denken. In diesem Sozialisationsprozess entscheiden oft auch

Kleinigkeiten, ob wir weiter gut durch unser Leben kommen oder eben nicht. Der US-Kriminalsoziologe David Matza spricht vom »Drift«[126], wenn einzelne Fehlentscheidungen zum Abdriften vom eigentlichen Lebensweg führen. Dazu bieten sich heutzutage im Beruflichen und Privaten viele unschöne Gelegenheiten:

- der schlüpfrige Kommentar, der in ein Sexismusverfahren mündet,
- die frisierte Spesenabrechnung, die zu einem Betrugsverfahren führt,
- der alkoholbedingte Seitensprung, der eine ungewollte Schwangerschaft nach sich zieht.

Es ist leicht, von der Spur zu abkommen, und es verlangt viel Selbstkontrolle, um nicht abzudriften. Sonst gehen das schönste Leben und der stabilste Optimismus schnell zu Bruch – vielleicht auch nur, weil sich ein beruflicher Konflikt zum Dauerbrenner entwickelt hat.

Eine Managerin unterlag in einem Konflikt der Einkaufsabteilung. Ihrem Gegenspieler sagte sie im anschließenden Vier-Augen-Gespräch: »Sie haben gewonnen und mich geschlagen. Bedenken Sie aber bitte für Ihre Zukunft, dass ich Sie die nächsten 13 Jahre, also bis zu Ihrer Pensionierung, in unserem Unternehmen intensiv begleiten werde.« Die bedrohliche Botschaft kam an und ihr Pendant suchte wenig später erneut das Gespräch mit ihr, um zukünftige Gemeinsamkeiten auszuloten. Er wollte sie nicht als Gegenspielerin haben, die auf vermeintliche Fehler lauert – schon gar nicht dauerhaft. Aus diesem Grund machte er ihr ein kooperatives Angebot. Die Basis für ihre Arbeitsbeziehung war gelegt.

Arbeitsbeziehungen mit Menschen pflegen, die einem wohlgesinnt sind, das kann jeder. Tragfähige Beziehungen auf der Grundlage von Dissonanzen aufzubauen, das zählt zur Kunst des Optimismus. Nicht Sympathie, sondern Respekt wird zum Klebstoff, der die Kontrahenten zusammenhält, und natürlich der Wunsch, sich keinen Erzfeind zu schaffen. Es gibt also viel zu lernen.

Der Grundstein für eine optimistisch zupackende Haltung wird sehr früh gelegt, denn Anlage und Potential sind von Geburt an vorhanden. Es liegt an uns und unserer Umwelt, ob wir daraus Positives machen. Elterliche Sätze vom Kaliber »Aus dir wird nie etwas, du bist eine Riesenenttäuschung!« sind dagegen eine Einladung zum Pessimismus. An solchen Zuschreibungen verzweifeln viele, denn wer von klein auf kritisiert wird, dem mangelt es schneller an Selbstbewusstsein, dem fehlt Urvertrauen[127], und das hat Folgen, denn man wird hart gegen sich selbst und gegen andere. Viele, die in ihrer Erziehung erniedrigt wurden, werden zudem überempfindlich, denn die kleinste Kritik an ihrem heutigen Verhalten wird als existenzieller Angriff gewertet, eben weil sie an die frühkindlichen Kränkungen erinnert. Das Echo kann entsprechend unangemessen und deftig ausfallen.

Im Meeting eines großen baden-württembergischen Konzerns faltet der Chef seinen Assistenten wegen einer Kleinigkeit zusammen. So sehr, dass diesem fast die Tränen kommen. Im Büro wird der Chef von einem Vertrauten unter vier Augen gefragt, was das sollte.

Seine Antwort: »Er hat mich kritisiert.«

»Ja, verstehe ich. Es war strategisch unklug, Sie vor versammelter Mannschaft zu kritisieren – aber immerhin hatten Sie ja gefragt, was in Ihrem Bereich derzeit nicht so läuft.«

»Trotzdem, das kann er nicht machen«, findet der Chef.

Die dahinterstehende Machtlogik: Wer im Meeting zulässt, aus den hinteren Reihen kritisiert zu werden, der ermutigt auch die vorderen Reihen zur Attacke, also Leute, die möglicherweise bereits an seinem Stuhl sägen. Es geht also nicht um berechtigte Sachkritik, sondern auf der Subebene um die Machtfrage, die es zu gewinnen gilt. Gerade karriereorientierte Best-of-Optimisten kennen diese Logik. Sie erschwert zwar die sachliche Auseinandersetzung im Meeting, doch niemand sollte so naiv sein, sie zu ignorieren. Aus diesem Grund kritisieren Best-of-Optimisten ihre Leitung nie vor versammelter Mannschaft, selbst wenn vordergründig danach verlangt wird. Kritik gibt es immer nur in gedämpfter Tonlage unter vier Augen, damit niemand sein Gesicht verliert, schon gar nicht der Chef.

Ganz andere Konsequenzen ergeben sich aus der übertriebenen Erziehung zum bewunderten Helden. Hier wird jede gelungene

Kleinigkeit des Nachwuchses nobelpreisverdächtig gelobt. Sie werden solche Eltern kennen, unerträglich, aber beim Besuch ist man aus Höflichkeit dazu verdonnert, ebenfalls mit zu bewundern, obwohl das Kind definitiv nichts Besonderes zu bieten hat, sondern sich einfach nur normal benimmt. Eine übertriebene elterliche Glorifizierung kann in einem Selbstüberschätzungsdilemma münden, das man später sogar bei narzisstischen Staatschefs und Wirtschafsbossen beobachten kann. Deren Gier nach Bewunderung ist unermesslich, ihre Anspruchshaltung gewaltig. Sie halten sich für die Größten, fahren den dicksten Wagen, halten die fulminantesten Reden. Sie sind sich sicher, dass selbst ihre Fehlentscheidungen in Ordnung gehen, weil andere »noch falscher« entschieden hätten. Es sind visionäre Typen mit grenzenlosem Ego[128] und der Fähigkeit, offensichtliche Widersprüche zu ignorieren. Ihre Neigung zu einsamen Entscheidungen und zur spontanen Risikobereitschaft disqualifiziert sie als Teamplayer, sodass sich dieser Typus beruflich nur über die eigene Firmengründung retten kann, in der er als Eigentümer dominiert. »Hire and fire« wird dann zum Leitgedanken der Personalführung, denn dieses extreme Above-Average-Denken verführt zur Polarisierung der Welt in ein Schwarz-Weiß- und Freund-Feind-Denken: Wer nicht für mich ist, ist gegen mich. Ein Hoch auf den Populismus und seine einfachen Erklärungen! Eine Aversion gegen Differenzierungen zeichnet solche Personen aus, denn die Differenzierung behindert in dieser Denkschule den großen Wurf. Sollte Ihnen beim Lesen dieser Zeilen ein berühmter US-Politiker eingefallen sein, liegen Sie richtig.

Sozialisationstheoretisch kann sowohl die übertrieben kritische Erziehung als auch die Erziehung zur obsessiven Selbstliebe in ein unerfreuliches, extremes berufliches Verhalten münden. Es ist daher nicht zu empfehlen. Der Sozialisationsschlüssel zum nachhaltigen Erfolg liegt vielmehr im begründeten, realistischen Lob. Die Erziehung zum Prinzen ist dagegen kontraproduktiv.

Jan Vogler, der neu eingestellte und bestgelaunte Absolvent einer Eliteuniversität wurde gebeten, in Frankfurt eine Besprechung für vier Personen aus Berlin, Wien und Zürich zu organisieren. Statt aber schlicht telefonisch am Frankfurter Flughafen eine kleine, feine Lounge zu mieten oder in einem anspruchsvollen Restaurant einen Tisch zu reservieren, flog der Neuling wie selbstverständlich per Business-Class nach Frankfurt, mietete dort eine Penthouse-Suite mit exklusivem Catering und unterschrieb vor Ort die Verträge. Er war stolz auf seinen erstklassigen Stil und die selbstständige Erledigung des Auftrags.

Sein Chef war allerdings überrascht über die mangelnde Abstimmung und die exorbitanten Besprechungskosten. Der Neue dachte schlichtweg nicht wirtschaftlich, sondern in Statuskategorien. Zudem war es nicht sein Geld, das er verbrannte. Der Chef war – gelinde gesagt – *not amused*. Daher entschuldigte sich der Neuling auch im Nachgespräch, allerdings nur halbherzig. Es wurde deutlich, dass er eine kostengünstigere Variante als unpassend empfand. Schließlich kam er aus sehr gutem Hause; da handelte man so. Hier aber offensichtlich nicht. Man trennte sich, seine elitäre Haltung und das Kostenbewusstsein des Unternehmens passten schlichtweg nicht zusammen.

Ich bin mir sicher, dass es kein großes Problem werden wird, diesem Eliteuni-Absolventen die notwendigen Rechenkünste zu vermitteln, denn er ist insgesamt eine feine Persönlichkeit, sonst hätte er die Chance in diesem Unternehmen erst gar nicht bekommen.

Zu viel Nachwuchsvergötterung führt also zu Fehlentwicklungen, zu wenig Zuwendung aber auch, wie bei dem 17-jährigem Thomas Goy, Sprössling einer Bauunternehmerfamilie. Ihm mangelte es emotional an allem, seine misslungene Sozialisation hatte katastrophale Folgen.

Thomas Goy war ein introvertierter, pessimistischer junger Mann und seine Eltern hatten einen großen Anteil an dieser Entwicklung. Sie redeten nämlich nicht mit ihm persönlich. Das war nicht böse gemeint, sie wollten eigentlich schon, hatten aber einfach keine Zeit: Aufträge akquirieren, Verhandlungen führen, Gespräche mit Bauträgern – all das fraß ihren Alltag. Der Sohn blieb dabei auf der Strecke, keine Kommunikation, keine Betreuung, kaum eine gemeinsame Mahlzeit. Die Eltern hatten zwar ein schlechtes Gewissen, änderten die Situation aber nicht. Stattdessen brachten sie eine Magnettafel an Thomas' Zimmertür an, um dort handgeschriebene Nachrichten zu hinterlassen. Sie fanden das persönlicher, als beispielsweise per Smartphone zu kommunizieren. Der Vater baute ihm sogar einen Tresor ins Zimmer, denn der Junior sollte immer über ausreichend Bargeld verfügen, das sollte ein Ausdruck seiner Liebe für den Jungen sein. Absurd hohe Summen lagen darin für einen 17-Jährigen.

Ich begegnete Thomas im Jugendgefängnis. Er hatte seinen besten Freund mit einer zerbrochenen Bierflasche schwer misshandelt, völlig unerwartet. »Vor dir laufen ja sogar deine eigenen Eltern weg«, hatte der ihm im Streit an den Kopf geworfen. Das brachte sein Fass zum Überlaufen und wurde zum Aggressivitätsauslöser. Die tief sitzende Wut auf seine abwesenden Eltern, die Kränkung, links liegen gelassen zu werden, ließen Thomas explodieren. Seine spontane Gewalttat war die Folge.

Liebe allein genügt nicht, hat der berühmte Psychoanalytiker Bruno Bettelheim über die Sozialisation des Menschen geschrieben[129], aber ohne Liebe besteht kaum Hoffnung für den Optimismus, wie der Fall zeigt. Fehlende Zeit lässt sich nicht durch Geld und teure Geschenke kompensieren, so materiell sind junge Menschen nicht, sie verzweifeln eher an der fehlenden Zuneigung und Wärme, sie verzweifeln auch an manchen prägenden Karrierekillerphrasen bedenkenloser Eltern, die zur Grundlage ihrer pessimistischen Lebenseinstellung werden:

- »Du erfüllst nicht die Erwartungen deines Vaters.«
- »Aus einem Ackergaul wird kein Rennpferd.«
- »Ich habe mir immer zwei Söhne vom Schlage deines Bruders gewünscht.«

Der schlimmste elterliche Satz, den ich im Beratungsgespräch gehört habe, lautete: »Wir hätten dich abtreiben sollen.« In dem Moment hätte ich die Eltern schlagen können. Können Sie das verstehen? Kinder, die sich so etwas in jungen Jahren anhören müssen, vergessen das nie, und sie werden im Leben alles dafür tun, dass sich solche Kränkungen nicht wiederholen, indem sie sich einen Schutzschild der Omnipotenz zulegen, der erst gar keine Zweifel aufkommen lässt. Steigen derart sozialisierte Menschen die Karriereleiter rauf, schießen sie schnell über das Ziel hinaus, denn sie müssen kompensieren und sich beweisen, auch auf Kosten anderer.

Hier wird die Grundlage für jene Managementliteratur gelegt, die von »Snakes in Suits«, »Leader-Shit« oder schlicht von »Psychopathen«

spricht.[130] Diese Literatur dekodiert zweifelhaftes Führungsverhalten und macht dessen Ursachen transparent. Man kann problematische Chefs dadurch besser verstehen, ohne mit ihrem Verhalten einverstanden zu sein, und man kann sich jetzt gezielt davor schützen. Erkennt man das cholerische Verhaltensmuster des Kollegen, verliert dessen erregter Auftritt sein Drohpotenzial, und Betroffene werden nicht mehr in Angst erstarren, obwohl gerade das das Ziel derartiger Attacken ist. Wettbewerbsorientierte Best-of-Optimisten gehen noch einen Schritt weiter. Sie wissen, dass die schlimmste Kränkung für den Provokateur das Ignorieren seiner Provokation ist und entgegenen: »Sie glauben gar nicht, wie viel ich von Ihnen lernen kann, wenn Sie so kraftvoll mit mir sprechen. Das ist eine richtige Herausforderung! Das ist für mich wahnsinnig interessant.« Voila!

Die frühe Sozialisation prägt also den Optimismus oder – wenn es schlecht läuft – den Pessimismus:

»Schon das Elternhaus entscheidet mit, ob die Kinder später zur Zuversicht neigen oder nicht. Das ergab eine Studie an 694 jungen Erwachsenen in Finnland. Diese waren 21 Jahre zuvor, als Kinder, schon einmal untersucht worden. Die Forscher hatten dabei auch Beruf und Bildungsniveau der Eltern erfasst. Zwei Jahrzehnte später wirkte das Milieu immer noch nach: Die nunmehr Erwachsenen zeigten sich umso zuversichtlicher, je besser damals die Eltern gestellt waren. Schwierige Verhältnisse in der Kindheit brüten dagegen Pessimismus aus.«[131]

Ihnen fehlt einfach das Zutrauen in die eigenen Kräfte, im Fachjargon die »Selbstwirksamkeit«, aber noch ist nichts verloren, denn es gibt die sekundäre Sozialisation und die kann dem Pessimismus zu Leibe rücken.

Die sekundäre Sozialisation zum Optimisten

Das Zutrauen in sich und in Gott und die Welt will gelernt sein und hier kommt die sekundäre Sozialisation ins Spiel, denn sie untersucht den Einfluss von Bildungseinrichtungen und Freundeskreisen auf junge Menschen. An der Kölner Hennes-Weisweiler-Sportakademie weiß man das.

»Montags steht dort Psychologie auf dem Stundenplan. Große Frage: Wie schafft man es, dass die Mannschaft mit Zuversicht auch in schwierige Spiele geht? Ein guter Trainer wird zum Beispiel mit dem Spieler vorher durchgehen, was ihm alles schon mal gelungen ist, gern auch mit Videos. Das hat sich sehr bewährt. Pfeilschnelle Kurzpässe, der geglückte Freistoßtrick, der unhaltbare Fernschuss – jeder hat diese ›Moments of Excellence‹, wie die Sportpsychologie das heute nennt. Allein schon die Erinnerung daran kann offenbar einen melancholischen Kämpfer wieder aufrichten. Und sie schützt vor der verheerenden Wirkung des inneren Schlechtredens.«[132]

Erfolgsorientierte Eltern, die eine gute Erziehung leisten wollen, werfen natürlich einen Blick auf den Bekanntenkreis ihrer Kinder. Sportvereine, kirchliche Aktivitäten oder die Pfadfinder werden gefördert, denn derartige prosoziale Aktivitäten schützen vor dem Abdriften in eine delinquente Richtung, so der US-Kriminolge Edwin Sutherland in seiner Theorie der differentiellen Gelegenheiten. Wer bei Sportlern integriert ist, wird sich mehr um gesunde Ernährung und die eigene Kondition kümmern, als um Alkohol- oder Drogenexzesse.

Die sekundäre Sozialisation ermöglicht Lernerfahrungen in unterschiedlichen Milieus, mit unterschiedlichen Einstellungen und unterschiedlichen Lebensstilen. Diese Erfahrungen erweitern den Horizont und fördern Toleranz – leben und/leben lassen. Diese Verhaltens- und Kulturtoleranz ist in der internationalen Lebens- und Geschäftswelt von unschätzbarem Wert. Gleiches gilt für die leistungsunabhängige Liebe der Eltern, denn sie ist die Basis für ein unbändiges Selbstbewusstsein, sie bildet die Grundlage, bei Fehlentwicklungen erfolgreich gegensteuern zu können. Zu Fehlentwicklungen zählen Süchte, die über das jugendtypische Maß hinausgehen, wenn der Genuss die schulische, berufliche und familiäre Entwicklung überstrapaziert. Hier heißt es für Eltern, am Ball zu bleiben, Geduld aufzubringen, nicht in einen Pessimismus zu verfallen und Zeit zu investieren. Gute Erziehung ist keine punktuelle Intervention, sondern ein ständiger, begleitender Dauerlauf.

Manch karrieristische Eltern stellen sich an diesem Punkt taub. Sie versuchen ihren Zeitmangel den Kindern gegenüber mit Wohlstand zu kompensieren, weil ihre Berufe weder freie Zeit noch Geduld fördern. Bei Konflikten rächt sich dieser Ansatz, sie bekommen ihre Kinder nicht in den Griff, denn wer erst jetzt anfängt zu erziehen, der wird nicht ernst genommen. Das plötzliche elterliche Engagement erscheint dem Nachwuchs unglaubwürdig und Unglaubwürdigkeit fördert Misstrauen und Pessimismus.

Manche Eltern versuchen dennoch die Konflikte mit kostspieligen Geschenken zu lösen, materielle Bestechungsversuche, die der Nachwuchs natürlich durchschaut, sodass die Konflikte bleiben. In wohlhabenden Kreisen kann es dann schnell zur gut gemeinten Endstation Internat kommen. Damit wandelt man das Problem »Zu wenig Zeit für das Kind« in ein »Kaum noch gemeinsame Zeit mit dem Kind«. »Im Internat hast du es besser«, wird zum geflügelten Wort, gemeint ist aber: »Wenn du im Internat bist, haben wir es leichter.« Viele junge Menschen spüren diese Ambivalenz und machen gute Miene zum bösen Spiel der Abschiebung, auch weil sie statushoch und privilegiert ist, angesichts von Schulplätzen, die im englischsprachigen Ausland schon mal 6 000 Euro pro Monat kosten können. Jugendliche, die sich gegen Internate und die Abwesenheit der elterlichen Leistungsträger mit Flucht in Drogen, mit düstersten Gedanken oder Selbstverletzungen wehren, beschreibt der Sozialisationsforscher Hurrelmann so:[133] Ihre Verhaltensauffälligkeiten ermöglichen das Überleben in einer pathologischen Umwelt. Dem Mangel an Nähe durch noch mehr Distanz gerecht zu werden, ist eben paradox. Man kann den Teufel nicht mit dem Beelzebub austreiben, und die Internatsstrategie macht viele Kinder im ersten Schritt traurig und im zweiten Schritt schafft sie Distanz, wie mir ein alter Freund aus der Lüneburger Heide erklärte:

Der 13-jährige Volker Streng floh nach 23 Tagen aus dem Internat und legte per Bahn und Bus 270 Kilometer nach Hause zurück. Er war erleichtert, als seine Mutter ihm die Haustür öffnete. Sie nahm ihn in den Arm, drängte ihn dann aber behutsam zum Wagen und fuhr ihn direkt zurück ins Internat. Sie ließ ihn noch nicht einmal ins Haus.

Als Erwachsener wurde Volker Manager in der Stuttgarter Autobranche, er galt gemeinhin als »harter Hund«. Er machte zwar die gewünschte Karriere, brach aber den Kontakt zu seiner Mutter ab, denn er konnte ihr ihre Kaltherzigkeit nicht verzeihen. Beruflich ist er dennoch seinen Weg gegangen, da er sein gesamtes Berufsleben versucht hat sich permanent zu optimieren.

Und diese Optimierung findet in der tertiären und letzten Sozialisationsstufe statt.

Die tertiäre Sozialisation zum Optimisten

Optimierung ist der Schlüsselbegriff der tertiären Sozialisation. Wenn im Assessment-Center oder im Feedback-Gespräch Handlungsbedarf ermittelt wurde, gilt es sich zu optimieren. Im Beruflichen, wie im Privaten. Haben Sie Übergewicht, mit dem Sie unzufrieden sind? Optimieren Sie sich durch eine Diät und Sport. Droht der geliebte Partner mit Trennung, wenn dies und jenes nicht geändert wird? Optimieren Sie sich durch eine Einzel- oder Paarberatung. Gelingt das, stärkt es die Hoffnung auf eine bessere Zukunft und fördert den Optimismus. Das ist immer ein hartes Stück Arbeit, aber die Sozialisationsforschung macht Hoffnung, da ihr optimistisches Menschenbild glaubt, dass sich jeder optimieren kann, wenn er es will, auch ohne es zu übertreiben und dem Optimierungswahn zu verfallen.

Auch Managementtrainer und -seminare optimieren in der tertiären Sozialisation und unterstützen in schwierigen beruflichen Phasen. Ihr Ziel ist es, Stärken auszubauen und Schwächen zu kompensieren, wie etwa Defizite in der Verhandlungsführung. Mit hochspezialisierten Programmen wird dann für eine entsprechende Expertise geworben.

»Wir gehen davon aus, dass Sie 95 % der alltäglichen Verhandlungen beherrschen [...] In unserem Seminarprogramm werden wir die restlichen 5 % besprechen und trainieren: Den Umgang mit ungerechtfertigten Forderungen, das Verhandeln unter Druck, den richtigen Umgang mit Stress und Angst, das Steuern von unsympathischen Verhandlungspartnern.«[134]

Noch Fragen? Neben der Optimierung zählen auch die Kontrollinstanzen im Geschäftsleben zur tertiären Sozialisation. Das richtige Maß an Kontrolle steigert unser Wohlbefinden, weil es uns Sicherheit gibt, denn ohne Sicherheit kann sich kein Optimismus entwickeln. Übertriebene Kontrolle schnürt uns dagegen die Luft zum Atmen ab. In diesem Kontrollbereich engagieren sich Compliance- und Gender-Beauftragte, Controller und Korruptionsanalytiker. Sie setzen Normen, überprüfen Verhalten oder erhellen – wie die Whistleblower – das Feld zwischen beruflichen Grauzonen und Wirtschaftskriminalität.

Vor 15 Jahren konnte ich die Worte Whistleblowing oder Compliance noch nicht einmal fehlerfrei schreiben. Heute haben diese Begriffe eine solche Macht, dass ich als Staatsbediensteter die Karten für die HSV-VIP-Lounge, die mir jemand schenken möchte, besser nicht annehmen sollte.

Dass Whistleblower jede Hintertür-Mauschelei öffentlich machen können, ist mittlerweile unstrittig. Kleinste Verfehlungen und Bestechungsversuche, aber auch große Betrügereien bis hin zur Industriespionage werden professionell ins Visier genommen. Wer hier ins Kreuzfeuer der Untersuchungen gerät, wird schnell seinen Optimismus verlieren, weil Ungemach droht, wenn man sich etwas zu Schulden kommen ließ. Das ist mir besonders bei einem Mittagessen am Hamburger Hafen mit dem Vorstand und Gründer von Business Keeper, Kenan Tur, deutlich geworden. Sein Unternehmen unterstützt Compliance-Abteilungen von Unternehmen, Anti-Korruptionsorganisationen und ganze Regierungen bei der Implementierung und dem Aufbau von Hinweisgebersystemen, die Unternehmen vor Korruption schützen und Wistleblowern Wege aufzeigen, straf- und arbeitsrechtliche Konsequenzen zu vermeiden.[135]

Eine wichtige Aufgabe, denn Korruption ist das Ende jeder Hoffnung auf Gerechtigkeit und lässt dem Optimismus keinen Raum. Korruption zerstört das Sicherheitsgefühl der Menschen in Unternehmen und Gesellschaften und der Kampf dagegen ist damit ein Kampf für den Optimismus. Compliance & Co. sind ihre Frühwarnsysteme und Kriseninterventionsinstrumente zugleich, denn im Geschäftsleben wimmelt es nur so vor Fallgruben.

Was vor Jahren juristisch in Ordnung war, führt heute zur Anklage, wie die steuerliche Absetzbarkeit von Bestechungszahlungen im Ausland. Wer das ignoriert, hat in kürzester Zeit allen Grund zum Pessimismus. Die Zeiten ändern sich, Mitarbeiter und Führungskräfte müssen sich kurzfristig anpassen können. »Ich bin mehr, als ich kann«, verriet mir ein Endfünfziger selbstkritisch. Er sollte als Finanzchef hohe Summen für IT-Sicherheitssysteme freistellen, deren Relevanz er schlichtweg nicht verstand. »Wissen Sie,« erzählte mir ein anderer Unternehmer, »heute beeinflussen Ethikcodes und das entsprechende Benehmen die gesamte Kommunikation in unserem Unternehmen. Meinen speziellen Humor habe ich mir deswegen schon mal abgewöhnt. Damit ecke ich nur noch an.« Sympathisch ehrlich und realistisch, der Mann ist bereit, die neuen Spielregeln anzuerkennen.

Daniel Kahneman publizierte so eine neue Spielregel, die er bei seinem Kollegen Gary Klein gelernt hat und die es uns allen erleichtert, weitreichende Fehlentscheidungen zu vermeiden. Er nennt sie das Premortem-Verfahren, und der Begriff deutet schon an, worum es geht: Besser ein Projekt vor seinem möglichen tödlichen Ende auf den Prüfstand stellen (pre mortem), als hinterher seiner Beerdigung beiwohnen (post mortem). Es geht dabei konkret um eine letzte Prüfung vor Vertragsabschluss. [136]

Wenn eine Entscheidung zur Unterschrift vorliegt, werden noch einmal die wichtigsten Beteiligten zusammengetrommelt und zu folgendem Gedankenspiel aufgefordert (Sie kennen es bereits vom konstruktiven Nörgler aus dem Abschnitt »Warum Sie Pessimisten schätzen sollten«): »Wir haben den Plan umgesetzt, das ist jetzt ein Jahr her. Das Ergebnis war ein Desaster. Schreiben Sie in fünf bis zehn Minuten auf, wie es dazu gekommen ist.«[137]

Der Fantasie sind jetzt keine Grenzen gesetzt, man wird vielleicht mögliche Desastergründe finden und zum jetzigen Zeitpunkt auch noch beseitigen können. »Die Schönheit des Premortem ist es ja gerade,« so Daniel Kahneman, »dass Pessimisten dafür gar nicht nötig sind. Vielmehr fordert es die Zuversichtlichen heraus: Diejenigen, die das Projekt unbedingt durchziehen wollen, sollen selbst noch einmal mit dem Schlimmsten rechnen.«

Mit dem Schlimmsten rechnen, um das Beste zu erreichen – das ist eine sehr praxistaugliche Strategie, die ermutigt und einen optimistischen Blick in die Zukunft rechtfertigt.

Nachdem Ihnen in diesem Kapitel vielfältige Einflüsse auf unsere Sozialisation zum Optimisten (oder Pessimisten) beschrieben wurden, kommen wir jetzt zu den drei großen Begriffen, die unsere Entwicklung zum Optimismus maßgeblich prägen:

1. Das *Lernen* von Erfolgsstrategien, das Lernen vom Umgang mit Niederlagen und vor allem das Lernen einer optimistischen Sicht auf die Welt.
2. Die *Einstellungen* zu entwickeln, dass das Glas halb voll und nicht halb leer ist, und die Bereitschaft zu fördern, Zukunftschancen beim Schopf zu packen.
3. Die *Interaktionen*, also den klugen Umgang im Privat- und Berufsleben, der Konflikte vermeidet, Projekten bei der Realisierung hilft und damit zu einem optimistischen Lebensgefühl beiträgt, weil man das Heft des Handelns fest im Griff hat.

Diese drei Eckpfeiler und ihren Einfluss auf unseren Optimismus möchte ich jetzt näher beleuchten. Vielleicht haben Sie Lust, beim Lesen selbst zu prüfen, mit welchen Lernerfahrungen, mit welchen Einstellungen und mit welchen Interaktionen Sie bisher ausgestattet sind. Ich bin voller Optimismus, dass Sie zu einem fabelhaften Ergebnis kommen werden.

Warum lebenslanges Lernen
den Optimismus fördert

Die Antwort ist zunächst einfach: Wer lernt, wird klüger – in der Schule, in der Ausbildung, im Studium. Wer lebenslang lernt, auch noch mit dreißig, mit fünfzig, mit sechzig Jahren potenziert sein Wissen um ein Vielfaches, hat unterschiedlichste Lösungsstrategien im Hinterkopf, kann zielführender, erfolgreicher agieren und kommt damit schlichtweg weiter als andere.

Martin Seligman, der Präsident der American Psychological Association, hat sich der Frage intensiv gewidmet, ob man Optimismus lernen kann, und er beantwortet sie mit einem glasklaren Ja.[138] Seine Forschungen untersuchen, wie man Menschen, die sich in beruflichen oder privaten Lebenssituationen hilflos fühlen, stabilisieren kann, sodass sie den Glauben an die Zukunft wiedergewinnen, denn Zukunftsglaube schafft Optimismus!

Sein Ansatz überzeugte mehr, als es Seligman lieb war, denn seine Forschungsergebnisse wurden im Jahr 2012 vom US-Militär übernommen und ad absurdum geführt. Das Militär verfolgte mit Seligmans Studien das Ziel, Staatsfeinde gezielt in hilflose Situationen und ein zutiefst pessimistisches Inhaftierungsgefühl zu bringen, um sie unter Druck zu setzen, damit sie auspackten. Erprobt wurde diese Forschungspervertierung in Vorbereitung zur Folter im US-Gefangenenlager Guantanamo. Seligman war und ist darüber fassungslos:

»Ich bin traurig und entsetzt, dass gute Forschung, die so vielen Menschen beim Überwinden von Depressionen geholfen hat, für etwas so Schlimmes wie Folter eingesetzt worden sein könnte. Ich missbillige Folter aufs Schärfste und hätte niemals dabei geholfen.«[139]

Optimismus statt erlernter Hilflosigkeit

Seine eigentlichen Studien verfolgten das Ziel erlernte Hilflosigkeit in Optimismus zu verwandeln. Eine seiner zunächst wenig spektakulären Kernaussagen lautet: Der Optimist hat einen zuversichtlichen Blick auf private sowie berufliche Möglichkeiten und wirtschaftliche Entwicklungen. Dieser Chancenblick fördert die eigene Handlungsfähigkeit, was wiederum ein positives Lebensgefühl vermittelt. Optimisten prüfen zunächst, ob etwas Substanzielles für den Erfolg getan werden muss oder ob es reicht, die gewünschten Prozesse einfach zu begleiten. Sie verfallen nicht in Aktionismus, und sie delegieren, wenn möglich, um sich zu entlasten. Aussagen wie: »Ich blicke eher optimistisch in die Zukunft.« Oder: »Ich sehe meist die guten Seiten«, spiegeln ihre Grundeinstellung wider, sind nicht nur Lippenbekenntnisse, sondern werden durch Handlungen belegt. Negativzuschreibungen wie: »Ich beachte selten das Gute, das mir geschieht.« Oder: »Wenn etwas schlecht für mich ausgehen kann, so geschieht das auch«, kommen Optimisten nicht über die Lippen.

Das ist gut und im medizinischen Sinne gesundheitsfördernd, denn eine optimistische Einstellung hat sogar die Kraft, den Krankheitsverlauf von Bypass-Operationen positiv zu beeinflussen. So wurden herzkranke Männer in einer Studie viermal untersucht: kurz vor der Operation, eine Woche danach, ein halbes Jahr später und nach fünf Jahren.[140]

»Schon während der Operation zeigten sich günstigere physiologische Messwerte bei den Optimisten im Vergleich zu den Pessimisten [...] die Optimisten erholten sich schneller, verließen das Bett und liefen umher; sie waren zufriedener mit ihrer Situation. Sechs Monate nach der Operation hatte sich das Leben der Optimisten stärker normalisiert als das der Pessimisten; sie arbeiteten wieder ganztags und hatten ihre sportlichen und sonstigen Aktivitäten wieder.«[141]

Der Grund der positiveren Entwicklung war keine Zauberei. Er lag in ihren Bewältigungsstrategien, den so genannten Self-Efficacy Expectancies (Selbstwirksamkeitserwartungen): Optimisten dachten schon vor der Operation über ihre Zukunft nach. Ihre Hauptwunderwaffe war die Planung konkreter kleiner Ziele, die sie Schritt für Schritt umsetzen wollten, in Abstimmung mit den behandelnden Ärzten. Ihr Fokus war die hoffentlich rosige Zukunft, während Pessimisten stärker auf die körperlich schmerzliche Gegenwart konzentriert waren, was den Heilungsverlauf nicht beschleunigte.

Die rosigen Erwartungen halfen nach der Krankheit auch bei der Bewältigung von beruflichem Stress, weil sie die Menschen motivierten, schneller leistungsfähiger zu werden, eben um diese rosige Zukunft zügig zu erreichen. Je stärker ihre eigene Kompetenzerwartung wuchs, dass es ihnen gelingen könne, desto geringer waren die Stressreaktionen. Ihre optimistische Selbstüberzeugung drückten sie so aus: »Wenn ich mit etwas Neuem im Job konfrontiert werde, weiß ich, wie ich damit umgehen kann.« Oder: »In überraschenden Situationen ist mir fast immer klar, wie ich mich verhalten sollte.«[142] Sie wussten, wovon sie sprachen, hatten das Gefühl, ihr Handwerk zu beherrschen, und das gab ihnen berufliche Sicherheit.

Aus lerntheoretischer Sicht ist es fantastisch, wenn diese Entwicklung durch ein motivierendes Betriebsklima begleitet wird, das einem signalisiert: »Wir brauchen dich und wir nehmen auf deine Bedürfnisse Rücksicht.« Um dies experimentell zu bestätigen, wurden Mitarbeiter in eine entweder traurige oder fröhliche Stimmung versetzt. Danach wurden sie gebeten, ihre Gesundheit und damit auch ihre Leistungsfähigkeit einzuschätzen. Das Ergebnis: Die Fröhlichen waren von ihren eigenen resilienten Gegenkräften überzeugt, die ihnen helfen würden, gesund zu bleiben. Die Erwartung an die eigene Handlungskompetenz war hoch. Die Traurigen glaubten nicht an die eigene Fähigkeit, das Steuer herumreißen zu können, wenn es schlecht läuft, sie glaubten, dass aller Einsatz nicht lohnt. Ihre Kompetenzerwartung war gering und förderte ihre Passivität. Das heißt, wenn Fröhlichkeit von der Personalleitung und dem Management gefördert werden, zeigen sich Mitarbeiter weniger verletzlich. Gutes Arbeitsklima, geringe Vulnerabilität!

Krähenfüße statt falschem Lächeln

Dieser optimistische Eindruck lässt sich auch äußerlich dokumentieren, und zwar mit einem Lächeln. [143] Die Gelotologie, also die Wissenschaft von den Auswirkungen des Lächelns, betont, dass man den wahren Optimisten an seinem Lächeln erkennt. Damit ist nicht das künstliche Flugbegleiter-Lächeln gemeint, sondern das echte, das so genannte Duchenne-Lächeln. Es bringt die kleinen Falten unter den Augen zum Vorschein. Dieses Lächeln wirkt authentisch, denn es ist natürlich.

»Es gibt zwei Arten von Lächeln. Das eine ist echt und wird nach seinem Entdecker, dem französischen Arzt Guillaume Duchenne de Boulonge (1806–1875) als Duchenne-Lächeln bezeichnet. Die Mundwinkel weisen nach oben, und die Haut in den äußeren Augenwinkeln bildet feine Falten, so genannte Krähenfüße. Die Muskeln, die das bewirken, der musculus orbicularis oculi und der musculus zygomaticus major, sind extrem schwer unter Willenskontrolle zu bringen.«[144]

Seligman spricht bei der zweiten Variante vom Pan-American-Smile, dem professionellen Lächeln, das mehr an ein künstliches Zähnefletschen erinnert und das wir von jedem roten Teppich bei Filmstars auf irgendeiner Filmpremiere kennen.

»Was nutzt es Ihnen, wenn Sie die Ausstrahlung eines Botox-Gesichts haben? Glatt, doof, langweilig, dafür Covergirl eines Modeheftes? Also strahlen Sie aus, wer Sie wirklich sind! Und seien Sie dabei nicht so furchtbar vorsichtig und rücksichtsvoll. Ein Diamant strahlt, weil er eckig und kantig ist«[145], empfiehlt der Kommunikationsspezialist Hans-Uwe Köhler.

Mit dem richtigen Lächeln allein macht man natürlich noch keine Karriere. Aber es hilft, weil die Ausstrahlung von Zuversicht ankommt. Wer Karriere machen will, hat gelernt, die Konsequenzen seines beruflichen Handelns zu antizipieren und sich strategisch darauf einzustellen. Ohne vorausschauende Wahrnehmung wird es nichts mit dem Erfolg, sie ist das zentrale Frühwarnsystem für drohenden Ärger, bevor dieser die Dimensionen eines Eisbergs angenommen hat.

Das Erfahrungslernen ist wichtig, um nicht in Fettnäpfchen zu treten – und die lauern bekanntlich überall. Je weniger man Bescheid weiß, desto schneller tritt man hinein. So ist es beispielsweise unklug, dem geschiedenen Chef ständig vom eigenen harmonischen Familienleben zu berichten, und es ist ziemlich peinlich, der zuckerkranken Vertriebsleiterin Schweizer Schokolade zu schenken. Beides fördert eine pessimistische Haltung – Ihnen gegenüber.

Optimisten analysieren deswegen die Schwächen ihres Umfelds. Sie haben aber nicht das Ziel, dieses Wissen zu ihrem eigenen Vorteil auszunutzen, sie wollen lediglich ihr Gegenüber nicht versehentlich bloßstellen. Derartig kluges Verhalten ist das Ergebnis von Lernprozessen, sagt Albert Bandura, eine professorale Koryphäe an der Stanford University, den ich für seine wissenschaftliche Arbeit bewundere. Bevor ich zu seinen Erkenntnissen komme, möchte ich persönlich bekennen, dass ich am liebsten ein Selfie von ihm und mir auf meinen Schreibtisch hätte, viel lieber als eines mit Pamela Anderson. Von dieser Fantasie berichtete ich meinen Studenten vor einiger Zeit in einer Vorlesungspause.

Einer von ihnen, Alexander Krohn, fuhr wenig später zum Praktikum nach Los Angeles, um bei Teen Line, einem Sorgentelefon für Schulversager und Mobbingopfer, Beratungserfahrungen zu sammeln. Kurzentschlossen besuchte er Bandura im nahegelegenen Stanford und machte mit ihm »mein« Selfie. Diesen Schnappschuss schickte er mir noch in derselben Nacht mit folgendem Text: »Guten Abend, ich weiß, dieses Foto hätten Sie gerne. Wenn Sie wollen, mache ich meinen Kopf raus und retuschiere Ihren rein!«

Eine schöne Geste, die zeigt, dass dieser Nachwuchsakademiker nicht nur über Humor verfügt, sondern auch gelernt hat, Gesten zu setzen. Mich hat er damit beeindruckt, auch wenn ich sein nicht ganz ernst gemeintes Angebot natürlich abgelehnt habe. Über die Grüße von Albert Bandura, die er mir ausrichtete, habe ich mich aber sehr gefreut.

Was sind nun die Grundgedanken der Lerntheorie, die die Entwicklung zum optimistischen Denken prägen? Zu Beginn des letzten Jahrhunderts betrachtete die lernorientierte Wissenschaft den Menschen noch als eine Blackbox: angefüllt mit Reizen und jederzeit bereit, darauf zu reagieren. Kritik unter der Gürtellinie ist so ein Reiz, der zu unterschiedlichen Reaktionen führen kann, etwa Frustration, Wut oder Widerstand. Selbstverständlich ist das private und berufliche Verhalten komplexer, als dass es mit einem schlichten Reiz-Reaktions-Mechanismus erklärt werden könnte und trotzdem kommt es in solchen Fällen zu einem Zusammenspiel von Lernerfahrungen und persönlichen Einstellungen, die zu einer Gegenreaktion führen. Wie kraftvoll diese Gegenreaktion ausfällt, ist eine Frage des Temperaments. Es kann der Faustschlag auf den Tisch sein (in der Regel sinnlos). Oder die sachliche Gegenrede (schon besser). Oder man lässt die Kritik ins Leere laufen.

Mein absoluter Favorit in puncto Schlagfertigkeit lautet: »Das ist ein wichtiger Punkt, den Sie hier ansprechen. Darüber denke ich nach.« Dann mache ich mir Notizen in meinen Terminkalender. Den Kritiker freut es, er ist von meiner Reflexionsbereitschaft positiv überrascht und gibt Ruhe. Das würde er nicht tun, wenn er wüsste, was ich mir da gerade aufschreibe: »Herr Dr. Salzmann ist und bleibt eine pessimistische Nervensäge.«

Optimisten wissen, dass sie es nicht allen recht machen können. Sie sind daher auch nicht von Kritik enttäuscht. Sie werden ihr allerdings auch nicht folgen, wenn sie von der Richtigkeit ihres Handelns überzeugt sind.

Instrumentelles Lernen durch Zuckerbrot und Peitsche

Optimisten haben auch ein Gespür für das instrumentelle Lernen, also für bestrafende und belohnende Konsequenzen, mit denen das Führungs- und Mitarbeiterverhalten beeinflusst werden soll. Optimisten schätzen dieses Zuckerbrot- und Peitscheverhalten nicht, denn sie möchten durch hoffnungsvolle Perspektiven überzeugen, wissen aber auch, dass gerade im Berufsleben mit Belohnung und Bestrafung gearbeitet wird. Beides ist Optimisten zwar zu primitiv, aber beides zeigt Wirkungen, die auf lerntheoretischen Erkenntnissen beruhen.

So zählen Streik- und Prozessdrohungen oder der Hinweis, dass etwas Konsequenzen nach sich ziehen werde, zum abschreckenden instrumentellen Repertoire.

»Sie ziehen hier vor Ort mit, oder wir befördern Sie zum Werksleiter in der Ukraine«, wurde ein kritischer Manager, der in der Metallbranche tätig war, in meinem Beisein angefahren. Wohl wissend, dass weder die Ehefrau noch die Kinder des Geschassten dorthin mitgehen würden. Mehr sanktionierendes, instrumentelles Lernen geht kaum. Der Mann passte sich knurrend an – der Familie zuliebe.

Die Folge solcher Holzhammermethoden sind Frustration, Ärger und eine Verstärkung der pessimistischen Haltung dem Arbeitgeber gegenüber.

Umgekehrt wird mit Bonuszahlungen, Beförderungen oder der finanziellen Aufstockung von Projekten Honig um den Bart geschmiert. Das fühlt sich zwar besser an, folgt aber demselben manipulativen Prinzip.

Solche positiven wie negativen Berufserfahrungen werden von jedem von uns in Gewohnheitshierarchien gebündelt. Begriffe wie Zuverlässigkeit, Loyalität, Fleiß und Durchsetzungsstärke bündeln wir dann zum Beispiel zum Gesamtpaket »seriöses berufliches Auftreten«. Ist dieses Paket in Fleisch und Blut übergegangen, entsteht daraus ein Automatismus, eine Verhaltensorientierung.[146] Sie lässt einen automatisch das Richtige tun, und das erleichtert das Berufsleben enorm. Das gleiche Prinzip gilt natürlich auch bei einem Begriff wie Optimismus. Hat man diese Automatismen entwickelt, kann man sich schneller und sicherer in der Berufswelt bewegen, ohne dabei viel nachzudenken und ohne dabei viel Energie zu vergeuden. Denn die braucht man für das Neue, für das Innovative, für die Zukunftsprojekte.

Lernen durch Vorbilder und Mentoren

Zu den wichtigen Lernerfolgskomponenten zählt die Bereitschaft zur Nachahmung. Erfolgreiche Vorbilder geben Orientierung in Zukunftsfragen, weil sie auf Erfahrungen in der Vergangenheit zurückgreifen können, über die man selbst nicht verfügt. Jeder, der beim Aufstieg Mentoren an seiner Seite hatte, weiß: Mentoren sind Gold wert, denn an ihnen kann man sich orientieren, sie öffnen Türen, sie weisen die Richtung und sie warnen vor Fallstricken. Im Gegenzug erwarten viele Mentoren, dass man ein bisschen so wird wie sie, ein wenig geklont, voller Sympathie und Bewunderung für den Mentor. Das ist die Währung, die man für ihre Hilfestellung zahlt. Optimisten zahlen diesen Preis gerne, denn das, was sie an Expertise, Kontakten und Berufserfahrung zurückbekommen, ist von unschätzbarem Wert für ihre gute Zukunft. Ein Wert, mit dem man behutsam umgehen muss, denn Mentoren leiden schnell unter den zu selbstständigen Entscheidungen ihrer Schützlinge. Nicht, weil diese Entscheidungen schlecht sind, sondern weil sie ein Zeichen für den sinkenden Einfluss auf den Schützling sind und weil Mentoren es häufig nicht gelernt haben, mit diesem Einflussverlust umzugehen. Ich kann von dieser Situation ein Lied singen, denn ich habe beide Rollen schon erlebt. Bis es aber dazu kommt, gilt die goldene Regel des Imitationslernens: Je kraftvoller, attraktiver, fairer und mächtiger ein Mentor erscheint, desto höher ist die Wahrscheinlichkeit, dass man sich an ihm orientiert.

Diese Orientierung am Machtvollen ist attraktiv, weil es beim Überleben in der Geschäftswelt hilft, in der der Wettbewerb zum Alltag zählt. Es geht ums Gewinnen oder Verlieren – und vor allem Best-of-Optimisten wollen gewinnen, denn das steigert ihre gute Laune und ihre Zukunftsperspektive. Sie haben gelernt, Krisen zu antizipieren, können mehrere Schachzüge vorausdenken oder sie intuitiv erfassen und sind deshalb zum Beispiel nicht bereit, die absehbare »verbrannte Erde« eines Kollegen zu akzeptieren. Sie werden ihn eindringlich bitten, von seinem problematischen Plan Abstand zu nehmen und wenn das nicht hilft, werden sie ihn so ins Abseits manövrieren, dass seine pessimistischen Beiträge nicht mehr die Stimmung im Team verderben. Wenn das nicht reicht, werden sie versuchen, ihn loszuwerden, ihn zu versetzen oder in andere Projekte abzuschieben, um nicht in seinen Abwärtsstrudel gerissen zu werden. In dieser Reihenfolge, wie im Fußball: ermahnen, gelbe Karte, rote Karte. Optimisten lieben das

Rosarot, aber sie sind nicht blöd, sondern beeindrucken mit ihrer Antizipationsfähigkeit.

Diese Nachahmung gelingt, so Albert Bandura, nur, wenn alle vier folgenden Schritte nacheinander umgesetzt werden:

1. Wenn ein vorbildlicher und machtvoller Kollege unsere volle Aufmerksamkeit auf sich gezogen hat;
2. Wenn man sich sein Handeln gut für sich selbst vorstellen kann und sein Auftreten im Kopf nachspielt (Was würde er/sie jetzt tun?);
3. Wenn man die beobachteten Strategien einübt, im Selbststudium, in Managementseminaren oder mithilfe eines Coaches;
4. Wenn man von beruflich wichtigen Personen motiviert wird, die neu erworbenen Kompetenzen zu demonstrieren.[147] Diese Motivation ist der letzte Anstoß zur Umsetzung des neu Gelernten in die Realität. Also ermutigen Sie Kollegen zu neuen Handlungsstrategien, vielleicht warten die nur noch auf ihren letzten motivierenden Anstoß!

Optimisten entwickeln durch Albert Banduras Modelllernen zunächst eine Art Patchwork-Identität, einen Persönlichkeits-Cocktail, dessen Zutaten sich aus den Eigenschaften erfolgreicher Vorbilder zusammensetzen, ohne dass dabei natürlich die eigenen Persönlichkeitsanteile vernachlässigt werden.

Mark Wertheim, Mitglied der Geschäftsleitung eines internationalen Handelsunternehmens, bewunderte mir gegenüber im Gespräch, auf Nachfrage, folgende Macher:

- den Daimler-Vorstand für seine Internationalität,
- einen bekannten deutschen Internet-CEO für seinen Selfmade-Habitus,
- den kampfsporterprobten Betriebsratsvorsitzenden bei Porsche für dessen soziale Power.

Alles Vorbilder für Mark Wertheim, die er aus der Presse, aus der Literatur[148] und aus persönlichen Begegnungen auf Fachkongressen kennt. Er kopiert von ihnen, was er gut findet und ergänzt diesen Mix durch seine eigene Persönlichkeit. Das ist Modelllernen pur, und Bandura wäre stolz auf ihn.

Übrigens: Wer Max Wertheims Vorbildermix kennt, hat klare Vorteile in der Kommunikation mit ihm, denn er weiß, wie Wertheim in manchen Dingen tickt, und wird sich beispielsweise hüten, in seinem Beisein über den Daimlervorstand zu lästern, denn das würde die Gesprächsstimmung verschlechtern. Darüber hinaus hat derjenige noch einen weiteren Wissensvorsprung: Er ist für Verhandlungen mit Wertheim gut gewappnet, denn er kann ihn dort abholen, wo er steht und sich über Internationalität, Selfmade-Eigeninitiativen und den Porsche 911er positiv äußern, um so die Grundlage für eine gute Gesprächsatmosphäre zu schaffen.

Nutzen Sie die Ähnlichkeitshypothese

»Sagen Sie mir, wer Ihre Vorbilder sind, und ich sage Ihnen, was Sie schätzen.« Vorbildwissen ist eine gute Grundlage für das Beziehungsmanagement, denn das basiert auf Vertrauen, und Vertrauen basiert wiederum auf der Ähnlichkeitshypothese. Ähnlichkeiten im Habitus, in der Ausbildung, hinsichtlich der kulturellen oder sportlichen Vorlieben oder auch der Kleidung verbinden. Optimisten wissen, dass der Umgang mit ähnlichen Menschen angenehmer und unkomplizierter wirkt, und betonen deswegen im Berufsleben gerne Ähnlichkeiten mit ihren Gesprächspartnern, um so für eine positive Stimmung zu sorgen. Schwärmt der Gesprächspartner für Helene Fischer, betont der Optimist ihre Athletik und ihren großen Beitrag für die Schlagerbranche, obwohl er selbst Hautausschlag von ihrer Musik bekommt, denn Optimisten mögen keine Konfrontation, sie versuchen in jedem zunächst das Gute zu sehen. Ähnlichkeit verbindet, im Privatleben, im Beruf und auch in Verhandlungen.

Oder würden Sie in Maßanzug mit Einstecktuch und teuren, rahmengenähten Schuhen in die Verhandlung mit der Caritas gehen? Oder in Gespräche mit einer Gewerkschaft? Vermutlich nicht, denn das würde höchstwahrscheinlich provozieren. Ein solches Verhalten führt zu Abgrenzung, weil die Ähnlichkeitshypothese missachtet wird. Also, geben Sie Ihren abgewetzten Cordanzug noch nicht in die

Kleidersammlung, Sie könnten ihn eines Tages noch gebrauchen. Nur tragen Sie ihn bloß nicht in Verhandlungen mit Bankvorständen! Für diesen Anlass ziehen Sie bitte etwas Dunkelblaues und sehr Teures an. Denn auch hier verbindet die Ähnlichkeit. Lassen Sie aber das Einstecktuch lieber weg – als kleine, charmante Unterwürfigkeitsgeste Ihrerseits –, denn das ist ein Privileg des Vorstands.

Klingt ganz schön anbiedernd, oder? Mag sein, aber es funktioniert!

Rita Schmidt verhandelt nach diesem Prinzip als Führungsfrau mit ihrem selbstgefälligen Vorgesetzten Karl Winter um ein höheres Gehalt. Der hat mit Gender so gar nichts am Hut, sein Frauenbild entspringt dem letzten Jahrtausend, und er findet das auch noch gut. Wird er sie als Powerfrau ernst nehmen? Nein, ganz sicher nicht, aber er wird versuchen, den Schein zu wahren.

Die Ähnlichkeitshypothese empfiehlt in solch einem Fall eine klare Strategie: eine Person imitieren, zu der der Vorgesetzte aufschaut, zum Beispiel seine Mutter. Das stimmt ja fast immer. Winters Mutter kennt Rita Schmidt natürlich nicht persönlich, aber sie hat Fotos von ihr im Netz gegoogelt. Sie ist immer konservativ gekleidet: viel grau, gerne Twinsets, fast immer eine Perlenkette. Also kommt sie in ähnlichen Kleidern zum Gespräch mit ihrem Vorgesetzten: Twinset, gedeckte Farben, Perlen.

Aufgrund der Kleidung bekommt sie sicherlich nicht automatisch mehr Geld, aber es erhöht die Wahrscheinlichkeit. Erstens weil ihr Chef sie irgendwie als vertraut empfindet und zweitens weil er sie als eine gewisse Autorität wahrnimmt. Er weiß nicht, warum er so denkt. Im Gegensatz zu Rita Schmidt: Sie weiß, in seinem Hinterkopf spukt seine Mutter – und deren Wünschen sollte er tunlichst nicht widersprechen.

Derartige Lernprozesse gelten natürlich nicht nur für Führungsfrauen, sondern generell im Berufsleben. Und sie speisen sich aus drei Quellen:

• den familiären Erfahrungen,
• dem Netzwerk und dem Freundeskreis
• sowie den symbolischen Vermittlern, etwa Medien oder aktuellen Trends.

Vor allem Aufstiegsorientierte sind anfällig für elitäre Lernprozesse, denn sie befeuern ihren Wunsch nach Status: »Vergiss nie, aus welchem Stall du kommst!« »Denk immer daran, wer wir sind.« Die »Wir sind etwas Besonderes«-Sozialisation prägt. Der Elitenforscher Michael Hartmann hat das in einem Gespräch mit dem *Spiegel* perfekt auf den Punkt gebracht, er spricht vom Stallgeruch:

»Frage: Der Stallgeruch bleibt entscheidend?

Hartmann: Ja, trotz aller Fortschritte: Je weiter oben in der Hierarchie Sie schauen, desto wichtiger ist Habitus.

Frage: Was heißt das konkret? Nehmen wir ein Arbeiterkind, das sich durchgebissen hat: Einser-Abschluss, guter Job, recht erfolgreich auf einer Position im Mittelmanagement. Wie geht es weiter?

Hartmann: Als mittlerer Manager lernt das Arbeiterkind Vorstände kennen. Vielleicht kommt es aufgrund seiner Erfolge für eine Führungsposition in Betracht – so wie drei andere Kandidaten, die auf dem Papier alle gleich stark aussehen. Unterbewusst werden sich die meisten Vorstände dann für den Kandidaten entscheiden, der ihnen am ähnlichsten ist. Und das ist selten das Arbeiterkind.[149]

Für seine Forschung hat Michael Hartmann hunderte Interviews mit Leistungsträgern geführt. Dabei fiel ihm auf, dass Aufsteigern die Unbefangenheit, die Lässigkeit fehlt, die Menschen haben, die sich schon immer in wohlhabenden Kreisen oder Chef-Milieus bewegt haben. Aufsteiger, so Michael Hartmann, »sind oft konzentriert darauf, nicht durch Fehler aufzufallen, weil ein Fehler zeigen könnte, dass sie eigentlich nicht dazugehören.«[150]

Durch die Erziehung des Dazugehörens vermitteln die besseren Kreise ihrem Nachwuchs bereits Lernerfahrungen, von denen andere nur träumen können. Selbstbewusstsein und Familientradition werden dabei mit dem Ziel vermittelt, die Welt in oben und unten aufzuteilen. Das klingt sicher nicht sehr optimistisch, ist aber leider eine Realität.

Die gläserne Decke sichert ihren gesellschaftlichen Status ab, obwohl man nach außen hin Political Correctness demonstriert. Man gibt sich weltoffen, liberal, sozial, spendet für Wissenschaft, Kultur, Soziales, öffnet Türen und macht die gläserne Decke durchlässig, bei wem man es will, und lässt sie zufallen, bei denen, die man nicht will. Man bestimmt, hat eine herausgehobene Stellung, ist einflussreich und versucht dies durch Erziehung der nächsten Generation weiterzugeben.

Intime Einblicke in diese jahrhundertelange Entwicklung, bietet John F. Jungclausens Analyse der besseren Gesellschaft. Er beleuchtet die *Risse in den weißen Fassaden* der Hamburger Elbchaussee-Villen, wo der Habitus des Besonderen gepflegt und mit der Muttermilch aufgesogen wird. Schon der Nachwuchs lernt, etwas Besseres zu sein. Man bewegt sich in elitären Kreisen, im Hockey- und Golf-Club, bei Freunden, die Polo spielen oder das Wochenende im Zweitwohnsitz auf den Balearen verbringen. Exotische Fernreisen? Alltag. Genügend Geld? Eine Selbstverständlichkeit. Ein Arbeitnehmerleben mit 2 000 Euro netto im Monat ist eine Welt, die einem fremd ist und auch fremd bleiben soll. Deswegen bestätigen sich die Aufsteiger und Aufgestiegenen in der Richtigkeit ihres Handelns: in Wirtschaftsclubs und anderen Netzwerken. Dort, wo persönlicher Erfolg plus Empfehlung die Eintrittswährung ist und Luxusaccessoires zu Erkennungsmerkmalen werden: der Füller von Montblanc, die Birkin Bag 35 von Hermès, die Uhren von Lange & Söhne bis Rolex. In diesen Netzwerken begegnet man – ganz selbstverständlich – noch bedeutenderen Menschen. Man plaudert mit dem Schweizer Solar-Weltumflieger Piccard, begegnet einem Bundespräsidenten, lauscht dem Pianisten Lang Lang oder lässt sich von Peter Maffay über dessen Stiftung informieren. Exklusive Erziehung, wohlhabende Freundeskreise, bekannte Persönlichkeiten und luxuriöse Symbole bilden das elitäre Quartett. Hier wird Selbstbewusstsein getankt und der unerschütterliche Glaube an die Bedeutung der eigenen Person. »Elite, das sind wir! Opfer gesellschaftlicher Umstrukturierungen, das sind die anderen, die Modernisierungsverlierer.«[151] Das Bewusstsein, gesellschaftlich oben zu sein, es geschafft zu haben, aus eigener Leistung oder weil man hineingeboren wurde, fördert die optimistische Lebenseinstellung ganz extrem. Es ist schon ungerecht, da leben Menschen im Überfluss, dürfen Lernerfahrungen sammeln, die ihnen im Leben weiter helfen werden, und dann bekommen sie den Optimismus auch noch frei Haus geliefert.

Diese Lernerfahrungen können natürlich auch ganz anders verlaufen und sich zu einem Pessimismus entwickeln, der bis in den Hass auf Gott und die Welt mündet. So erfahren auch Gewalttäter eine Erziehungs-Trias, die es in sich hat, nur anders. Ihre aggressiven Eltern prägen sie in ihrer Gleichmütigkeit und Härte, ihr aggressiver Freundeskreis ermutigt sie zur Gewalt, ihre Ego-Shooter-Spiele enthemmen sie, sodass ein geschlossenes, aggressives Weltbild entsteht, mit einer zentralen Botschaften: »Das Leben ist brutal. Es gibt Täter und Opfer – und ich werde nicht zu den Opfern gehören.« So fasste es der sizilianisch-amerikanische Gewaltexperte Cosimo D. Ferrainola bei einem gemeinsamen Rundgang in seinem Jugendgefängnis zusammen, in dem ich ein halbes Jahr leben durfte. Natürlich nicht inhaftiert, sondern freiwillig, um Erfahrungen in der Kriminalitätsbekämpfung zu sammeln. Erziehung zum Aggressiven wie zum Optimistischen funktioniert – nicht immer, nicht bei allen, aber bei sehr, sehr vielen.

Zurück zum Berufsleben: Optimisten haben gelernt, ihr berufliches Handeln in ein gutes Licht zu stellen. Betriebliche Fehlentwicklungen werden natürlich nicht geleugnet, aber die Optimisten verstehen es meisterlich, das Ganze durch Rechtfertigungen weniger dramatisch aussehen zu lassen. »Vieles ist schiefgegangen, aber ohne mich wäre die Schieflage noch viel gefährlicher geworden. Die Umstrukturierungszwänge wären noch radikaler. Mein Einsatz hat uns das Schlimmste erspart!« Rechtfertigungsstrategien sind ebenfalls erlernt, man legt sie sich zurecht, wenn man seinen Fehler bemerkt hat, aber lange bevor die erste Kritik daran auf einer Sitzung laut ausgesprochen wird. Gresham M. Sykes und David Matza sprechen von Neutralisierungstechniken, denn diese Selbstrechtfertigungen sind ein Garant dafür, dass gute Laune und optimistische Stimmung erhalten bleiben, weil das Gefühl der eigenen Fehlleistung neutralisiert wird. Vor allem drei Ausreden sind besonders beliebt, um sich Luft zu verschaffen:

1. *Die Ablehnung der Verantwortung trotz der offensichtlichen Fehlentscheidungen.* Sie wird auch als »Billard-Konzeption« bezeichnet. Der Mitarbeiter oder Manager definiert sich als weiße Kugel, die von starken, zum Teil externen Kräften hin und her gestoßen wird: von betrieblichen Zwängen, gewerkschaftlichen Forderungen oder aggressiven Mitbewerbern. Beschwerden – so die Botschaft – sind bei ihm an der falschen Adresse, denn nicht er ist für die Fehlentwicklung verantwortlich.

»Das wurde mit mir nicht klar kommuniziert. Ich bin von der Kommunikationsschwäche des mittleren Managements mehr als enttäuscht«, so das klassische Feedback eines CEOs, der sich herausredet. Er wird dann von schlimmen Fehlern einiger weniger sprechen, von schonungsloser Aufklärung und sich als Opfer von Machenschaften inszenieren. Die Fehlentwicklung, so wird er weiter argumentieren, sei für ihn nicht nachvollziehbar, aber das Undenkbare sei geschehen. Und dann folgt der Lieblingssatz aller Billard-Spieler: »Es ist nicht zu verstehen, warum ich nicht frühzeitig und eindeutig informiert wurde.«[152]

Man muss und sollte das nicht glauben. Es ist aber auch nicht leicht, das Gegenteil zu beweisen.

2. *Die Verneinung von Unfairness gegenüber den Mitarbeitern trotz harter Einschnitte auf deren Kosten.* Das funktioniert so: Die Führungskraft definiert detailliert das Fehlerhafte des Mitarbeiterverhaltens, das eigene Verhalten wird dagegen generös als korrekt bezeichnet, vielleicht sogar als vorbildlich. Natürlich weiß jede Führungskraft, dass diese Bewertung nicht ganz der Wahrheit entspricht, aber die nächste Rechtfertigung ist nicht weit, denn: »Solange es mir gut geht, geht es dem Unternehmen gut«, so die Selbsteinschätzung. Eigenes Fehlverhalten wird damit neutralisiert, Gewissenskonflikte bleiben aus und nicht nur die betroffenen Mitarbeiter, sondern auch deren Optimismus bleiben auf der Strecke.

Die Personalleitung erkennt, dass die Arbeitsbelastungen im Team extrem ungleich verteilt sind. Vor allem trifft es Richard Schümann, denn er kann einfach nicht Nein sagen. Er arbeitet weit über seiner Belastungsgrenze und ihm unterlaufen aus diesem Grund schon die ersten kleinen Fehler. Dennoch wird nichts geändert, denn sonst müssten andere mehr leisten, doch das will keiner – zu arbeitsintensiv, zu konfliktträchtig.

Also wird der leichtere Weg gewählt: Man schiebt Schümann die Schuld in die Schuhe, zu langsam, zu ungeschickt sei er, folgert die Personalleitung. Aus ihrer eigenen Führungsschwäche konstruiert sie ein individuelles Mitarbeiterproblem. Problemverschiebung statt Problemlösung – typisch für Unfairness-Verneiner.

3. *Die entschuldigende Berufung auf höhere Instanzen.* Die Führungskraft definiert sich als ein kleines Rad im globalen Getriebe. Sie pflegt die Legendenbildung vom Kampf gegen einen übermächtigen Gegner, dem man sich geschlagen geben muss. Als Gegner eignen sich im Ausland agierende CEOs, internationale Marktzwänge oder rücksichtslose Konkurrenten. Deren Attacken seien nur auf Kosten von Mitarbeitern zu lösen, um Schlimmeres, wie etwa die Insolvenz, abzuwenden.

Derart eingeübte Rechtfertigungsstrategien dienen dem Selbstschutz. Sie helfen, ethische Verwerfungen im Berufsleben rosarot zu reden und den eigenen Optimismus zu behalten. Fair ist dieses Vorgehen nicht, aber es funktioniert und wird deswegen in der Berufswelt anderen aufgetischt, wenn es ernst wird und die eigene Position infrage gestellt werden könnte. Rechtfertigungsstrategien sind ein Zeichen dafür, dass es beruflich um Sieg oder Niederlage geht und ein Schuldiger für den Fall der Niederlage gesucht wird. Wem die Rechtfertigung gelingt, der wird bester Dinge sein, wem sie misslingt, wird dem Pessimismus verfallen, denn dann läuft alles gegen ihn.

Lernen durch Managementtrainings

Auch Beratungen und Managementtrainings setzen auf Lernprozesse und den Theorie-Praxis-Transfer, denn es geht um die Vermittlung praxisnahen Wissens. Dabei profitiert man laut Management

Circle und allen anderen professionellen Training-Anbietern »von einer optimalen Verbindung aus Wissenstransfer durch anerkannte Experten und Networking im exklusiven Rahmen. Und Sie nutzen die Möglichkeit, sich auf Augenhöhe mit anderen Top-Entscheidern auszutauschen.«[153] Handlungswissenschaftlich wirkt dies auf drei Ebenen:

1. Durch die Erarbeitung optimaler beruflicher Kompetenzen, die Grundlage für den nächsten Karriereschritt werden sollen,
2. Durch die Einübung des optimierten Verhaltens im Schonraum durch Rollenspiele,
3. Durch die Übernahme der neuen Kompetenzen in den Berufsalltag.

Diese Übernahme geschieht, wenn der funktionelle Wert des neuen Verhaltens ersichtlich ist, der Lernvorteil auf der Hand liegt. Man hat ein Problem im eigenen Verhalten erkannt, man ist es angegangen, hat ein besseres Verhalten ausprobiert und erfolgreich in die Praxis umgesetzt. Damit wird ein ganz wichtiger Grundstein für den eigenen Optimismus gelegt, denn man hat das Heft des Handelns in die eigene Hand genommen, kann die neu erworbenen Fähigkeiten genießen und das macht gute Laune. Vor dem Rosarot, so die Erkenntnis, kommt der Schweiß.

In diesem Kapitel haben Sie einiges über Lernerfahrungen und ihren Einfluss auf unseren Optimismus erfahren können. Bei der Entwicklung zum Optimisten hilft,

- die Fokussierung aufs Positive einzuüben und auszubauen, um damit selbstkritische Aspekte der eigenen erlernten Hilflosigkeit zu überwinden,
- ein motivierendes Betriebsklima zu fördern, in dem auch authentisch gelacht werden kann,
- sich von machtvollen Vorbildern und Mentoren inspirieren zu lassen, um deren Wissen und Kontakte für sich nutzen zu können,
- das instrumentelle Lernen und sein Spiel mit Zuckerbrot und Peitsche zu durchschauen,

- die Rechtfertigungsstrategien im Notfall zu aktivieren, um sich bei eigenen Fehlentscheidungen nicht zu viel pessimistische Gedanken machen zu müssen und
- die Ähnlichkeitshypothese für eine gute kommunikative Grundstimmung zu nutzen.

Wer diese Punkte beachtet, ist einen Riesenschritt in Richtung Optimismus gegangen. Wer diese Lernerfahrung jetzt auch noch mit der richtigen Einstellung ergänzt, wird sein positives Lebensgefühl weiter verstärken können. Wie das konkret aussehen kann, zeigt das nächste Kapitel.

Welche Einstellungen Optimismus und Erfolg pushen

Ohne die richtige Einstellung kein Optimismus und auch kein Erfolg. Sie haben ja bereits erfahren, dass Optimisten in puncto Einstellung die Meister der positiven Attribution[154] sind, indem sie den Grund für Erfolge bei sich suchen (und meistens auch finden), Misserfolge aber eher anderen zuschreiben.

Pessimisten haben diese Fähigkeit nicht und manchen von ihnen mangelt es sogar an der Fähigkeit zur strategischen Antizipation. Sie denken einfach nicht weit genug. Das kann in der Kriminologie sogar das Leben kosten, der Darwin-Award dokumentiert solche Fälle absurd-mangelhaften strategischen Denkens. Zum Beispiel bei einem Dieb, der ein Stahlseil aus dem Aufzugschacht stehlen wollte. Beim Abbau berücksichtigte er nicht, dass er noch im Aufzugschacht stand – und rauschte in den Tod. Tödlich endete es auch für einen Nachwuchsterroristen, der seine Briefbombe nicht ausreichend frankierte und den Brief nach der Rücksendung durch die Post verschlafen selbst öffnete. Doch das sind Extremfälle.

Denkfaulheit hat immer ihren Preis und die falsche Einstellung kann die eigene Karriere ausbremsen. Die richtige Einstellung treibt dagegen an wie ein Turbo. Optimisten wissen das und viele von ihnen trennen deswegen zwischen Beruflichem und Privatem. Sie können im Job hart sein, bevorzugen im Privaten aber Nachgiebigkeit, wenn es Kindern, Partnern und der Familie dient. Im Job ist ihnen Harmonie weniger wichtig, vor allem wenn sie der Erreichung wichtiger Ziele im Wege steht. Privat Gutmensch, beruflich wenn nötig ein gut gelaunter Mephisto.

Optimisten haben Ziele und die richtige Einstellung, diese zu erreichen. Sie glauben an sich, auch wenn andere an ihnen zweifeln, so wie

Martin Herrenknecht, dessen Bohrer es schafften den europäischen und den asiatischen Kontinent mit einem Tunnel zu verbinden und damit den Traum der Türken von einem vereinten Istanbul zu verwirklichen. Natürlich können Pessimisten »jammern, dass diese Welt zu klein ist, demnächst zehn Milliarden Menschen zu ernähren. Oder wir können eine Lösung dafür suchen.«[155] Träume und ihre Realisierung – das sind die positiven Seiten der kognitiven Kraft.

Abschied vom Vorurteil

Die Ausbildung von Vorurteilen gehört zur negativen Seite. Vorurteile kränken, fördern Pessimismus und können uns bei der Bewertung von Geschäftspartnern und Kunden in die Irre führen.

Tom Wilkens ist Verkaufsleiter. Trotz Schulungen sind seine Verkaufsgespräche durch zwei sehr persönliche Hypothesen geprägt. Erstens, schlecht gekleidete Kunden haben kein Geld und zweitens, Männer entscheiden, welcher Wagen in die Garage kommt.

Diese beiden Hypothesen rasen im inneren Monolog durch seinen Kopf und verleiten ihn, schlecht gekleideten Interessenten zunächst nur Billig- oder Gebrauchtwagen anzubieten. Kleider machen schließlich Leute, und beim Jeansträger ist sicherlich wenig zu holen. Diese Einstellung provoziert nicht selten einen Geschäftsabbruch, denn der unterschätzte Kunde dürfte diese Zuschreibung nicht goutieren. Getoppt wird sie durch seine Vermutung, dass Männer den Autokauf maßgeblich entscheiden. Entsprechend bekommen sie die volle Aufmerksamkeit im Verkaufsgespräch. Die begleitende Partnerin bezieht Wilkens nur beiläufig ins Gespräch ein. Dabei hat sie bei größeren Ausgaben mehr als nur ein gewichtiges Wort mitzureden. Es geht hier schließlich nicht um Geld aus der Portokasse. Die Ignoranz dieses Verkäufers wird sie mit Sicherheit verärgern, den Kauf wird sie daher blockieren.

Falsche kognitive Einschätzungen haben Konsequenzen, weswegen Optimisten ihre Vorurteile im inneren Monolog reflektieren, um nicht ins Fettnäpfchen zu treten, denn im Fettnäpfchen fühlt sich nur der Pessimist wohl.

Der irische Schriftsteller James Joyce hat dem inneren Monolog des Menschen seinen Roman *Ulysses* gewidmet. Die einen Tag umfassenden Gedankenfetzen seines Protagonisten Leopold Bloom füllen fast eintausend Seiten. Eintausend! Es ist also eine Menge los in unseren Köpfen. Im inneren Monolog werden Optionen durchgespielt: Wer könnte wie worauf reagieren? Wir suchen dabei Lösungen für Probleme, die sich in der Zukunft stellen *könnten*. Für das Berufsleben eine Kernkompetenz, die man beherrschen sollte. Das ist gar nicht so einfach, denn das Kopfkino kann schon im ganz normalen Alltag misslingen.

Ein Mann will ein Bild aufhängen. Den Nagel hat er, ihm fehlt aber der Hammer. Also beschließt er, zum Nachbarn zu gehen und sich einen zu borgen. Doch ihm kommen Zweifel. Was, wenn der Nachbar seinen Hammer nicht verleihen will? Gestern grüßte er nur sehr flüchtig. Vielleicht war er in Eile. Vielleicht war die Eile aber auch nur vorgetäuscht und er hat etwas gegen ihn. Bildet der sich da etwas ein? Wenn jemand bei ihm ein Werkzeug borgen wollte, er gäbe es ihm sofort. Und warum zweifelt dieser Nachbar? Wie kann man nur einen so einfachen Gefallen abschlagen? Leute wie der vergiften einem das Privatleben. Und dann bildet der sich auch noch ein, man sei auf ihn angewiesen. Jetzt reicht's wirklich! Und so stürmt unser Mann hinüber und läutet beim Nachbarn. Der öffnet. Doch bevor er einen »Guten Tag« wünschen kann, schreit ihn unser Mann an: »Behalten Sie ihren Hammer, Sie Rüpel!«[156]

Der Mann aus Paul Watzlawicks Beispiel folgt einem pessimistischen Menschenbild, denn er unterstellt seinem Nachbarn nichts Gutes. Optimisten prüfen dagegen ihre Einstellungen und fragen Vertraute, ob sie damit richtig liegen. Sie falsifizieren und verifizieren, bevor sie handeln, um nicht hinterher blöd dazustehen.

Der Wiener Architekturprofessor Raphael Gruber hat erkannt, dass in seinem Kopf in bestimmten Situationen der falsche Film abläuft. Er wurde in jungen Jahren von einer schwarzhaarigen Betrügerin um Tausend Euros erleichtert. Noch heute ist er darüber verärgert, und er verspürt deswegen den Impuls, seine schwarzhaarigen Studentinnen in Prüfungen mit den schwierigsten Fragen zu konfrontieren, Fragen, die er selbst kaum beantworten könnte. Der Impuls ist stark, aber er folgt ihm nicht, dank seiner

Reflexionsbereitschaft wird er nicht zum Sklaven seiner Vorurteile. Er bleibt Herr seiner Sinne und ein fairer Prüfer, beides macht ihn insgeheim ein bisschen stolz.

Ein rechtsradikaler Brandstifter, den ich in der Justiz betreute, hatte dagegen seine Einstellung nur oberflächlich im Griff:

»Ich will entlassen werden«, sagte er nach mehrjähriger Haft. Er hatte rund zwei Drittel seiner Strafe abgesessen und damit die Chance auf eine vorzeitige Entlassung. »Ich bin resozialisiert, bin jetzt mehr für Demokratie und so«, fuhr er fort.

Der Justiz-Abteilungsleiter fuhr ihn schroff an: »Grüßen Sie erst mal anständig, wenn Sie hier mein Büro betreten, Kamerad!«

Wie aus der Pistole geschossen rief er: »Heil, der Führer!«

Der Beamte daraufhin: »Irgendwie wirken sie auf mich immer noch rechtsradikal ...«

Die überraschende Gesprächseröffnung des Beamten (»Kamerad«) hatte den Rechtsradikalen seine gespielte Demokratieeinstellung schnell vergessen lassen. Tief verwurzelte Einstellungen lassen sich eben nur schwer verschleiern, sie scheinen durch. Aus der vorzeitigen Entlassung wurde natürlich nichts.

In der Geschäftswelt wird fehlende Reflexion oftmals durch Intuition ersetzt, sagt Daniel Kahneman. Das kann gutgehen, muss es aber nicht, denn

»wenn Großkonzerne leichtsinnig werden, kann der Schaden gewaltig sein. Auch sie treffen häufig Entscheidungen, die von übersteigertem Selbstvertrauen getragen sind. Sehr beliebt sind riskante Übernahmen anderer Firmen. Immer wieder wird das versucht, auch wenn es noch so oft schiefgeht. Der Chef überschätzt einfach seine Fähigkeiten.«[157]

Checkliste für Entscheider

Optimisten sind sich dieser Gefahr bewusst, wenn sie zwischen Wagnis und Chance abwägen und im Zweifelsfall eher der Hoffnung als dem Zweifel eine Chance geben. Dieses mühselige Abwägen gehört zum Kern des Sekundären Optimismus, der seinen Anteil am dauerhaften Erfolg im deutschsprachigen Raum hat. Das Abwägen reduziert die Gefahr der Wahrnehmungsverzerrung, es fördert einen positiven Pragmatismus. Mit Daniel Kahneman hat dieses Vorgehen einen berühmten Fürsprecher. Im *Harvard Business Manager* hat er eine alltagstaugliche Checkliste für Entscheider vorgelegt.[158] Zeitaufwand: drei Stunden. Ort: Meeting der Leitungsgruppe. Mit dieser Checkliste erkennt man die Gefahr verzerrter Entscheidungen, die ruinös sein können, egal ob es um Verhandlungs- oder Investitionsentscheidungen geht. Checken Sie selbst einmal Ihre letzte wichtige Entscheidung und stellen Sie sich die Frage, ob Sie schon nobelpreisverdächtig analysieren oder Gefahr laufen, zu naiv an die Sache heranzugehen. Beantworten Sie dazu bitte die folgenden Fragen:

- Welchen (versteckten) Eigeninteressen folgen die Entscheider?
- Wer neigt zur Selbstüberschätzung (Wir schaffen das!), wer zum Alles-planbar-Glauben (Wir können alle Stolpersteine vorhersehen!).
- Welcher Entscheider hat sich derart in die Investitions- oder Projektidee verliebt, dass er die Risiken vermutlich eklatant unterschätzt?
- Welche Minderheitenmeinung gibt es? Gibt es keine, kann das gut sein. Wahrscheinlicher deutet es aber auf einen Gruppendruck hin, dem die Vernunft untergeordnet wird.
- Sind Ihre Argumente, mit denen Sie Ihre Entscheidung begründen, richtig oder falsch? Etwa der spekulative Grundgedanke: Weil Produkt A gut lief, muss das Produkt B dem ähnlich sein, damit es auch gut läuft.
- Tüfteln Sie an Alternativen oder versteifen Sie sich auf eine einzige plausible Hypothese, der sie alle Argumente unterordnen, sie sozusagen passend machen, damit ihre Hypothese letztlich stimmt?
- Würden Sie in einem Jahr noch genauso entscheiden?
- Prüfen Sie kritisch, woher die Zahlen stammen, die Ihre Entscheidung prägen?
- Sind Sie Opfer des Haloeffekts? Er tritt ein, wenn punktuell sehr positive Unternehmensentwicklungen auch den Rest übertrieben gut dastehen lassen.

- Gibt es in Ihrem Team eine Verlustaversion, die richtige Entscheidungen aus Ängstlichkeit blockiert? Etwa weil der Status, die Bequemlichkeit oder das Gewohnte gefährdet sein könnten?

Wenn Sie diese Checkliste systematisch bei schwierigen Entscheidungen durcharbeiten, sind Sie im Vorteil, denn sie bewahrt Sie vor Wahrnehmungsverzerrungen und reduziert damit deutlich Ihre Misserfolgsquote.

Um zu einer optimistischen Lebenseinstellung zu gelangen und sie zu stabilisieren, wurden Ihnen in diesem Kapitel folgende Punkte empfohlen:

- Die Bereitschaft zur positiven Attribution, wonach es Ihr Verdienst ist, wenn alles läuft, aber es an den anderen liegt, wenn es nicht läuft.
- Die Reflexion und den Abbau Ihrer Vorurteile, die zu Wahrnehmungsverzerrungen führen, die im Beruflichen wie im Privaten aufs Glatteis führen können.
- Die Bearbeitung der Kahneman-Checkliste vor wichtigen Entscheidungen.

Dazu kommen zwei weitere wichtige Einstellungsmerkmale auf dem Weg zum Optimisten, nämlich Ihr richtiges Maß an Egozentrik und die Bedeutung Ihrer Moral, die ich Ihnen beide im nächsten Kapitel näher erläutern und ans Herz legen möchte.

Warum Optimisten egozentrisch und moralisch sein sollten

Es muss ja nicht gleich die Egozentrik von Donald Trump sein, aber es ist wichtig, dass Optimisten von sich und ihren Ideen überzeugt sind, weil sie das Beste für das Unternehmen sind. Dieses selbstverliebte Denken entspringt dem kindlichen Kern der präoperationalen Phase:[159]»Ich bin der Größte!« *Think big*, so die Logik.

Eine gesunde Portion Egozentrik hilft jeder Karriere, weil man den eigenen Standpunkt ernst nimmt und offensiv vertritt. Man sollte nur nicht »aus Zuversicht Übermut werden lassen und dadurch die eigene Kraft überschätzen. Denn, auch das ist richtig: Zuversicht ist nicht nur der Schlüssel zur Zukunft – es ist auch der Vorraum zum Größenwahn.«[160] Übertreibt man es und findet sich selbst zu toll, lässt man die Meinung der anderen nicht mehr gelten. In der Folge misslingt die Zusammenarbeit, und das ist schlecht, weil die Lösung komplexer Probleme ein Mannschaftssport ist, der eben nicht im Alleingang gelingt. Nur der Perspektivenwechsel, also die Fähigkeit, die Sicht der anderen einzunehmen, verhindert diese Fehlentwicklung. Sie entsteht in der Phase des konkreten Operierens, ermöglicht Empathie und das Ernstnehmen anderer Meinungen. Optimisten pflegen beides: die Egozentrik, die eigenen Visionen für umsetzbar zu halten, und die Empathie, diese Umsetzungsprozesse gemeinsam im Team realisieren zu können. Zu viel Ego oder zu empathisches Zaudern erschweren dagegen Entscheidungsprozesse. Die Konfliktschlichtung spricht von einem Balanceakt, vom »äquilibristischen Tanz«, bei dem Präzision gefragt ist:

»Ein Blick auf ein Detail, auf ein sorgfältig herausgearbeitetes Fragment, eine Metapher, die Szenen aus der eigenen Berufspraxis aufleben lassen, ein bisher unbekannter Blickwinkel auf sattsam Bekanntes, ein Gedanke der sich festsetzt, unvermutete Zusammenhänge herstellt [...] und die Berufswelt in Fluss geraten lässt, in Bewegung bringt: das habe ich mir zur Aufgabe gemacht«, so der österreichische Konfliktschlichter Ed Watzke.[161]

Die Äquilibration beschleunigt berufliches Wachstum, denn sie versucht, die persönliche Einstellung und die Realitäten im Geschäftsleben in Einklang zu bringen.[162] Doch welche Einstellungen beeinflussen uns? Wie ticken wir? Ihrer eigenen Gedankenwelt können Sie mit einfachen Satzergänzungstests auf die Schliche kommen. Vervollständigen Sie folgende Sätze:

- Workaholics in meinem beruflichen Umfeld halte ich für ...
- Frauen in Führungspositionen halte ich für ...
- Maßgeschneiderte Anzüge und rahmengenähte Schuhe sind für mich Ausdruck von ...

- Das behutsame Abwägen bei Entscheidungsprozessen ist für mich Ausdruck von ...

Die Antworten auf diese Einstellungsfragen zeigen nicht nur deutlich, mit wem man es zu tun hat, sondern ermöglichen Ihnen auch, die Reaktionen Ihres Gegenübers zu erahnen. Wenn Ihr Kollege Workaholics für das Maß aller Dinge hält, wird er kaum Verständnis dafür haben, dass Sie in Elternteilzeit gehen wollen. Wer nicht gerne Frauen in Führungspositionen sieht, wird sich vermutlich engagieren, die Karriere von Kolleginnen zu erschweren. Wer Maßschneiderei für wichtig hält, wird auf jeden leger gekleideten Ingenieur oder IT-ler mitleidig hinabschauen und dazu neigen, ihn von oben herab zu behandeln. Und wer behutsames Abwägen für einen Ausdruck von Führungsschwäche hält, der wird schneller dazu neigen, mit der Faust auf den Tisch zu hauen.

Die Kognitionspsychologie, die die Einstellungen der Menschen analysiert, folgt dem Motto: Sagen Sie mir, wie Sie denken, und ich sage Ihnen, wie Sie handeln werden.

Einstellungen, die den Optimismus fördern

Vielleicht haben Sie aber auch die Einstellung, immer die Gemeinsamkeiten mit Ihren Gesprächspartnern auszuloten, wie es bereits bei der Ähnlichkeitshypothese beschrieben wurde. Das schafft Vertrauen und fördert Optimismus.

Hören Sie einmal zu, wenn der deutsche Kanzleramtsminister sich mit Konfliktparteien abstimmt, trotz größter Spannungen. Die Worte »Vertrauen« und »Gemeinsamkeit« lässt er wie ein Mantra immer und immer wieder erklingen. Am Ende entlockt er seinem finsteren Gegenüber damit sogar ein Lächeln, wie bei dem türkischen Minister, dem er so lange von seiner Liebe zu türkischen Süßspeisen und seiner Sehnsucht nach Istanbul berichtete, bis dieser seiner Gemeinsamkeits- und Charmeoffensive erlag und ihn sogar in die Türkei einlud, anstatt sich wie geplant mit ihm über deutsch-türkische Konflikte zu streiten.

Menschen mit der Betonung gegenteiliger Meinungen begegnet man dagegen distanzierter, denn die Kommunikation ist anstrengender, einfach nicht auf derselben Wellenlänge. Man muss sich erklären.

So interpretierte die 42-jährige Betriebspsychologin den Maserati-Kauf des 61-jährigen Managers Max von Hertel als Kompensationshandlung. Der 61-Jährige, der immer noch nicht über eine Gore-Tex-Mentalität verfügt und dem der Spruch zu Ohren kam, lächelte darüber, zumindest äußerlich. Innerlich fand er es nicht witzig, dass die Psychotante seinen Lebenstraum ins Lächerliche zog, dafür war der Spaß auch einfach zu teuer. Er wusste jetzt schon, dass er seinen Einfluss gegen sie spielen lassen würde, wenn sich ihm die Gelegenheit dazu bot.

Gemeinsamkeiten, die man sicher hätte finden können, wurden hier verspielt. Die Betriebspsychologin hätte im Vorfeld mit ihm einen Satzergänzungstest machen sollen mit folgender Frage: »Wenn sich jemand über eines Ihrer Luxusspielzeuge lustig macht, reagieren Sie ...?« Dann hätte sie erfahren können, dass er das Wort »nachtragend« eingetragen hätte.

Das Gesetz der Ähnlichkeit und die Betonung von Gemeinsamkeiten werden im Geschäftsleben aber auch manipulativ eingesetzt und Optimisten sollten sich hüten, darauf hereinzufallen. Die Vorlieben des potenziellen Geschäftspartners werden bei derartigen Manipulationsversuchen vorab im Internet recherchiert und im Gespräch als eigene ausgegeben, um über diese inszenierte Ähnlichkeit Vertrauen aufzubauen. Vor allem windige Gesellen wie Finanzbetrüger oder Heiratsschwindler beherrschen dieses Spiel aus dem Effeff. Aber auch bei schlichten Verhandlungen wird es angewandt:

Ein Speaker verhandelt mit einem Finanzunternehmen über eine Roadshow: sechs Vorträge in sechs Städten an sechs Tagen. Ein lukrativer Auftrag. Der Speaker recherchiert seinen IT-Verhandlungspartner im Internet, um sich auf das kommende Verhandlungsgespräch vorzubereiten. Er will nicht in irgendein Fettnäpfchen treten. Nach kurzer Zeit wird er fündig: Sein Gesprächspartner ist leistungsorientiert, aber auch ein Familienmensch, und er ist Diskussionsteilnehmer eines Herz-Rhythmus-Forums. Insbesondere diesem Punkt schenkt der Speaker Beachtung. Wenige Tage später findet die telefonische Verhandlung zur Roadshow statt.

Speaker: »Schön, dass es heute mit uns klappt, und vielen Dank für Ihr Interesse an meinem Vortrag.«

IT-Mann: »Sie wurden uns von Herrn Dr. Menschede empfohlen.«

Speaker: »Ja, das habe ich gehört. Das ist nett von ihm. Das freut mich. Grüßen Sie ihn und danken Sie ihm bitte herzlich von mir. Auch wenn Sie mich heute ein wenig auf dem falschen Fuß erwischen. Ich hatte eine ziemlich harte Woche. Ehrlich gesagt, ist bei mir die Luft ein wenig raus. Hab kaum Schlaf bekommen. Kondition gibt's eben nicht grenzenlos.«

IT-Mann: »Wem sagen Sie das? Ist überhaupt erstaunlich, wie wir alle ständig so funktionieren.«

Speaker: »Absolut, das sehe ich auch so!«

IT-Mann: »Ohne Durchatmen, ohne kleine Auszeiten ist dieser Jobmarathon kaum durchzuhalten.«

Speaker: »Das ist so. Das kenne ich ...«

Beide unterhalten sich jetzt fünf Minuten über ihre Durchhaltestrategien unter Stress. Sie haben ein gemeinsames Thema gefunden, sie verstehen sich. Die eigentliche Vertragsverhandlung spielt kaum noch eine Rolle, alles ist total unkompliziert. Der Speaker bekommt den Auftrag. Seinem Honorarwunsch wird zwar nicht hundertprozentig entsprochen, aber es ist nah dran und alle sind zufrieden. Das Gesetz der Ähnlichkeit hat seine Wirkung entfaltet.

Was war in diesem Gespräch abgelaufen? Die Internetrecherche ergab den Hinweis auf das Herz-Rhythmus-Forum. Der Speaker erhielt dadurch einen Anhaltspunkt, in welche Richtung er das Gespräch lenken könnte. Er brachte seinen Wissensvorsprung in das Verhandlungsgespräch ein und deutete eigene körperliche Erschöpfungserfahrungen an, was sogar der Wahrheit entsprach. Das schaffte Nähe und Sympathie, und der Sympathische erhält meist den Zuschlag, wie auch in diesem Fall.

Es ist eine Frage der persönlichen Einstellung, ob man die Gesprächsvorbereitung des Speakers als exzellent würdigt oder ob man ihm eine Gesprächsmanipulation attestiert. Führungskräfte mit einem egozentrischen Weltbild beantworten diese Frage spielend: »Das habe ich super gemacht!« Die richtige Einstellung entscheidet über Erfolg oder Misserfolg. Welche haben Sie? Befürworten Sie diese strategische Kommunikation, wie sie im Customer-Relationship-Management genutzt wird, obwohl sie auch manipulative Aspekte beinhaltet? In meinen vielen Gesprächen mit Führungskräften wurde zumindest deutlich: Je höher man gekommen ist, desto selbstverständlicher wird diese Art utilitaristischer, also nützlichkeitsorientierter, Kommunikation.

Warum Optimisten die Operation zweiter Ordnung brauchen

Der Schweizer Entwicklungspsychologe Jean Piaget betont, dass erst die Entwicklungsphase des konkreten Operierens uns intellektuell erlaubt, derartige Strategien durchzuführen und zu durchschauen. Vorher sind wir dafür schlicht zu doof. Denn erst diese Entwicklungsphase ermöglicht »Operationen zweiter Ordnung«[163], die eine Voraussetzung für die Entwicklung des Optimismus ist: das Nachdenken über Gedanken mit dem Ziel, hinter Einzelereignissen allgemeine Gesetzmäßigkeiten zu erkennen. Schöne und gelungene Einzelerlebnisse führen dann zu einer Gesamterkenntnis, die bei Optimisten so klingt: Wegen der vielen guten Dinge, die ich aufgrund meiner Fokussierung aufs Positive sehe, bin ich ein durch und durch optimistischer Mensch, ein Glückskind, einer mit dem das Leben es gut meint.

Mit der Operation zweiter Ordnung können aber auch aus den Einzelereignissen einer steigenden Mitarbeiterfluktuation Rückschlüsse auf strukturelle Defizite in der Personalführung gezogen werden. Ohne unser Abstraktionsvermögen, unsere Selbstreflexion und unser hypothetisches Denken klappt das aber nicht. Sie sind die Voraussetzung für strategisches Denken im Geschäftsleben und auch für zukunftsorientierte Entwürfe, die ohne hypothetische Annahmen einfach nicht möglich sind. Je umfassender nachgedacht wird, desto besser: Reflektieren, entscheiden und dann das Projekt durchziehen – das ist der richtige Weg, den ich Ihnen auch schon beim Sekundären Optimismus erläutert habe.

Bei der optimistischen Weiterentwicklung hilft der Mechanismus der »Invarianz der Sequenz«, das bedeutet: Wenn man durch Berufs- und

Lebenserfahrung eine höhere Fähigkeit zur Problemlösung erreicht hat, kann man nicht mehr auf ein primitiveres Niveau zurückfallen. Bezogen auf den Optimismus heißt das: Wenn man den Above-Average-Effekt gelernt hat, wenn man die positive Fokussierung anwendet und an der Ähnlichkeitshypothese Gefallen gefunden hat, kann man den Pessimismus vergessen. Dazu kommt: Je höher dabei Ihr Niveau durch Fachwissen ist – man nennt das »hierarchische Präferenz«[164] – desto besser sieht es auch mit Ihrer Karriere aus. So weit die Theorie.

Zwangsvorstellungen, die Fußfessel des Optimismus

Auf dem Weg nach oben stößt jeder an Grenzen; es geht nicht weiter und keine Lösung ist in Sicht. Optimistenj205
 haben in diesen Krisen die richtige Einstellung, sie nehmen es sportlich und sehen es als Chance: »A gap is a wonderful thing«, sagte mir dazu der New Yorker Professor Howard Polsky, denn die Grenze sei nur eine Schlucht, die es kreativ zu überwinden gelte. Dazu passt das Motto, das sich der ehemalige Montblanc-Chef Wolff Heinrichsdorff zu eigen gemacht hat: »Optimisten beklagen sich nicht über die Säuernis einer Zitrone. Sie machen Limonade daraus.« Damit das gelingt, müssen Zwangsvorstellungen im Kopf ausgeschaltet werden, die uns Handschellen und Fußfesseln zugleich anlegen. So genannte Mußturbations-Sätze[165]: »Das muss man so machen«, ist so ein bremsender Satz, ebenso wie: »Ich muss in allem, was ich mache, immer perfekt sein.« Oder: »Die Dinge müssen so sein, wie ich mir das vorstelle.«

Der globale Dieselabgasskandal ist diesem zwanghaften Gedanken geschuldet: Ingenieure bekamen eine technisch nicht lösbare Managementvorgabe für Dieselmotoren. Die Mußturbations-Logik des Unternehmens (»Wir müssen das hinbekommen!«) erlaubte keine Machbarkeitszweifel. Aber es war nicht machbar. Den Autoingenieuren erschien daher der große Betrug mit einer kleinen Software erträglicher, als das Eingeständnis des Versagens, das vorgegebene Ziel nicht erreicht zu haben – bis das US-amerikanische International Council on Clean Transportation den Schwindel publik machte und hohe Milliardenstrafen in den USA folgten.

Man sollte sich hüten, Mitarbeiter in moralische Dilemmata zu manövrieren, denn die öffnen nur die Tür zum Pessimismus, und dabei kommt nichts Gutes heraus, wie ein berühmtes Lehrbeispiel zeigt.

Wie würden Sie entscheiden? Ein Zug rast führerlos auf fünf Gleisarbeiter zu. Die Arbeiter könnten gerettet werden, wenn Sie die Weiche per Knopfdruck umstellen. Zum Preis eines anderen Lebens, denn auch auf der Alternativstrecke steht ein Gleisarbeiter. Aber nur einer! Würden Sie umstellen?

Die zweite Frage lautet: Würden Sie einen einzelnen unsympathischen Mann eigenhändig von der Brücke auf den Bahndamm stoßen, der schon vornübergebeugt dort steht und auf die Gleise starrt und dessen Körper groß und schwer genug ist, den heranfahrenden Zug zu stoppen? Ein ganz kleiner Schubs reicht. Auch in diesem Fall wären die fünf Arbeiter gerettet, auf Kosten dieses einen.

Eine klassische Lose-lose-Situation. Hier gibt es nur Verlierer, denn wie man es auch dreht und wendet, jede Entscheidung hat dramatische Konsequenzen. Selbst Nichtstun führt dazu, dass fünf Unschuldige sterben. Man kann seine Hände nicht mehr in Unschuld waschen, obwohl man für die Situation überhaupt nicht verantwortlich ist. Also, was tun?

Befragungen mit Testpersonen ergaben, dass angesichts der Dramatik viele Menschen zur Weichenumstellung per Knopfdruck bereit wären – schweren Herzens. Kaum jemand würde aber eigenhändig jemanden auf die Gleise schubsen, außer unter den fünf gefährdeten Gleisarbeitern befände sich der eigene Bruder. Dann wäre der Stoß in die Tiefe wiederum denkbar. Selbst jene, die nichts tun würden, fühlten sich schuldig, weil sie durch ihre ethischen Bedenken nicht die Chance zur Rettung der fünf Menschen genutzt hatten.

Moralische Dilemmata behindern ein optimistisches Lebensgefühl, weil jede Entscheidung negative Konsequenzen nach sich zieht. Wer noch kein Pessimist war, wird spätestens in einem solchen Dilemma dazu. Im Berufsleben begegnen sie uns immer wieder, wenn auch nicht in der Dramatik der Gleisarbeiter:

- Wie hoch ist der Preis, den Sie zu zahlen bereit sind, um Arbeitsplätze zu retten?
- Schwärzen Sie den geschätzten Kollegen an, der falsche Reisekosten abrechnet, weil Sie die Compliance-Regeln ernst nehmen?

- Zeigen Sie den Projektleiter an, der Bestechungsgeld angenommen hat, obwohl dieser gerade Vater von Zwillingen geworden und mit den Ratenzahlungen für sein Haus im Verzug ist?

Wer wegsieht, macht sich mitschuldig und erpressbar. Wer Farbe bekennt, fühlt sich häufig schäbig, wie ein Kameradenschwein. Wer Dilemmata nicht aushält, wird berufliche (und private) Herausforderungen als Belastung empfinden. Optimisten wissen das und haben sich rechtsstaatlich positioniert, auch wenn es einen Kollegen den Kopf kosten könnte, weil er Mist gebaut hat. Sie decken ihn nicht, um nicht in seinen pessimistischen Abwärtsstrudel mitgerissen zu werden.

Es gibt übrigens verblüffende Coachings, um eingefahrene Mußturbationen infrage zu stellen. Frank Farrelly empfiehlt, in Coachings die Zwangsvorstellungen (»Das muss so sein!«) provokativ zu durchlöchern. Er aktiviert dafür die Rolle des Advocatus Diaboli.

Eine 37-jährige burn-out-gefährdete Führungskraft mit ersten Schwächeanfällen sollte ihr Arbeitspensum reduzieren – ein Rat des Hausarztes. Dies gelang ihm jedoch nicht einmal an seinen freien Tagen.

»Was soll ich bloß tun?«, fragte er den Mediziner bei einem zweiten Praxisbesuch.

Dessen Antwort lautete: »Komische Frage, gar nichts! Machen sie genauso weiter. Ändern Sie nichts. Dann haben Sie mit Anfang vierzig zwar einen leichten Herzinfarkt, den stecken sie aber locker weg. Danach ändern Sie bitte auch nichts. Machen Sie genauso weiter. Dann haben Sie mit Ende vierzig einen weiteren Infarkt. An dem werden Sie wahrscheinlich sterben. Das macht aber auch nichts, denn Sie haben bis dahin weit intensiver gelebt als die meisten Menschen, die 79 Jahre alt geworden sind!«

Diese Rückmeldung irritierte unsere Führungskraft, sie fühlte sich vom Arzt provoziert, dachte aber auch nach – und begann zu golfen, um sich so Auszeiten zu gönnen. Dabei konnte er komplett abschalten. Der kleine Ball verlangte seine volle Konzentration. Doch er golfte ohne Ehrgeiz – auch das war ein ärztlicher Rat. Es fiel ihm schwer, aber es tat ihm gut. Er spielte wegen seines fehlenden Ehrgeizes so schlecht, dass sein Flight ihn im Bunker bat, den Ball einfach zu werfen, damit es endlich weiterging. Er nahm das Angebot an, und es störte ihn nicht einmal. Er hatte seine leistungslose Lektion gelernt. Sein Arzt war zufrieden.

Einer der Altmeister des Managementtrainings, Nikolaus B. Enkelmann, ruft in solch einem Moment: »Ich kann es gar nicht erwarten, bis sich etwas Gutes daraus entwickelt!« [166] Für ihn ist die Selbstsuggestion ein wichtiger kognitiver Baustein für den Optimismus. Denn der »Glaube führt zur Tat. Konzentration führt zum Erfolg. Wiederholung führt zur Meisterschaft.« [167] Damit sich die Suggestion stabilisiert, empfiehlt er das Positiv-Tagebuch. Klingt banal, ist aber schön und zeigt Wirkung: Notieren Sie zwei schöne Erlebnisse pro Tag. Das ergibt 14 in der Woche, 56 im Monat und 672 im Jahr. Wer das Tagebuch zum Jahresende oder zwischendurch liest, kann daraus ein gutes Lebensgefühl ziehen und Zuversicht gewinnen, welche wiederum die optimistische Grundhaltung stärkt.

Diese Haltung kann auch durch großzügige Personalentscheidungen gefördert werden. Wir alle, insbesondere Führungskräfte, haben den Einfluss, Gutes zu tun, aufgrund unserer Entscheidungsmacht – ein schöner Ausgleich zum beruflichen Stress!

Michael Voss macht seit Jahren einen guten Job, er ist immer zuverlässig. Doch seit über einer Woche wirkt er ausgelaugt. Seine Tochter ist krank, die Arbeit und die privaten Sorgen überfordern ihn. Das ist spürbar, und das sieht ihm sein Chef auch an. Er will ihn unterstützen. Informell bittet er Voss, sich in den nächsten zwei Wochen jeweils Freitag und Montag krank zu melden, um sich um seine Tochter kümmern zu können, denn die braucht jetzt beide Elternteile, außerdem müsse auch Voss selbst wieder auftanken. Im Dienstplan wird sein geschenkter Ausfall eingeplant. Voss ist dankbar, auch weil er keine Urlaubstage nehmen muss. Seine Burn-out-Gefährdung ist reduziert, und sein Chef genießt die gute Tat. Er findet sich jetzt noch sympathischer, Gutes tun und sich selbst dafür loben – so füttert er seinen Optimismus.

Nichts hebt die optimistische Grundstimmung bei Mitarbeitern so sehr wie Gratifikationen, die eigentlich unüblich sind. Im Gegenzug unterstützt nichts die positive Selbstwahrnehmung so sehr wie die Erkenntnis, im Grunde doch ein ganz feiner Chef zu sein.

Thomas Strack arbeitet bei einem Autozulieferer, seine Verlobte in der Beratung. Sie hat das Angebot bekommen, auf einem Fachkongress in Shanghai zu referieren und ihren Partner mitzunehmen. Doch Strack hat sein Urlaubskontingent bereits ausgeschöpft. Seine Chefin erlaubt es trotzdem: »Das verrechnen wir später irgendwie«, sagt sie zwar noch zu ihm, obwohl sie insgeheim vorhat, es unter den Tisch fallen zu lassen. Auch ihr tut die Entscheidung gut: Chancen fördern und Paare glücklich machen, das gefällt ihr nicht nur, das hebt auch ihre Stimmung.

Egal, ob es nun um Hintergrundinformationen über Verhandlungspartner geht oder um das Publikmachen von Unregelmäßigkeiten, ob es um Investments in Billiglohnländern oder um informelle Großzügigkeiten gegenüber verdienten Kollegen geht – immer schwingen moralische Fragen mit: »Was ist vertretbar?«, »Was ist juristisch erlaubt?«, »Was ist gesellschaftlich ein No-go?« Die Beantwortung dieser Fragen entscheidet über Karrieren. Gesetzestreue? Na klar. Moralisches Verhalten? Schon schwieriger, denn da gehen die Maßstäbe auseinander. Da gibt es Graubereiche, auch einen Interpretationsspielraum, bei dem bedacht werden muss, dass nicht alles, was gesetzlich erlaubt ist, in der öffentlichen Wahrnehmung auch in Ordnung ist.

Was für Sie persönlich vertretbar ist, können Sie mit einer einzigen Frage leicht überprüfen: Was würde geschehen, wenn Ihr Handeln die Schlagzeile in der Tagespresse bildet? Stehen Sie unter dem Strich gut da oder denken Sie entsetzt: »Bloß das nicht«? Im zweiten Fall sollten Sie nach anderen Wegen suchen, um Ihr Ziel zu erreichen, denn sonst wird Ihre optimistische Haltung durch die mediale Kritik schnell pulverisiert. Sich allein auf geltende Gesetze zu berufen, rettet Ihnen dabei nicht automatisch den Hals. Denn ein hart erarbeiteter Ruf ist schnell ruiniert und der entschuldigende Kommentar »Ich habe mir juristisch nichts zuschulden kommen lassen«, heißt nur, dass das Konfliktpotenzial sträflich unterschätzt wurde.

Moralische Standards für Optimisten

Doch an welchen moralischen Standards sollte man sich orientieren? Der Kognitionspsychologe Lawrence Kohlberg hat dafür ein dreistufiges Moralniveau entwickelt, von unmoralisch bis hoch moralisch. Prüfen Sie doch beim Lesen, auf welchem Moralniveau Sie stehen.

Die primitivste Form ist die präkonventionelle Moral. Sie ist für das Berufsleben und die Karriere nicht geeignet. Auf dieser Stufe schert man sich weder um Compliance-Richtlinien noch um Gesetze. Es gilt lediglich, nicht erwischt zu werden. Das ist das Einzige, was zählt. Moral? Normen? Egal! Was machbar ist, wird gemacht, solange es dem eigenen Vorteil dient. Die Geschäftswelt wird in Gut und Böse aufgeteilt: Gut ist, wer einem hilft. Der wird belohnt. Böse ist, wer nicht mitzieht, der wird sanktioniert. Loyalität steht dabei über allem, selbst wenn die Geschäftspraktiken unseriös sind. Nur blindes Vertrauen gegenüber der Führungskraft zählt, denn dann gilt das Amigo-Prinzip: Eine Hand wäscht die andere.

Wirtschaftskriminelle lieben die präkonventionelle Moral. Sie haben sie mit der Muttermilch aufgesogen. Sie sind fest davon überzeugt: Betrug regiert die Welt, und jeder ist bestechlich. Zu diesem Typ zählt auch Thorsten Steitz. Er hatte sehr viele Kleinanleger betrogen, der Schaden lag im hohen einstelligen Millionenbereich, dafür kam er ins Gefängnis.

Die Haftbedingungen schmeckten ihm gar nicht; der Bruch zu seinem luxuriösen Leben war zu radikal. Daher bat er den stellvertretenden Gefängnisdirektor um Hafterleichterungen. Doch dieser war für diese Anfrage nicht offen.

Nun wusste Steitz von der Leidenschaft des Direktors für Sportwagen und für die Deutsche-Tourenwagen-Meisterschaft. Er bot ihm daher an, Flügeltüren in seinen gebrauchten Porsche einbauen zu lassen. Eine Hand wäscht die andere. Doch auch das ging nach hinten los, denn der Direktor machte den Bestechungsversuch aktenkundig. Hafterleichterungen gab es natürlich nicht – dafür ein neues Strafverfahren.

Dieser Direktor schwört nämlich auf die konventionelle Moral, die nächsthöhere Stufe. Hier zählt eine Good-Leadership-Orientierung. Die Führungskraft weiß, was gesellschaftlich von einem seriösen Leistungsträger erwartet wird, und richtet sich danach. Sie ist loyal, korrekt, fair und gesetzestreu. Ändern sich Gesetze, akzeptiert die Führungskraft diese umgehend, selbst wenn sich die Änderungen auf sie persönlich nachteilig auswirken. Sie setzt sie ohne Tricksereien kurzfristig um.

Unser Gesellschaftssystem basiert auf diesen positiv spießigen Chefs, die sich am Mainstream orientieren. Wenn die Mehrheit der Kollegen allerdings neue Wege gehen will, ziehen sie mit, sofern es in ihren Augen Sinn ergibt. Wenn nicht, legen sie ihr Veto ein. Sie verkörpern Korrektheit und sind systemstabilisierend. Als Helfer in schweren Konflikten ist der konventionelle Moraltyp eher ungeeignet, denn er schätzt Harmonie. Wenn es hart auf hart kommt, ist er ein unsicherer Kantonist. Das ist nicht böse gemeint, er ist nun einmal ängstlich. Best-of-Optimisten wissen das und stellen sich in ihrem Karrierestreben darauf ein.

Die postkonventionelle Moral ist die letzte und höchste Stufe. Sie orientiert sich an globalen und universalen Prinzipien, etwa den Menschenrechten, Kants kategorischem Imperativ, der Gerechtigkeit. Diese Prinzipien bilden die Grundlagen des wirtschaftlich korrekten Handelns. Hinzu kommen individuelle Rechte und Pflichten. Im deutschsprachigen Wirtschaftsraum definieren Berufsverbände der Compliance-Manager entsprechende Richtlinien und machen mithilfe von Rankings Druck auf die Unternehmen, sich auch entsprechend zu verhalten:

»Gerade mit Blick auf die zunehmende Bedeutung von Compliance-Kommunikation wird es umso wichtiger, dass Unternehmen in ihren Verhaltenskodizes ein schlüssiges, ehrliches und aus psychologischer Sicht durchdachtes Gesamtkonzept präsentieren«, so Irina Jäkel.[168]

Sie ist Chefredakteurin des *Compliance Manager Magazins*, das im Dezember 2016 ein Compliance-Ranking zu den Dax-30-Verhaltenskodizes, also den Verhaltensregeln in Unternehmen, veröffentlichte, bei dem im Test nur sieben Unternehmen mit der Note 2 abschnitten. Die postkonventionelle Moral ist moralisch fordernd, unterstützt keine Grauzonen. Sie ist für Führungskräfte und Mitarbeiter angesichts der Realwirtschaft, eine echte Herausforderung, denn das Geschäftsleben verlangt ein Austarieren von Interessen – selbst in Non-Profit-Organisationen und in der Politik sowieso, denn die eine richtige Entscheidung gibt es im wahren Leben nur selten.

Postkonventionell geprägte Führungskräfte bevorzugen daher Arbeitsbereiche, in denen sie sich eindeutig moralisch positionieren können, etwa für die Bereiche Umwelt, Gender oder Compliance. Sie fallen durch ihre moralische Rigorosität auf, wenn sie für hohe Umweltstandards, die Frauenförderung oder die unternehmenseigenen Compliance-Regeln streiten. Postkonventionelle Entscheidungsträger können fünf nicht gerade sein lassen und sind daher anstrengend in der Kommunikation. Das ist nicht immer alltagstauglich. Zudem sind sie häufig unbeliebt, weil sie mit ihrem 100-Prozent-Gutmenschen-Habitus den Pragmatikern auf den Geist gehen. Selbst Optimisten nerven sie mit ihrer Schwarzseherei. Postkonventionelle Compliance-Manager haben sogar die Fähigkeit, sich so statushoch zu positionieren, dass selbst Vorstände sie mit Samthandschuhen anfassen müssen. Ihre moralische Besserwisserei strengt an, doch ihre Nichtbeachtung kann Karrieren kosten, denn postkonventionelle Führungskräfte gelten als seismografisches Frühwarnsystem und als Unternehmenspessimisten, deren Stimme Gewicht hat. Sie haben ein Gespür dafür, was sich unternehmerisch zum Tsunami entwickeln könnte. Dafür sollte man ihnen danken, aber es damit auch nicht übertreiben:

»Die Herrschaft von Controllern und Juristen macht nicht nur keinen Spaß – sie bringt auf Dauer auch nicht weiter. Da, wo jene herrschen, die nur gelernt haben, alle Unwägbarkeiten schon von vornherein auszuschließen, geht bald gar nichts mehr voran. Dennoch lassen wir uns unseren Blick auf die Welt aber genau von diesen negativen Beispielen prägen. Weil wir die Gefahr, die von deren Exzessen ausgeht, zu gewichtig werten, sehen wir alles übervorsichtig.«[169]

Ein gewisses Maß an Skepsis ist bei allem Optimismus nötig. Ob Sie Skeptiker sind, erkennen Sie übrigens daran, dass Sie sich bei folgendem Gedankenspiel wiedererkennen:

Bei einem Waldspaziergang entdecken Sie ein eingeritztes Herz in einer Baumrinde, und ihnen kommen zwei Gedanken gleichzeitig. Erstens: »Liebe und Romantik können doch so schön sein!« Das ist der Optimismus. Zweitens: »Verdammt, wer alles ein Messer zum ersten Date mitbringt!« Hier spricht die Skepsis.

Lassen Sie uns am Ende dieses Kapitels noch einmal zusammenfassen, was bei der Entwicklung zum Optimisten hilft.

- Wer eine kleine Portion Selbstverliebtheit und Egozentrik pflegt,
- wer sich von der Zwangsvorstellung, dass etwas genauso sein muss, frei macht,
- wer moralische Dilemmata akzeptiert, ohne an ihnen zu verzweifeln, weil es einfach keine optimalen Lösungen gibt, und
- wer moralischen Standards folgt und nicht nur seinem eigenen Vorteil,

der ist einen weiteren großen Schritt in Richtung einer stabilen optimistischen Lebenseinstellung gegangen.

Nachdem wir in den letzten beiden Kapiteln die Bedeutung der lebenslangen Lernprozesse und der Lebenseinstellung vertieft haben, möchte ich Ihnen nun die letzte Säule der Entwicklung zum Optimisten vorstellen: unsere Interaktionen.

Gelingen sie, gibt es allen Grund zur Freude, misslingen sie, werden dem Pessimismus Tür und Tor geöffnet. Das möchte ich auf jeden Fall vermeiden, daher erläutere ich Ihnen einige interaktionistische Fallstricke, an denen auch Optimisten verzweifeln könnten, wenn sie sich in ihnen verstricken würden. Aber Sie wissen ja: Gefahr erkannt, Gefahr gebannt!

Warum Optimisten Interaktionen sorgfältig antizipieren

Ein wohlhabendes Ehepaar beschließt, im Winter eine Woche in die Südsee zu fliegen. Aus beruflichen Gründen muss die Frau ihren Flug jedoch um einen Tag verschieben. Sie verabreden, dass ihr Mann schon vorausfliegt. In der Südsee angekommen, checkt dieser ins Hotel ein und schickt seiner Frau eine E-Mail. Versehentlich vergisst er beim Eingeben ihrer E-Mail-Adresse einen Buchstaben – und so landet seine Nachricht bei einer anderen Person: ausgerechnet bei einer Witwe, die gerade ihren Mann zu Grabe getragen hat. Als diese nach der Trauerfeier in ihr E-Mail-Postfach sieht, bricht sie aufgrund dieser Nachricht zusammen. Ihr Sohn findet sie wenig später ohnmächtig auf dem Fußboden liegend vor. Auf dem Computerbildschirm ist folgende Nachricht zu sehen:

>»An meine zurückgebliebene Frau,
>Von deinem vorausgereisten Mann.
>Betreff: Bin angekommen!
>Meine Liebste, ich bin soeben angekommen. Das ging erstaunlich einfach. Wusste
ja auch nicht, was da auf mich zukommt. Hier ist mir alles fremd, aber ich wurde freundlich aufgenommen. Und sie sagen mir gerade, dass auch für deine Ankunft alles gut vorbereitet ist. Ich wünsche dir eine gute Reise. Und erwarte dich. In ewiger Liebe.«
>Und dann ergänzt er noch:
>»P. S.: Es ist extrem heiß hier unten!«[170]

Interaktionen können gelingen oder misslingen, im Beruf ebenso wie im Privaten. Kleine Fehler oder Unachtsamkeiten können große emotionale Konsequenzen nach sich ziehen oder zu peinlichen Momenten führen.

So empfing ich eines Tages mit meiner damaligen Chefin, einer Regierungsrätin, die Leiter eines Sicherheitsdiensts. Sie kamen schnurstracks auf mich zu, schüttelten mir die Hand und bedankten sich herzlich für die Einladung. Die Frau neben mir ignorierten sie, sie erschien ihnen unwichtig. Wie peinlich! Aus diesem Fettnäpfchen kamen die Gäste den ganzen Tag nicht mehr heraus.

Optimisten wäre das nicht passiert, denn sie verlassen sich nicht auf den Zufall. Sie hätten sich auf die Gastgeber gründlicher vorbereitet.

Wir alle müssen sehr unterschiedliche Rollen im Leben beherrschen, denn *Wir spielen alle Theater*, wie schon der berühmte amerikanische Interaktionist Erving Goffman in seinem gleichnamigen Buch zur Selbstdarstellung im Alltag postulierte. Er meinte damit aber kein Theaterstück, sondern die Flexibilität, unterschiedlichen Rollenerwartungen gleichzeitig gerecht zu werden. Er beschäftigte sich mit den Fallstricken der Asymmetrie der Kommunikation, die man umgehen sollte.

So kann der Versuch des Chefs, durch Selbstironie einen Konflikt zu entschärfen, beim Gegenüber als unerträgliche Selbstgefälligkeit ankommen oder als gelungener Humor. Nur weiß man das erst hinterher!

Interaktionen sind ein Minenfeld und gleichzeitig ist in diesem Minenfeld Facettenreichtum gefragt, weil unterschiedliche Aufgaben differenzierte Rollen verlangen: die Rolle des durchsetzungsstarken Chefs oder des fairen Gesprächspartners, des unnachgiebigen Verhandlungsführers oder des gewerkschaftsfreundlichen Unternehmers.

Wer die für ihn wichtigen Rollen glaubwürdig verkörpern kann, wird erfolgreicher sein und dadurch optimistischer in die Zukunft blicken können. Das ist keine leichte Aufgabe. Sie verlangt ein Gespür für die richtige Handlung im richtigen Moment, etwa wenn ein gravierender Unternehmensskandal öffentlich wird. Vom strahlenden Global Player muss der CEO glaubwürdig in die Rolle des ernsthaften, selbstkritischen Unternehmensleiters wechseln können, der bereit ist, den Saustall auszumisten. Wenn ihm dieser Rollenwechsel misslingt, verliert er seine Glaubwürdigkeit, vor allem wenn er Fehler schönredet und Mängel in der Unternehmensführung leugnet. Der Rollenwechsel gehört zum Einmaleins des professionellen Handelns, egal

auf welcher Ebene man beruflich unterwegs ist. Er ist eine anspruchs-
volle Aufgabe, denn man kann schnell zwischen Fremd- und Selbstrolle zerrieben werden.

Zur Selbstrolle der überwiegenden Mehrheit von Managern, Unternehmern und Mitarbeitern zählt sicherlich die Gesetzestreue. Die Fremderwartung bei manchen Bau-
projekten verlangt aber niedrigere Kosten, die nur noch durch Schwarzarbeit erreicht
werden könnten. Der Unternehmer ist in der Zwickmühle: Er will zwar gesetzestreu
bleiben, aber billiger produzieren will er ebenso.

Deswegen beauftragt er osteuropäische Subunternehmer mit sauberen Verträgen –
und schaut in der Folge nicht mehr so genau hin, was passiert. So bleibt sein eigenes
Rollenverständnis korrekt, denn alles ist legal. Der Unternehmer steht vordergründig
gut da und ist sogar mit sich zufrieden, obwohl er weiß, dass das vertraglich für die
Beschäftigten des Subunternehmers nicht fair über die Bühne geht.

Stigmatisieren fördert Pessimismus

In der Geschäftswelt wimmelt es nur so von Rollenkonflikten. Wer
sie nicht aushält, hat im Management nichts verloren und kann auch
nichts verbessern. Best-of-Optimisten, die sich ja besonders für Karriere und Wettbewerb interessieren, wissen das. Ohne dickes Fell, ohne
Gore-Tex-Mentalität wird man diese Rollenkonflikte kaum ertragen,
vor allem nicht, wenn einem Konkurrenten unfair und rufschädigend
begegnen. Der Interaktionismus spricht von Stigmatisierungen durch
den Labeling Approach.

Wie aber entstehen diese Negativlabel, über die man sich ärgert
und die einem die gute Laune verhageln können? Wer definiert sie
und wie können Optimisten sie in ihrem Sinne beeinflussen? Wer hat
die Definitionsgewalt, einem Mitarbeiter oder einer Führungskraft
einen negativen Stempel aufzudrücken?

Der ehemalige VW-Konzernchef Martin Winterkorn kann diese Frage vermutlich
problemlos beantworten: Ferdinand Piëch. Wenn dieser den Daumen senkte, wurde
es eng. Er verkörperte jahrzehntelang einen Mann mit Definitionsgewalt, und er nutz-

te sie, solange es eben ging, selbst nach seinem Ausscheiden bei Volkswagen: »Der im Groll bei Volkswagen ausgeschiedene frühere Aufsichtsratschef Ferdinand Piëch belastet in der Abgasaffäre den ehemaligen Vorstandschef Martin Winterkorn. Er habe in einer ausführlichen Aussage bei der Staatsanwaltschaft Braunschweig erklärt, Winterkorn habe früher als bisher zugegeben von dem Dieselbetrug erfahren.« [171]

Winterkorn ein Betrüger? Das Label hängt erst einmal an ihm wie ein schlechter Geruch, und vor Gerichten wird in langwierigen Prozessen über den Wahrheitsgehalt des Vorwurfs gestritten, eine pessimistische Perspektive.

Wer in seiner Karriere die Definitionsgewalt verliert, hat Probleme, denn er ist abhängig vom Wohlwollen Dritter, und das ist immer gefährlich. Best-of-Optimisten sehen zu, dass ihnen das nicht widerfährt, indem sie frühzeitig darüber nachdenken, wie sie gesehen werden möchten, und indem sie sich entsprechend klar im Team und in der Öffentlichkeit positionieren. Egal, ob Sie als harter Hund, als fairer Teamplayer, als realistischer Optimist, den seine Gelassenheit in Krisen auszeichnet, oder als Chef, dem nur Konsens wichtig ist, betrachtet werden möchten – jedem muss klar sein, wofür er steht. Nur dann kann man konsequent in die passende Rolle schlüpfen, die auch andere überzeugen wird. Imageberater verdienen mit diesen Rollenentwürfen ihr tägliches Brot, denn sie kreieren »deutliche Chancen- und Marktvorteile über optimiertes Verhalten und eine verbesserte Wirkung auf andere.«[172] Dabei geht es nicht um Schauspielerei, sondern um das Herausarbeiten eines authentischen Profils, zu dem in unserem Fall auch eine ordentliche Portion Best-of-Optimismus zählen sollte. Eine klare Positionierung führt zu klaren Interaktionen.

Nehmen wir eine Führungskraft, die sich durchsetzungsstark positionieren will. Sie beweist diese Stärke zwei Mal in Konfliktsituationen, erscheint deswegen glaubwürdig und wird als durchsetzungsfähig wahrgenommen.

Oder der Führungsfrau ist Loyalität wichtig, und sie nimmt sich den Kollegen zur Brust, der sich nicht vorab mit ihr abgestimmt hat, also illoyal agierte. Eine eindeutige Ansage, eine eindeutige Reaktion, eine eindeutige Rollenzuschreibung. Besser geht es nicht.

Was aber bei Kollegen und Vorgesetzten für Verwirrung und Spannungen führt, ist eine unklare, vernebelte und wechselhafte Positionierung. Sie führt bei allen Beteiligten zum Verdruss, weil man nie weiß, woran man mit dieser Person ist, oder haben Sie – so sagt der Hamburger – schon einmal versucht, einen Pudding an die Wand zu nageln? Optimisten bevorzugen deswegen eine klare Position.

Manchmal kann es für Optimisten aber auch klug sein, sich dümmer zu stellen, als sie sind. Vor allem wenn man es mit einem einfach strukturierten Vorgesetzten zu tun hat. Ich hatte in meinem Berufsleben das Glück, viele gute Chefs zu haben, zu denen ich aufschauen konnte und die mir etwas beigebracht haben. Sie hatten für mich Vorbildcharakter. Es gab aber auch andere, bei denen es fraglich schien, wie sie in ihre Position gekommen waren. Fachlich versiert waren sie jedenfalls nicht. Doch meine Zweifel ließ ich ihnen gegenüber niemals durchblicken, das wäre nämlich eine dumme Interaktion. Solche Vorgesetzten können gefährlich werden, wenn man unklug mit ihnen interagiert, denn ihnen ist die Begrenztheit ihrer Fähigkeiten durchaus bewusst, und sie tun alles dafür, dass ihre fehlenden Kompetenzen im Verborgenen bleiben. Sie möchten von nichts und niemandem vorgeführt werden!

Mit solchen Vorgesetzten gehen Optimisten sensibel um, indem sie sie immer an Erfolgen teilhaben lassen, sodass auch sie glänzen können. Gehen Sie aber bloß nie bei einfach strukturierten Vorgesetzten ins Meeting und präsentieren Ihre neuen, fulminanten Projektideen. Damit unterstreichen Sie nur Ihr eigenes Können und spiegeln dem Chef seine Tumbheit, und das wird ganz sicher nicht goutiert. Bedachtes und intelligentes Vorgehen ist gefragt, sonst wird so ein Chef aus Ärger schnell dafür sorgen, dass Sie ihren Optimismus verlieren.

Daher sprach ich meinen einfach strukturierten Chef auf dem Flur unter vier Augen an: »Entschuldigen Sie, hätten Sie mal eine Minute Zeit für mich?«

»Natürlich, was gibt es denn?«, wollte er von mir wissen.

»Wissen Sie, nach dem letzten Feedback, das Sie mir im Januar gegeben haben, hatte ich eine Assoziation ...«, setzte ich an und berichtete von meiner neuen Projektidee. »Wie finden Sie diese Idee?«

Rein psychologisch gesehen war die Wahrscheinlichkeit hoch, dass er meinen Einfall gut finden würde. Warum? Weil ich den Anstoß zu dieser Projektidee erst durch sein Feedback bekommen hatte. Ich hatte »seine« Idee demnach lediglich ausgebrütet. Erwartungsgemäß sagte mein Chef also »Gute Idee!«, weil er sich jetzt schon eingebunden fühlte.

»Schön«, erwiderte ich. »Ich würde sie morgen gern im Meeting vortragen. Ist das in Ordnung? Ich stehe aber nicht auf der Agenda …«

Er war einverstanden.

Am nächsten Tag im Meeting meldete ich mich nach rund 20 Minuten und zog dadurch die genervten Blicke meiner Kollegen auf mich. Sie signalisierten mir damit: »Was will *der* denn schon wieder? Der wird doch nicht wieder mit irgend so einer Projektidee kommen?« Doch ich ließ mich davon nicht beirren und verkündete mit einem Seitenblick auf unseren Vorgesetzten: »Liebe Kolleginnen, liebe Kollegen, ich habe eine Projektidee, die ich Ihnen gerne vorstellen würde – und die ich bereits gestern mit dem Chef abgestimmt habe …« Dieser nickte in diesem Moment wohlwollend in die Runde.

Was glauben Sie, wie viele Kollegen mir jetzt noch widersprachen?

Die Kritik tendiert auf diese Weise gegen null, nur manchmal meldet sich tatsächlich noch ein Kollege aus der Runde und redet dagegen an. So jemanden nenne ich informell den »authentischen Suizidalen«, weil er sich um Kopf und Kragen redet, sodass er einem fast leidtun könnte. Das Ergebnis dieser Interaktion: einfach strukturierter Chef zufrieden, Projekt durchgesetzt, Kollegen überwiegend zustimmend, Kritiker isoliert. Mehr geht nicht, meine Stimmung steigt.

Denken Sie daran: Für eine gelungene Interaktion muss Ihr Umfeld nicht unbedingt Ihrer Meinung sein. Es muss eben nur wissen, woran es bei Ihnen ist. Denn Berechenbarkeit beruhigt alle.

Sybille Arnolds erlebte das anders. Für jedes ihrer Zeitungs- und Radiointerviews zum Thema Wirtschaftskriminalität brauchte sie die Aussagegenehmigung ihres Chefs – ein üblicher Standard für Beamte im Ministerium. Diese bekam sie in der Regel auch, denn ihr Vorgesetzter war mit ihren Statements in den Medien sehr zufrieden. Doch ab und zu bekam sie von ihrem Chef ein Nein, ohne weitere Begründung. Warum, wusste sie nicht, Nachfragen liefen ins Leere. Das machte sie manchmal fassungslos, manchmal sogar regelrecht wütend.

Ein paar Jahre später verließ sie das Ministerium, denn ein anderes Bundesland hatte ihr eine verantwortungsvollere Stelle angeboten. Im Abschlussgespräch fragte sie ihren Chef ein letztes Mal, warum er ihr so manche Interviewteilnahme verweigert hatte. Er sah sie forschend an und fragte: »Das haben Sie wirklich nicht durchschaut? Ist Ihnen denn nie aufgefallen, dass ich jedes fünfte Interview abgelehnt habe?«

»Nein«, antwortete sie wahrheitsgemäß. »Aber warum jedes fünfte?«

Seine Antwort: »Weil ich wissen wollte, ob Sie noch funktionieren. Ob Sie noch auf ihren Chef hören. Sie sind ja in der Öffentlichkeit viel bekannter als ich. Es war ein Loyalitätstest – und den haben Sie mit Bravour bestanden. Noch Fragen?«

Nein, die hatte sie jetzt nicht mehr, denn diese Information ihres Chefs machte sie fassungslos.

Dabei ist der Loyalitätstest in Führungszirkeln ein beliebtes Interaktionsritual. Optimisten sind darüber nicht verärgert, wenn es sie erwischt, denn dieser Test wird nur bei Mitarbeitern mit Potenzial gemacht. Er ist das Nadelöhr für höhere Weihen, seien Sie also ermutigt. Dabei hilft Ihnen ein Leitsatz des Interaktionismus: »If men define situations as real, they are real in their consequences«, denn das Thomas-Theorem empfiehlt, den Ärger über den zweifelhaften Loyalitätstest zum Beweis umzudefinieren, dass der Chef mit einem Besonderes vorhat. Besonders Gutes!

Das Thomas-Theorem funktioniert perfekt, selbst im Kleinen: Wenn jede Firma vor einer Kopierpapierknappheit (Definition der Situation) Angst hätte und deshalb Unmengen von Kopierpapier kaufen würde (Konsequenz), käme es tatsächlich zu einem Engpass. Gleiches gilt bei Verhandlungen: Ein Vertriebler, der sein Gegenüber als verhandlungsstark definiert, wird sich schon vor Gesprächsbeginn in der Defensive fühlen. Er wird keine zu großen Erfolge erwarten und in der Folge auch keine bekommen. Denn sein Gegenüber erscheint ihm übermächtig. Sie sehen, Interaktionen haben die Kraft und den Einfluss, optimistische oder pessimistische Erwartungen auszulösen.

Mir geht es zum Beispiel so, wenn ich mit Matthias Schranner verhandle, auch wenn ich es ungern zugebe. Schranner ist eben ein international erfahrener Verhandlungsprofi. Wenn ich mit ihm über Honorare verhandle, habe ich automatisch im Hinterkopf, dass er bereits mit Geiselnehmern, der UNO und internationalen Konzernen erfolgreich verhandelt hat. Seine Expertise eilt ihm voraus, und meine Erfolgserwartungen bei der Verhandlung mit ihm halten sich daher in Grenzen. Vorauseilenden Gehorsam nennt man das. Ich halte Schranner einfach für den besseren Verhandler. Er könnte mich also leicht übervorteilen.

Tut er aber nicht. Denn auch meine Fremdrolle ist ihm bekannt. Es ist die eines eher aggressiven Managementtrainers, der wegen seiner lukrativen Professur nicht jeden Auftrag annehmen muss. Schranner weiß das und weil er an einer nachhaltigen Zusammenarbeit interessiert ist, spielt er seine Fähigkeiten nicht voll aus. Außerdem sind wir uns sympathisch, die Beziehungsebene stimmt, seine Honorarangebote sind daher fairer, als sie sein müssten.

Delegieren fördert Optimismus

Die richtige Interaktion im rechten Moment verlangt, wie bereits angesprochen, eine klare Positionierung und die lässt sich durch klare Symbole wunderbar kommunizieren. Optimisten vermitteln deswegen aktiv das von ihnen gewünschte und bevorzugte Bild. Es ist natürlich ein positives Bild, das sich an ihren Stärken und Talenten orientiert. Ihre unterdurchschnittlichen Fähigkeiten delegieren Optimisten dagegen an begabtere Experten im Team: Exzellente Selbstinszenierung plus Förderung der Potenziale im Umfeld – das ist ein Schlüssel zum Erfolg, denn Expertenwissen wird dadurch abgerufen, das Arbeitsergebnis verbessert und das eigene Arbeitspensum entlastet. Diese Art der Delegation ist eine der Lieblingsinteraktionen der Optimisten. Sie erklärt auch, warum sie so entspannt wirken: Sie tun nichts, was andere besser können. Ihnen reicht es, gute Leute zu fördern, Aufträge zu verteilen und Arbeitsergebnisse zu bewerten. Sie genießen diesen Einfluss.

Optimisten setzen sich bildhaft in Szene, denn sie beherrschen die Symbolik: Der neue Hybrid-Fuhrpark veranschaulicht die ökologische Ausrichtung. Oder das Thema Kostenbewusstsein: Ein norddeutscher Milliardär demonstriert das, indem er ausschließlich Economy Class fliegt, obwohl er sich jedes Firmenflugzeug kaufen könnte. Keine seiner hochbezahlten Führungskräfte käme auf die Idee, trotzdem Business oder First Class zu fliegen. Es wäre ja peinlich, dem Boss in der Economy Class zuzuwinken.

Symbolischer Interaktionismus funktioniert natürlich auch in Nuancen. So kennt der Führungszirkel eines Wuppertalers Mittelständlers die Symbolik des grauen Nadel-streifenanzugs ihres Chefs. Wenn er ihn trägt, heißt das: »Heute ist kein guter Tag. Nur Konflikte. Nur Ärger. Sprecht mich nicht auf Dinge an, die warten können!« Wer diese Symbolik versteht, wird sich danach richten und bestens mit dem Chef zurecht-kommen.

Die randlose Brille der neuen Geschäftsführerin im Münchener Modehaus sig-nalisiert dagegen »Offenheit für Ihre persönlichen Belange. Zeit fürs Zwischen-menschliche.« Wenn sie aber die eckige Schwarze trägt, sollte man sich besser von ihr fernhalten. Ihren Kollegen hat sie diese Symbolik natürlich verraten und auch die halten sich an diese Interaktionsvorgabe.

Eindeutige Symbolik ergibt eindeutige Orientierung. Fehlt sie, entsteht ein Interpretationsspielraum, der zur Orientierungslosigkeit führt.

Ein frisch gebackener Manager legte keinen Wert auf eine eindeutige Führungs-haltung: Er kleidete sich lässig, kommunizierte in lockerem Ton, ignorierte geltende Konventionen. Er signalisierte Nähe, trat kumpelhaft auf, berührte seine Mitarbeiter beim Sprechen am Arm.

Die Konsequenz: Sein junges Team gab sich ebenfalls unkonventionell und lässig. Es erschien mitunter auch unpünktlich, selbst bei wichtigen Terminen. Es kommuni-zierte sehr locker mit den Kunden, duzte sie zum Teil sogar, das schätzten nicht alle. Auch den Chef sah das Team als Kumpel und behandelte ihn so.

Daher nahm niemand seine mahnenden Worte ernst, als er darum bat, bei Kunden-kontakten konservativer aufzutreten. Das Team sah ihn schlichtweg nicht als Autorität an, er hatte Lässigkeit gesät und erntete demzufolge auch Lässigkeit.

Das hätte er einfacher haben können, und zwar mit einer klaren Ansage: Intern darf der Umgang gerne locker sein, aber mit den Kunden stets seriös.

Der US-amerikanische Football-Spieler und Soziologe Herbert Blu-mer ist der Erfinder des symbolischen Interaktionismus. Er untersucht, wie Alltagsdinge auf Menschen wirken. Wirkt Ihre Krawatte seriös oder ist sie Ausdruck einer veralteten Spießigkeit? Welche Symbole tragen Sie (teure Uhren oder Schmuck) und was wollen Sie damit ausdrücken? Was kommt bei Kunden oder Kollegen an. Gehören Sie zu denen, die teure Sportwagen fahren, aber zur Baustelle oder ins Geschäft den kleinen Zweitwagen nehmen, um nicht die Symbolik vom »fetten, angeberischen Auftritt« zu vermitteln? Denn die falsche symbolische Handlung kann schnell die Stimmung verderben.

Ein Berliner Unternehmen organisierte für seinen Führungsstab ein Event an der Ostseeküste. Es sollte kernig werden, ursprünglich und natürlich, damit man sich aufs Wesentliche konzentrieren kann. Eigentlich eine gute Idee. Man fand eine Jugendherberge, die all diese Kriterien erfüllte, zurück zum Ursprünglichen und Einfachen.
Beim Führungsstab kam diese Symbolik völlig anders an. Der vermutete Finanzschwierigkeiten und glaubte, dass die Jugendherberge sie darauf einschwören sollte, dass die Zukunft im Unternehmen armselig aussehen wird. Eine pessimistische Grundstimmung lag deswegen über dem Event wie ein bleierner Schleier. Die Veranstaltung ging richtig in die Hose, die Symbolik war stärker als die eigentlich kernige Ursprungsidee.

Herbert Blumers erste symbolische Grundregel lautet: Menschen handeln Dingen gegenüber auf der Grundlage ihrer Bedeutung. »As the old saying goes, if three people say there is a tiger, there is a tiger.«[173] Dieser Tiger kann ängstigen, denn wenn ein Leitungsteam glaubt, ein übermächtiges Problem zu erkennen, wird das Problem übermächtig, und das Team erstarrt aus Angst vor dem Tiger. Diese Angst wird aus früheren sozialen Interaktionen abgeleitet, etwa aus Erfahrungen mit der Gefahr. Je mehr Angsterfahrungen vorliegen, desto mehr Ängstlichkeit. Das gilt natürlich auch für den Optimismus: Je mehr optimistische Erfahrungen vorliegen, desto mehr Zukunftsglaube.
Blumers zweite Regel lautet: Diese Bedeutungen werden abgewogen und von Person zu Person unterschiedlich interpretiert. Wer also mit optimistischem Denken groß geworden ist, wird immer davon überzeugt sein, dass er früher oder später den Tiger zähmen

wird. Wer dagegen voller Pessimismus ist, wird aus Angst, gefressen zu werden, erstarren.

Dieser Interpretationsprozess kann manchmal zu einer überraschenden Sicht auf die Dinge führen.

Ein erfolgloser britischer Geschäftsmann sagt zu seiner Frau: »In all den schlechten Zeiten warst du an meiner Seite. Als ich meine Arbeit verlor, warst du bei mir. Als mein Geschäft pleiteging, warst du da. Du gingst neben mir, als auf mich geschossen wurde. Du warst bei mir, als sie uns das Haus weggenommen haben. Als mein Herz versagte, warst du immer noch da. Weißt du was?«

»Was, mein Lieber?«, fragt seine Frau zärtlich.

»Ich glaube, du bringst mir Unglück.«[174]

Ist diese Sicht eine Fehlinterpretation? Aus Sicht der Partnerin sicherlich, denn sie dürfte kaum für die vielen Misserfolgserlebnisse ihres Mannes verantwortlich sein. Dennoch wird es nicht einfach sein, ihn davon zu überzeugen.

Ohne Identitätsbalance kein Optimismus

Es handelt sich hier um die typische Wahrnehmung eines Mannes mit mangelnder Identitätsbalance. Mangelnde Identitätsbalance verhindert die richtige Handlung im rechten Moment. Sie entsteht beispielsweise, wenn Wunschkarriere und realer Status auseinanderklaffen, wenn man sich hohe Ziele steckt, aber nur niedrige erreicht. Diese Dissonanz führt zu übertriebener Gereiztheit, sei es gegenüber der fürsorglichen Partnerin (irgendwer muss ja schuld an dem Dilemma sein) oder gegenüber vermeintlichen Kritikern. Denn deren Kritik streut Salz in die Wunde. Es schmerzt ja ohnehin, selbst gesteckte Ziele nicht gepackt zu haben, und um den Schmerz zu überspielen, schlägt man übertrieben zurück. Mangelnde Identitätsbalance verführt schnell dazu, andere im Team klein zu machen, um sich selbst zu erhöhen. Sogar auf Kosten besserer Ideen der anderen. »Splendid Isolation« heißt dieser psychologische Mechanismus[175]: »Ich zerstöre, also bin ich großartig«, denkt sich der Pessimist mit mangelnder Identitätsbalance und macht kaputt, was schöner strahlt als er. Wenn der Pessimist die Macht hat, bremst er aus, was ihm missfällt. Seine Entscheidungen verkommen so zum Machtspiel, sie dienen der persönlichen Befriedigung, nicht dem unternehmerischen Erfolg.

Dabei ist die Lösung dieses Dilemmas für Optimisten einfach: Sie schrauben ihre Wünsche herunter und definieren erreichbare Ziele. Oder sie leisten Übermenschliches, um das extreme Ziel zu erreichen. So bleiben sie in der Balance. Dabei hilft ihnen die selbsterfüllende Prophezeiung, denn Optimisten reden sich ihre Erfolgschancen ein – immer wieder. Sie lassen sich von Vertrauten ermutigen – immer wieder. Bis sie der Selbstsuggestion erliegen und felsenfest davon überzeugt sind, es packen zu können. Das setzt ungeahnte Energien frei und die Wahrscheinlichkeit, dass sie bekommen, was sie anstreben, steigt aufgrund des überdurchschnittlichen Engagements erheblich. Optimisten sind Meister dieser Suggestion. Sie können sich ihren Erfolg vorstellen. Und was sie sich vorstellen können, können sie auch realisieren.

Ich erlebe die Kraft dieser optimistischen Selbstsuggestion immer wieder bei Bachelorstudenten. Einige von ihnen formulieren bereits im 4. Semester, dass sie nach ihrem Bachelor-Abschluss ihren Master packen werden und ihre Masterarbeit als Grundlage für das Exposé ihrer Doktorarbeit nehmen. Die reißen die Klappe ganz schön weit auf – und ich ermutige sie darin, denn diese Studenten, die sich das Ziel »Dr. phil.« zutrauen und immer wieder darüber sprechen, werden ihrer Selbstsuggestion erliegen und es mit sehr hoher Wahrscheinlichkeit auch angehen.

Neil Armstrong ging noch viel weiter, denn er musste sich lange vor dem 20. Juli 1969 eine Mondlandung vorstellen können. So konkret, dass er sich schon vorher zurechtgelegt hatte, was er sagen würde, wenn seine Füße den Mond berühren: »Ein kleiner Schritt für einen Menschen, aber ein großer Sprung für die Menschheit.«

Optimistisches Denken fördert erfolgreiche Taten und es sensibilisiert für Fehlentwicklungen. Man spürt, dass etwas nicht stimmt, denn der Optimismus ist dann getrübt und die Kommunikation läuft irgendwie in die falsche Richtung. Das seismografische Empfinden signalisiert drohenden Ärger. So erkennen sie Entwicklungen, die ihrer Karriere entgegenstehen, und handeln präventiv, um ihre Haut zu retten. Fehlt diese Kompetenz, bemerken Führungskräfte den Gegenwind oftmals zu spät.

Ein Vertriebsleiter kehrte endgültig aus dem Reich der Mitte zurück, direkt in die baden-württembergische Konzernzentrale. Er hatte in China herausragende Arbeit geleistet, und er war davon überzeugt, dass seine internationalen Erfolge in Deutschland gewürdigt würden. Doch er täuschte sich, er wurde nach seiner Rückkehr wie ein Aussätziger behandelt. Er spürte, dass er nicht mehr dazugehörte. Hier tickten die Uhren mittlerweile anders. Der informelle Grund für die Ablehnung, von der er nichts ahnte: »Der hat null Ahnung, wie das hier in Europa läuft. Er ist doch seit seiner Heirat in China quasi selber ein halber Chinese. Der passt hier einfach nicht her.«

Er dachte, seine internationalen Erfolge sprächen für sich, ein schwerwiegender Fehler. So blieb er der chinesische Einzelgänger und wurde Opfer einer gut vernetzten Meute, die ihn nicht ins deutsche Spiel gelassen hatte.

Die Wirtschaftspsychologin Madeleine Leitner kennt den Grund für solche Stigmatisierungen durch Kollegen:

»Meist ist es der Wunsch nach Macht, weil sie sich selbst nicht wirklich kompetent und damit auch nicht souverän fühlen. Viele möchten sich daher keine Konkurrenz heranzüchten. Tritt beispielsweise ein potenzieller Nachfolger von außen auf den Plan, wird der mit Psychospielchen mürbe gemacht und einfach weggemobbt. Stattdessen wird eine Hausmacht von Jasagern herangezüchtet und befördert.«[176]

So etwas lässt sich mit etwas mehr seismografischem Gespür und etwas weniger gutem Glauben verhindern. Ein karriereorientierter Best-of-Optimist hätte das anders eingefädelt. Er hätte die Ablehnung erahnt, ebenso wie die Konkurrenzängste, die er durch seine Rückkehr aus dem Ausland auslösen würde. Er hätte sich Verbündete gesucht – einige Telefonate nach Baden-Württemberg hätten gereicht. Ein statushohes, schützendes Netzwerk in der Konzernzentrale hätte ihm die nötige Rückendeckung gegeben. Dieses Netzwerk hätte sich ein Best-of-Optimist in weiser Voraussicht bereits in guten Zeiten aufgebaut, vom Ausland aus, damit es ihn in schlechten Zeiten auffängt.

Ohne Handlungskompetenz kein Optimismus

Optimisten antizipieren Machtspielchen aufgrund ihrer Handlungskompetenz. Diese basiert auf drei Säulen[177].

1. *Empathie*, um feinfühlig zu bleiben und drohenden Ärger zu antizipieren. Einfühlungsvermögen hilft, den loyalen vom hinterhältigen, den optimistischen vom pessimistischen Kollegen zu unterscheiden.
2. *Ambiguitätstoleranz*, also die Fähigkeit, unterschiedlichen Forderungen gleichzeitig gerecht zu werden, wie ein Jongleur, der viele Bälle zur gleichen Zeit in der Luft halten kann: Gewerkschaftsforderungen, Personalentscheidungen, Budgetverhandlungen, Krisen im Privaten – alles gleichzeitig. Alles muss angemessen gelöst werden, nichts davon zu 100 Prozent, denn der Optimist ist glücklich, wenn er alles zu 70 Prozent auf die Reihe bekommen hat. Dieser 70-Prozent-Anspruch ist ja ein Grund für seine gute Laune. Er erkennt, dass derzeit nicht mehr drin ist und ist damit dann auch zufrieden. Das ist die Kunst der Ambiguitätstoleranz.
3. *Frustrationstoleranz*, das heißt kleine Schritte über einen langen Zeitraum ertragen zu können, auch wenn man das große Ganze im Blick hat. Sie sorgt für einen langen Atem, ohne sie gibt es keine Gelassenheit. Frustrationstoleranz ist der Schlüssel zu der Gewissheit, es irgendwann zu schaffen, wenn nicht in diesem Jahr, dann im nächsten. Oder in vier Jahren. Projekte verschwinden daher nur auf Zeit in der Schublade, bis sich wieder eine neue Gelegenheit bietet.

Übrigens haben auch erfolgreiche Steuerfahnder diese Frustrationstoleranz und beweisen sie durch ihren langen Atem: »Irgendwann kriegen wir die Steuerhinterzieher ja doch. Wenn nicht heute, dann morgen. Irgendwann begehen sie Fehler. Und dann werden wir deren letzten zehn Jahre auf einen Schlag voller Geduld prüfen, alles wird, wie bei einem Pullover, ganz in Ruhe aufgeribbelt«, so der Kommentar eines nordrhein-westfälischen Fahnders bei einem Treffen in Düsseldorf.

Optimisten durchschauen gefährliche Interaktionen

Die interaktionistische Sozialisation fokussiert sich also auf das symbolische Gespür, die Positionierung, die Identitätsbalance und die Handlungskompetenz. Sie hat aber noch ein weiteres Ass im Ärmel, denn sie erklärt, wer welche Fäden im beruflichen Umfeld zieht und wer Freund und wer Gegenspieler ist. Je besser Optimisten das wissen, desto klüger können sie agieren, um Probleme zu lösen oder ihnen auszuweichen. Diese Analyse beginnt mit schlichter Mathematik.

Stellen Sie sich vor, Sie leiten ein Team mit 30 Personen. Darunter ist nur eine Person, die konsequent gegen sie agiert. Nennen wir diese Person »Mark«. Mark hält also nichts von Ihrem Führungsstil, er zweifelt an Ihren Entscheidungen, hält Sie für ungeeignet. Sich selbst hält er natürlich für mehr als kompetent. Mark befindet sich mit Ihnen in einem heimlichen Machtkampf, denn er äußert sich nicht offiziell.

»Was soll's«, denken Sie sich. Es bleiben ja noch 29 Wohlgesinnte übrig. Das ist in der interaktionistischen Logik aber falsch. Denn Mark hat im Team drei treue Kumpels. Sie teilen ihre Liebe zu Borussia Dortmund, Grasshoppers Zürich oder Austria Wien. In Konfliktsituationen schlagen sie sich daher auf Marks Seite; bestenfalls verhalten sie sich ihnen gegenüber neutral.

»Wo ist das Problem?«, fragen Sie. Es stehen Ihnen ja immer noch 26 Wohlgesinnte zur Seite. Doch auch das stimmt nur auf den ersten, oberflächlichen Blick. Der zweite Blick zeigt: Marks Kumpels haben je vier Kollegen, die zu ihnen halten. Die Gründe sind vielfältig: Sympathie, gegenseitige Unterstützung im Job, private Verknüpfungen et cetera. Das heißt, weitere zwölf Teammitglieder reagieren aufgrund ihrer freundschaftlichen Vernetzungen untereinander zurückhaltend bis ablehnend auf Ihre Vorschläge als Chef.

Mittlerweile sind es demnach schon 16 Mitarbeiter, von denen Sie im Konfliktfall nichts zu erwarten haben. Das sind mehr als 50 Prozent Ihrer Mannschaft! Ein Alptraum für jede Führungskraft, ausgelöst durch einen einzigen Mitarbeiter. Die bittere

Konsequenz für Sie: In diesem Team werden Sie zukünftig wenig bis gar nichts mehr bewegen. Sie werden als Führungskraft versagen, ihre gute Laune wird damit auf eine schwere Probe gestellt.

Optimisten sind sich der Dynamik innerhalb von Teams bewusst. Daher gehen sie konsequent gegen Mitarbeiter wie Mark vor, mithilfe von Feedback-Gesprächen, aber auch durch Statusreduzierung, Versetzung oder Kündigung, wie im Fußball: nonverbale Ermahnung, verbale Ermahnung, gelbe Karte, rote Karte. Optimisten, die solche Mitarbeiter ignorieren und nicht strategisch gegen sie vorgehen, haben bald nichts mehr zu lachen, weil ihnen auch die hoffnungsvollsten Projekte zerschossen werden.

In meiner Zeit als optimistisch denkender Department-Leiter an der Hochschule habe ich selbst erlebt, wie hartnäckig sich eine solche destruktive Wirkung entfalten kann: 52 Wissenschaftler, 1300 Studierende, ein Millionenbudget und eine Leitungsvorgängerin, die meine Ideen unbedingt pulverisieren wollte. Drei Monate brauchten mein Netzwerk und ich, um sie im Status zu reduzieren. Im Nachhinein schade, dass diese Intervention überhaupt notwendig war, doch ihre Kassandrarufe gefährdeten anfangs unsere Zukunftsprojekte. Danach waren ihre Kommentare bedeutungslos, sie interessierten niemanden mehr. Wir konnten harmonisch unsere Ideen vorantreiben, abgestimmt mit dem Team. Ist ein solches Vorgehen für Sie in Ordnung? Vielleicht blättern Sie noch einmal in den Passagen zum Thema Moral …

Das Berufsleben ist voller gefährlicher Interaktionen, die man durchschauen sollte. Dazu zählt auch die »Illusion der Alternativen«[178], die auch privat genutzt wird, um den Lebenspartner in die Defensive zu treiben. Das geht so: Schenken Sie Ihrem Partner zwei schöne Seidensticker-Hemden. Zieht er das eine an, werfen Sie ihm einen traurigen Blick zu und sagen enttäuscht: »Das andere gefällt dir nicht?« Diese Illusion der Alternativen gibt es auch im Business:

Sebastian Schröder wird von seinem Kollegen nach allen Regeln der Kunst ausgespielt: mit dem Gleichzeitigkeitswunsch. Der Kollege bittet um die Erstellung eines komplizierten Projektberichts. Das Projekt ist wichtig, Sebastian hat die Expertise, daher hilft er. Das ist nett von ihm. Kritisch wird die Sache dann mit dem zweiten Auftrag, denn sobald Sebastian mit dem Schriftsatz beginnt, schiebt der Kollege eine weitere Aufgabe hinterher. Nichts Großes, auch hier sagt Sebastian zu, ist ja nur eine Kleinigkeit.

Unbemerkt steckt er jedoch ab diesem Moment in der Lose-lose-Falle. Denn ganz gleich, welche Aufgabe Sebastian zuerst erledigt, der Kollege wird sich über ihn beschweren, weil er die falsche Priorität gesetzt und die andere Aufgabe dadurch verschleppt hat. Das sei enttäuschend, zu langsam und vor allem fehle es ihm an Gespür für die Dringlichkeit, wird der Kollege über Sebastian lamentieren.

Wie vermeidet man diese Falle? Man lehnt die zweite Aufgabe von vornherein ab oder lässt den Auftraggeber schriftlich festlegen, welche der beiden die höhere Priorität hat.

Auch ambivalente Formulierungen[179] können schnell zum Bumerang werden. Sie haben das Ziel, Verunsicherungen auszulösen.

Personalleiter Samuel Rotholz erklärt seiner Kollegin den neuen Personalentwicklungsplan auf eine ambivalente Art und Weise. Seine Erklärungen können ernsthaft, aber auch humorvoll aufgefasst werden. Das ist auch Samuels Absicht. Reagiert die Kollegin jetzt humorvoll, unterstellt er ihr mangelnde Seriosität. Reagiert sie ernsthaft, wirft er ihr mangelnde Gelassenheit vor. Kurzum: Sie macht den Eindruck einer Mitarbeiterin, die immer irgendwie falsch liegt.

Wie vermeiden Sie diese Falle? Sie sprechen die Ambivalenz an und fragen, aus welcher Perspektive Sie das Ganze kommentieren sollen.

Der Looping-Effekt[180] treibt die gefährlichen Interaktionen auf die Spitze. Er ist eine unfaire und durch und durch pessimistische Interaktion: Man provoziert eine verärgerte Reaktion beim Gegenüber, um diesen Ärger als unangemessene Reaktion zu sanktionieren.

Klaus Mohrmann ist ein Pessimist, der den Looping-Effekt beherrscht. Er ist eine Führungskraft in der Berliner Sozialbranche, die ich nicht schätze, und Sie werden auch gleich verstehen, warum das so ist.

Er leitet 18 teilstationäre Einrichtungen für schwierige Jugendliche, die auch schon mal mit dem Gesetz in Konflikt gekommen sind. Einen der hitzköpfigen Jugendlichen hat er auf dem Kieker. Denn Mohrmanns Erfahrung signalisiert ihm, dass dieser Junge richtig Ärger machen wird. Er will den Hitzkopf irgendwie loswerden und zischt ihn daher unvermittelt wegen einer Belanglosigkeit an. Der Jugendliche reagiert erwartungsgemäß gereizt, denn er findet Mohrmanns Verbalattacke ungerecht, was ja auch stimmt. Doch Mohrmann lässt nicht locker, er provoziert weiter. Den Jugendlichen überfordern diese Angriffe. Er flippt aus und demoliert Teile seiner Zimmereinrichtung, in seiner Wut weiß er sich schlichtweg nicht anders zu helfen. Auch das war absehbar und von Mohrmann kalkuliert.

Im Teammeeting ist das problematische Verhalten des Hitzkopfs natürlich ein zentrales Thema. Sein Rauswurf wird beschlossen, er sei zu aggressiv, stelle eine Gefahr dar. Klaus Mohrmann ist zufrieden, obwohl er ein mieses Spiel mit dem Jungen gespielt hat, denn er ist seinen Problemfall los. Er hat auch keine Angst, dass sein perfides Spiel durchschaut wird, vom wem auch? Wer kennt schon den Looping-Effekt?

Dass Klaus Mohrmann für seine Führungsposition nicht geeignet ist, ist offensichtlich. Das ändert aber nichts daran, dass wir immer wieder Pessimisten begegnen, die sich unangemessen verhalten. Für Optimisten heißt das in diesem Fall: sich nicht provozieren lassen. Niemals! Nicht im Meeting, nicht in der Videokonferenz, nicht auf dem Flur. Weder von Lügnern noch von Konkurrenten oder von Journalisten. Sie antworten bei einer Provokation stattdessen: »Wichtiger Punkt, den Sie ansprechen. Darüber denke ich nach.« Sie drehen sich um und gehen, denn die größte Provokation für den Provokateur ist das Ignorieren seiner Provokation. Auf diese Weise verschaffen Sie sich Zeit; ein Echo kann später immer noch folgen, manchmal auch sehr viel später:

Susann Brexmann wurde im Anlagebereich um 7 000 Euro betrogen. Ihr Berater hatte ihr zum eigenen Vorteil Unfug empfohlen. Es gelang ihr nicht, ihn zur Rechenschaft zu ziehen, das Geld war unwiderruflich weg. Sie war stinksauer – und sie ist eine Frau, die nicht vergisst.

Neun Jahre später sitzt sie in der Auswahlkommission eines Handelsunternehmens. Eine lukrative Stelle im Bereich Finanzen war ausgeschrieben, und ihr Team hatte aus der Vielzahl der Bewerber drei Spitzenkandidaten herausgefiltert, die ihr vorgelegt wurden. Sie sah sich deren Bewerbungsunterlagen an und entdeckte auf Platz 1 ihren ehemaligen Anlageberater!

Sie dachte in diesem Moment, dass sie wieder mehr für die evangelische Kirche tun sollte, denn wenn ihr der liebe Gott solch eine Gelegenheit schenkte, musste sie einfach dankbar sein. Sie brauchte nur 10 Sekunden, um seine Ablehnung im Gremium zu begründen: »Den Mann kenne ich. Exzellente Vita, aber eine Neigung zum Übervorteilen.« Seine Bewerbung wurde aussortiert, doch damit nicht genug. Brexmann informierte zudem informell ihr Netzwerk, im Handel war der Kerl danach verbrannt.

Für Susann Brexmann hat sich damit eine Gerechtigkeitslücke geschlossen, und das hat ihr gutgetan, denn sie hat dem Falschspieler den Eintritt in ihre Branche verwehrt. Mit den Worten des Psychodramatikers Moreno hat sie ein unerledigtes negatives Geschäft aus der Vergangenheit zum Abschluss gebracht und damit Platz gemacht für positive Gedanken an ihre Zukunft. Ein guter Tausch!

Optimisten wissen, man trifft sich immer zwei Mal im Leben und auch das macht ihnen gute Laune. Wer verbrannte Erde hinterlässt, darf später, zumindest bei den wettbewerbsorientierten Best-of-Optimisten, nicht auf Gnade hoffen. So groß sind Österreich, die Schweiz und Deutschland nun auch wieder nicht, dass man hier unentdeckt agieren könnte. Jeder kennt jeden, und die Netzwerke tun ihr Übriges. Hinterhältige Interaktionen provozieren im Privaten und in der Geschäftswelt immer ein gefährliches Echo.

Aufhorchen sollten Sie aber auch beim Begriff »Innovation«, denn dieser wird gerne genutzt, um hoffnungslose Projekte als Chance zu verkaufen. Alle anderen im Unternehmen wissen, dass man mit diesem Projekt nur verlieren kann, nur Sie wissen es nicht, vielleicht weil Ihnen noch das seismografische Gespür fehlt. Innovation impliziert immer, dass niemand so genau weiß, wie es ausgeht. Sicher ist nur, dass die meisten Innovationen misslingen, das liegt in der Natur des Neuen. Optimisten wissen das, da das Zukunftsdenken ja zu ihrem Spezialgebiet zählt. Deswegen lassen sie sich bei innovativen Projekten immer schriftlich geben, dass das Misslingen der Innovation später nicht ihnen angelastet wird, sondern vielmehr ihr Mut gewürdigt wird, das Neue anzugehen.

Das gilt auch im Umgang mit Kunden, vor allem wenn man Ihnen einen Kunden ans Herz legt, von dem alle wissen, dass der nicht zu betreuen ist, weil er zu den psychischen Grenzfällen zählt. Nur Sie sind ahnungslos – und schon stecken Sie in der Erfolglosigkeitsfalle und werden den Spinner nicht wieder los, der Ihnen Ihre ansonsten guten Zahlen verhagelt.

Diese Liste an gefährlichen Interaktionen ist ein echter Optimismuskiller, und sie ließe sich unendlich fortsetzen. Optimisten bleiben so lange optimistisch, wie sie derartige Interaktionen antizipieren, nicht auf sie reinfallen und sich an ihren gekonnten Ausweichmanövern erfreuen.

Die Sozialisation zum Optimisten basiert also auf drei Säulen:

- dem richtigen Lernen,
- der richtigen Einstellung und
- der richtigen Handlung im rechten Moment.

Diese Säulen haben Sie nun ausführlich kennen gelernt, sowohl in der Theorie als auch anhand von Forschungsergebnissen und Praxisbeispielen. Wer auf diesem Fundament klug agiert, hat eine solide Grundlage zum Optimismus geschaffen, mit all den im Buch beschriebenen Vorzügen, die diese fantastische Lebenseinstellung mit sich bringt. An ein paar dieser Vorzüge möchte ich Sie an dieser Stelle noch einmal erinnern, weil sie fast zu schön sind, um wahr zu sein:

- ein längeres Leben,
- schnellere Genesungsprozesse,
- bevorzugte Einstellung bei Bewerbungen,
- bessere Laune,
- mehr beruflicher Erfolg,
- bessere Chancen bei der Partnerwahl und
- eine positive Selbsteinschätzung.

Ich selbst genieße all diese Vorzüge sehr, und das Zusammenspiel meiner positiven Fokussierung mit der sich selbst erfüllenden Prophezeiung hilft mir auch in Zukunft dabei ein Optimist zu bleiben. Einer, der manchmal als Best-of-Optimist karriereorientiert ist, manchmal aber auch als heimlicher Optimist einfach sein kleines familiäres Glück genießt. Ihnen wird es hoffentlich genauso ergehen, das wünsche ich mir für Sie!

So bleibt mir zum Schluss nur noch übrig, Sie vor denen zu warnen, die ihren Optimismus nur vortäuschen. Es sind Menschen, die auf den ersten Blick optimistisch wirken, aber einem zutiefst pessimistischen Menschenbild folgen und es mit einem Lächeln nur darauf anlegen, Sie über den Tisch zu ziehen.

Im folgenden Kapitel können Sie jetzt nachlesen, wie diese Optimismusbetrüger ticken.

Wie Sie Betrüger erkennen, die Optimismus nur vortäuschen

»Sex sells«, weiß die Werbung, Optimismus aber auch oder haben Sie schon einmal eine Werbung gesehen, in der pessimistische Gestalten über den Bildschirm schleichen? Optimismus sells, das wissen leider auch Finanzbetrüger, geschäftliche Traumtänzer und Hochstapler, denn die bedienen sich gerne seiner mitreißenden Ausstrahlung, um an das Geld ihrer Kunden zu kommen. Diesem Missbrauch des Optimismus möchte ich mein letztes Kapitel widmen, damit Sie nicht zum Opfer Ihres optimistischen Menschenbildes werden, das zunächst immer an das Gute im Menschen glaubt, bei Finanzhasardeuren allerdings zu Unrecht.

»Es klingt aus meinem Mund sehr abenteuerlich«, sagt der Millionenbetrüger, »aber es ist die Wahrheit: Ich war nicht gierig nach dem Geld. Geld war ein angenehmer Nebeneffekt. Der Reiz lag für mich darin, einem studierten Wirtschaftsprüfer oder einem Volljuristen weiszumachen, dass wir bald auf den Mond fliegen. Gierig nach Geld – mit allem Respekt – waren nur meine Kunden.«[181]

Dieser Finanzbetrüger hat viel Kapital verbrannt und sowohl seine Kunden als auch er rasten am Ende in ein wirtschaftliches Desaster. Dieses Desaster kann im ganz großen Stil enden, aber auch schon im Kleinen beginnen. Um dieses Gefährdungspotenzial besser zu erkennen, möchte ich Ihnen zum Abschluss eine Gefährdertypologie [182] vorstellen, anhand derer Sie Menschen erkennen können, die ihren Optimismus nur vortäuschen, um sie in die Betrugsfalle zu locken. Die empirischen Grundlagen dieser Typologie stammen aus einer Studie zu wirtschaftskriminellen Handlungen der Mittelschicht.[183]

Bleiben Sie also zu Ihrer eigenen Sicherheit auf Distanz, wenn Sie einem der folgenden fünf Typen begegnen sollten. Lassen Sie sich nicht durch deren positives Auftreten blenden, denn anfangs sind diese Zeitgenossen supernett. Das ändert sich aber schlagartig, wenn sie Ihr Geld oder Ihre Waren einkassiert haben, denn dann folgen sie ihrem windigen Vorhaben, und das endet so gut wie nie damit, dass Sie Ihr Geld wiedersehen.

Der Fehleinschätzer

Fehleinschätzungen pflastern seinen Weg, das betrifft die realen wirtschaftlichen Verhältnisse, die eigene Expertise oder zu erwartende Erfolge. Tragisch ist, dass dieser Typ sehr von sich überzeugt ist, sich aber in erster Linie nur selbst belügt. Er hat Ähnlichkeiten zum naiven Optimisten, unterscheidet sich aber in einem wesentlichen Detail: Ihm geht es ums Geld, je mehr, desto besser. Die neue Geschäftsidee begeistert ihn sofort, auf eine genaue Kalkulation wird verzichtet. Detailwissen demotiviert ihn und stört seinen Blick für das Wesentliche, denn rechnen ist nichts für Kreative wie ihn, sondern nur etwas für Spießer, die nicht an ihren Erfolg glauben. Der Fehleinschätzer ist bereit, sich hoch zu verschulden, um seinen Traum zu verwirklichen, besonders gerne mit dem Geld anderer, die er für seine Ideen gewonnen hat. Das geht aber meistens schief, der Misserfolg tritt ein, aber es fällt dem Fehleinschätzer höllisch schwer, diese Situation zu akzeptieren. Externe Hilfe suchen? Fehlanzeige! Er redet sich lieber seine geschätzten Zahlen schön. »Das wird schon!«, lautet sein unerschütterliches Mantra, warum es werden sollte, erklärt er nicht. Selbst wenn er am Boden liegt, kennt er weder die Anzahl der Gläubiger noch den Stand ihrer Forderungen. Gefühlt scheint für ihn alles im grünen Bereich zu sein, denn seine Unkenntnis entspannt ihn, weil er die wahre Dramatik nicht kennt und auch nicht kennen will. Er zieht viel zu spät die Notbremse, denn er hat immer noch Hoffnung auf den rettenden Auftrag. Völlig unbegründet.

Selbst bei einer Insolvenz gesteht er keine Fehler ein, sondern erläutert sein Handeln facettenreich. Genauso wie seinen nächsten

Plan, obwohl es nichts mehr zu planen gibt. Seine unrealistischen Zukunftsträume erklärt er engagiert, sodass man ihm gerne glauben möchte, denn er hat den Habitus eines qualifiziert wirkenden Geschäftsmanns. Er nimmt sogar in Kauf, 20 Prozent Zinsen für zweifelhafte Kredite zu zahlen, als Beweis für seinen Glauben an das Projekt. Seine Gewissheit einer positiven Wende bleibt gewaltig, er überschätzt seine Möglichkeiten, bis nichts mehr zu retten ist.

Sollte Ihnen also ein sehr überzeugter Geschäftspartner gegenübersitzen, der Ihnen sehr eindringlich, vielleicht zu eindringlich, seinen möglichen zukünftigen Erfolg verkaufen will, für den er Ihre Unterstützung oder Ihr Geld braucht, dann sagen Sie lieber »Nein«.

Der Bemühte

Er hat sich bemüht, erfolgreich zu werden, aber es ist misslungen, und das war auch absehbar. Viel guter Willen, wenig Know-how, dann der Absturz. Kennzeichnend für den Bemühten ist sein vorbildliches Verhalten im Misserfolg. Er ist bemüht, das Dilemma, das er den Geldgebern und seiner eigenen Firma bereitet hat, zu beheben. Er hat sich in eine finanziell dramatische Lage manövriert und setzt nun alles daran, das Beste daraus zu machen – für alle Beteiligten. Denn ihn treibt die Angst, dass seine katastrophale Situation sonst niemals endet. Er sieht keinen Silberstreifen am Horizont, die Situation scheint festgefahren, deswegen sucht er sich professionelle Hilfe. Er beschönigt seine Lage nicht, er erkennt an, dass er gescheitert ist, und das macht ihn fast schon wieder sympathisch. Der Bemühte unterscheidet sich vom Fehleinschätzer, denn er will seine Fehler gutmachen und seine Schulden tilgen, auch weil er früher zu seinen Gläubigern eine gute Beziehung hatte. Aufgrund dieser persönlichen Beziehung hatten sie bei ihm investiert. Er neigt aber zur Schuldentilgung durch symbolische Angstraten, die nur ein Tropfen auf den heißen Stein sind. Eine feine Geste, die seinen guten Willen demonstrieren soll. Richtiges Geld kommt aber nicht rüber. Sein Verhalten soll ehrwürdig sein. Seine Situation ist aber ein Fass ohne Boden, und seine Einsicht kommt zu spät, denn alle Warnsignale hat er zu lange ignoriert. Erst jetzt, nachdem das Kind in den Brunnen gefallen ist, ist der Bemühte kooperativ und dankbar für Lösungsansätze. Er gibt sich pflichtbewusst, will alles Erforderliche zur Problemlösung beitragen und wenn das gelingt, wird bei ihm die Hoffnung zurückkehren. An den Verlusten seiner Gläubiger wird das aber wenig ändern, sein einsichtiges Verhalten beschwichtigt sie vielleicht ein wenig, doch das Geld ist überwiegend verloren.

Sollten Sie in Zukunft bei einem Geschäftskontakt also das Gefühl haben, Ihr Gesprächspartner sei freundlich, optimistisch, aber bemüht, sollten alle Alarmglocken bei Ihnen schrillen, denn das könnte richtig schiefgehen.

Der Blender

Der Blender täuscht absichtlich alle Beteiligten und reißt sie in seinen Abwärtsstrudel. Er macht überzeugende Versprechungen, die er nicht halten wird und stellt Zahlungen in Aussicht, die er nie zahlen wird. Er will sich damit nur Zeit erkaufen, um Ruhe zu haben. Er lügt geschickt und nennt dies »Neuinterpretation von Wirklichkeit«. Im Nachhinein kann er sich an kein Versprechen erinnern, deswegen telefoniert er auch lieber, denn dann gibt es nichts Schriftliches, das man ihm später vorhalten könnte. Er ignoriert Nachfragen von Menschen, die von seinen Fehlentscheidungen betroffen sind, denn er findet sie dumm, weil sie auf ihn hereingefallen sind. Sein betrügerisches Auftreten bewertet er hingegen als pfiffig und clever, es demonstriert in seinen Augen seine Überlegenheit, vor allem Geschäftspartnern gegenüber, die Forderungen an ihn stellen. Der amerikanische Kriminalsoziologe Miller nennt dieses kriminelle Auftreten »Smartness«. Und der Blender ist smart, er hat in guter Verbindung zu seinen Opfern gestanden, hat ihr Vertrauen genossen, um es dann rücksichtslos auszunutzen, indem er für etwas ethisch gut Klingendes warb, wie zum Beispiel eine Kombination aus grüner Geldanlage und hoher Rendite: »Hoch im Kurs bei Betrügern steht weiterhin alles, was man unter Bio oder Öko verkaufen kann. In jeder denkbaren Gestaltung«, sagen Anlegeranwälte.[184] Gewissensbisse plagen den Betrüger nicht, denn er kann ja nichts für die Gutgläubigkeit der anderen. Wenn sich Anleger Gewinn und Stabilität wünschen, wird er ihnen das versprechen. Wenn sie Angst vor dem Wertverfall von Papiergeld haben, kann der Blender das sogar kombinieren, wie die Initiatoren der Berliner Wirtschafts- und Finanzstiftung. Sie sprangen auf diesen Zug auf und Tausende von Anlegern mit ihnen, denn sie verkauften ihnen angebliches Gold im Wert von 57 Millionen Euro, bis die Berliner Justiz die Barren genauer prüfte, weil sie leichter erschienen als erwartet. Außen glänzten sie golden, doch im Inneren befand sich billiges Material.

Wenn der Blender erwischt wird, steckt er noch lange nicht den Kopf in den Sand. Dafür ist er mit seiner hinterhältigen Art schon zu oft durchgekommen. Erwischt werden schmerzt zwar, aber es ist nur eine Niederlage in einer Kette von Erfolgen. Deswegen macht er so lange wie möglich nicht nur beruhigende Zusagen, wenn Misstrauen bei Anlegern und Geschäftspartnern aufkommt, sondern er versteht es auch, diesen Zusagen eine ganz persönliche, glaubwürdige Note zu geben. Misst man ihn an seinen Taten, etwa bei Tilgungsversprechen, produziert er dagegen wortreich heiße Luft, um weiter betrügen zu können. Er hatte niemals vor, seinen Pflichten nachzukommen, und das wird sich auch nicht ändern, denn der Blender fühlt sich in einer mächtigen Position, denn die anderen wollen ja etwas von ihm. Er ist ein cleverer Verhandler, wirkt seriös, auch professionell und ist daher so gefährlich. Er hört erst mit seinen betrügerischen Aktivitäten auf, wenn seine Masche publik gemacht worden ist und man ihm seine Machenschaften nachweisen kann. Nur so werden Dritte davor geschützt, von ihm übervorteilt zu werden. Doch er wird in der Folge nicht gesetzestreu, sondern denkt sich nur eine neue Masche in einem neuen Milieu aus, in dem er noch unbekannt und damit ein unbeschriebenes Blatt ist.

Sollten Sie also von Ihrem neuen Geschäftspartner und seinen Ideen fasziniert und vor allem geblendet sein, sollten Sie skeptisch werden und im Zweifelsfall abspringen.

Der Dummdreiste

Der Dummdreiste aalt sich in seiner Selbstgefälligkeit und blendet das Risiko seines Wirtschaftens radikal aus. Er ist nicht realitätsverschiebend wie der Fehleinschätzer, er kennt das Risiko und läuft bewusst hinein. Es ist ihm egal, ob er auf Kosten Dritter lebt, ob er sich seinen Lebensstil leisten kann und ob er jemals Kredite zurückzahlen wird. »Sollen die doch versuchen, einem nackten Mann in die Tasche zu fassen«, lautet seine Maxime. Mietnomaden zählen beispielsweise zu diesem Typus. Rücksichtslos, egoistisch, dummdreist. Mietausfälle, ein unauffindbarer Mieter und eine ruiniert zurückgelassene Wohnung gehören zu ihrem Repertoire. Verantwortungsgefühl? Fehlanzeige! Dafür hat der Dummdreiste einen konfrontativen Gesprächsstil. Mit seiner ungehobelten Art wirkt er derart abschreckend, dass normale Menschen ihn lieber in Ruhe lassen und seinen Betrug akzeptieren, um ihn endlich loszuwerden. Dieser Betrüger hat gelernt, dass Dreistigkeit, gepaart mit einer großen Klappe, siegt. Er will keinen Schönheitspreis, er will auch kein Lob für gutes Benehmen, er will durch Abschreckung siegen. Gespräche mit dem Dummdreisten sind daher immer konfliktträchtig, und sie beginnen auf einem sehr hohen Aggressionsniveau. Primitive Ausfälle sind dabei die Regel, denn der Dummdreiste ist nur an seinem persönlichen Nutzen interessiert, nicht aber an einer Einigung. Sein Ziel ist es, eine Verhandlung zu gewinnen, er will nichts zurückzahlen, nichts ausgleichen, schon gar kein Schuldeingeständnis abgeben. Nichts dergleichen. Er ist so stur, dass er selbst dann keine Kredite bedienen würde, wenn er das Geld hätte. Im Zweifel gelingt ihm das durch Entzug aus der Gesprächssituation, indem er abtaucht. Das geht zwar auf Dauer nicht gut, aber phasenweise schon – und das reicht ihm, das gibt ihm ein Gefühl der Souveränität. Kommt es zur direkten Auseinandersetzung mit Geschäftspartnern, erkennt man ihn an seiner konkurrierenden Art, ein Gespräch zu führen. Er kreiert eine unangenehme Atmosphäre, man empfindet als Gesprächspartner schnell Stress. Der Dummdreiste begrüßt und fördert das. Fakten interessieren ihn dabei nicht, Argumenten folgt er ebenso wenig, dafür droht er gerne mit

Presse und Internet, mit Polizei und Gerichten, und mit etwas Glück findet er auch einen Dummen, der ihn, den kleinen David, gegen die brutalen Forderungen des Goliaths unterstützt. Dann blüht er richtig auf, denn er fühlt sich zu Unrecht im Recht.

Sollten Sie bei Ihren Gesprächspartnern und Kunden zwischendurch denken, dass man Ihnen recht forsch, vielleicht zu forsch, begegnet, könnten das die ersten Vorboten der Dummdreistigkeit sein. Dann heißt es: Finger weg von Geschäften mit dieser Person.

Der irrationale Konsument

Für den letzten Betrüger sind Statussymbole extrem wichtig. Sie sind Ausdruck seines Erfolgs. »Je mehr Statussymbole, desto erfolgreicher«, so seine Logik, die vielen in der Geschäftswelt vertraut ist. Mit den Konsumgütern kompensiert er seine Defizite. Irrational ist, dass Einkommen und Ausgaben bei ihm weit auseinanderklaffen. Sein Betrugsmotiv ist daher die Angst, ausgeschlossen zu werden, weil er materiell nicht mithalten kann. Seine materiellen Annehmlichkeiten bewertet er nicht als luxuriös, er ist der Ansicht, ihm stünden sie vielmehr zu, weil er ein guter Mensch sei, zu fein und zu sensibel für ein durchschnittliches, profanes Leben.

Der irrationale Konsument gibt Kaufanreizen bedenkenlos nach. Er ist finanziell desinteressiert und hält Steuerzahlungen für das Raubrittertum der Neuzeit, weil sie ihm den Konsum erschweren. Durch seine finanzielle Gleichgültigkeit verliert er schnell den Überblick über seine Verbindlichkeiten, aber seine materielle Schieflage stört ihn nicht, denn er ist ein Meister der Dissonanzreduktion: »Seht das mal alle locker.« Den finanziellen Druck, den er verspüren müsste, spürt er nicht, denn er genießt seine Freiheit auf Pump, sie gefällt ihm. In seinem Luxus will er gesehen und bewundert werden. Seine Naivität und seine Vergesslichkeit in puncto Überschuldung sind groß, wie bei einem verspielten Kind, das seine schicken neuen Spielfiguren bewundert und alles andere ausblendet. Er will doch nur spielen, allerdings auf Kosten der anderen.

Zu diesen Betrogenen sollten Sie nicht zählen, denn sonst geht Ihr Optimismus schnell verloren. Sie erinnern sich doch noch, dass Optimismus keine stabile Größe ist, sondern durch Schicksalsschläge oder Betrügereien auf eine harte Probe gestellt werden kann. Sollten Sie anhand dieser Typologie Kollegen oder Kunden wiedererkannt haben, gehen Sie schnellstmöglich und geräuschlos auf Distanz, bevor Schlimmeres passiert. Denn das könnte Ihnen die gute Laune gründlich verhageln und Sie von Ihrem Weg zum Optimisten abbringen. Und das wäre doch wirklich zu schade!

Zu guter Letzt:
25 Praxistipps für mehr Optimismus

In diesem letzten Kapitel möchte ich Ihnen ganz konkrete Tipps mit auf den Weg zum Optimisten geben. Genauer gesagt sind es 25 Tipps! Keine Sorge, Sie müssen nicht allen folgen, denn Sie haben sicher nicht den Anspruch, zum Optimisten des Jahres gewählt zu werden. Ich gehe aber davon aus, dass einige Tipps richtig gut zu Ihnen passen werden, und die sollten Sie auch praktisch umsetzen.

Gute Laune ist Ihnen dann im Privaten garantiert, denn eine positive Lebenseinstellung wird sich auch positiv auf Ihre Liebsten auswirken. Ihre Stimmung wird aber auch im Beruflichen steigen, denn bei gleicher Qualifikation wird fast immer der Optimist gefördert. Das ist auch kein Wunder, denn mit ihm macht die Zusammenarbeit einfach mehr Spaß. Also schauen Sie selbst, welche Tipps Ihnen nützen könnten.

1. Praktizieren Sie den intellektuellen *Taschenspielertrick der Optimisten*: Erklären Sie sich positive Ereignisse so, dass sie permanent bestehende Ursachen haben und demzufolge immer wieder eintreten können (»Bei mir lief es letzte Woche so gut, weil ich gute Gene habe«, Gene = permanente Ursache). Das fördert Ihr Gefühl, ein Glückskind zu sein.

2. Unterstellen Sie Ihren Misserfolgen temporäre und spezifische Ursachen (»Nur heute und nur bei diesem einen Punkt lief es so schief ...«), denn die *Erfolgstrias der Optimisten* lautet: Fehlentwicklungen sind vorübergehend, situationsbezogen und nicht selbst verschuldet!

3. Pflegen Sie Ihren *Above-Average-Effekt*, also den Effekt sich im Beruflichen und Privaten für überdurchschnittlich toll zu halten. Das

klingt zwar auf den ersten Blick recht narzisstisch, ist aber eine wichtige Grundlage für die Bildung einer optimistischen Lebenseinstellung. Und auf dieser Basis ist Selbstkritik ja nicht verboten.

4. Beherzigen Sie die *Vier-Stufen-Strategie* des Sekundären Optimismus:

   • Berufliche Chancen sehen, ohne Risiken zu ignorieren,
   • Innerlich abwägen, ob das Projekt und seine Ziele den Einsatz lohnen,
   • Wenn ja, die entsprechenden Entscheidungen treffen und Maßnahmen einleiten und
   • Die Entscheidungen mit langem Atem, auch gegen Kritik, durchziehen.

5. Führen Sie vor Ihrem nächsten Projekt das *Kostenexplosions-Gedankenspiel* durch: Bitten Sie alle Beteiligten aufzuschreiben, warum sich die Kosten des Projekts im nächsten Jahr verfünffachen werden. Der Expertenfantasie sind keine Grenzen gesetzt. Fällt Ihnen dazu nichts ein, wunderbar, dann ist alles im Lot. Fallen Ihnen und Ihren Kollegen aber Gründe zum Worst Case ein, ist jetzt noch Zeit dagegenzusteuern. Das Kostenexplosions-Gedankenspiel schützt vor pessimistischen Erfahrungen!

6. Schätzen und pflegen Sie *konstruktive Kritiker* in Ihrem Umfeld (ohne selbst einer zu werden), denn Kritiker sind ein erstklassiges Frühwarnsystem für drohenden Ärger und vor einer zu rosaroten Brille.

7. Vermeiden Sie *Distress,* also Orte und Menschen, die Sie schwächen, so häufig es eben geht, denn die rauben Ihnen nur die Kraft, die Sie besser für Innovatives einsetzen sollten. Meiden Sie vor allem Dauernörgler, Ideenzerfleischer oder in ihrer krassesten Ausrichtung Wutbürger. Je größer die Distanz zu diesen destruktiven Zeitgenossen, desto besser für Ihren Optimismus.

8. Verzichten Sie auf zu ambitionierte *Optimierungswünsche* (»viel weniger Kilos, nie mehr Süßes, kein Alkohol, viel mehr Sport ...«), denn sie hindern auf dem Weg, ein optimistischer Mensch zu werden. Übertriebene Optimierungswünsche richten ständig den Blick auf die Seiten, bei denen Sie noch Luft nach oben haben, und das fördert Pessimismus.

9. Führen Sie *Mentale Zeitreisen* durch: Denken Sie darüber nach, was für Sie zukünftig sehr gut laufen könnte. Erst wenn Sie Gutes konkret denken, erhöht sich die Wahrscheinlichkeit, dass Sie das Gute auch erreichen.

10. Pflegen Sie Ihre materielle *Besitzstandswahrung*. Besitzstandwahrung führt zu einem Gefühl der Stabilität, und Stabilität ist eine sehr gute Grundlage für Optimismus.

11. Folgen Sie der *Optimismus-Logik*: Erfolg = mein Verdienst. Misserfolg = Sorry, das liegt an den anderen oder an den Strukturen oder der Globalisierung. Natürlich wissen Optimisten, dass das so zu rosarot gedacht ist, aber es tut zunächst gut und verhindert depressive Gedanken (auch hier kann die notwendige Selbstkritik später immer noch folgen). Das heißt, optimistische Fehlschlüsse sind grundsätzlich etwas sehr Positives, denn sie machen das Leben leichter.

12. Praktizieren Sie die *Innere-Monolog-Übung*, das heißt die Kunst gegen ihre eigenen pessimistischen Gedanken zu argumentieren. Gerne auch mit der rosaroten Brille, um erst einmal wieder auf die optimistische Spur zu kommen. Praktisch funktioniert es so: Sie formulieren Ihren pessimistischen Gedanken und begraben ihn unter fünf positiven Gedanken: »Heute bin ich traurig!« (= pessimistischer Gedanke). Aber 1. meine Frau liebt mich, 2. meine Kinder sind gesund, 3. der Wetterbericht kündigt Sonne an, 4. meine Kollegin hat meine Krawatte gelobt und 5. in zwei Monaten werde ich im Urlaub die Riesendünen von Maspalomas genießen. Jetzt steht es 5:1, die optimistischen Gedanken liegen also haushoch in Führung.

13. Ein weiterer *Schlüssel zum Optimismus* bei komplexen Problemen lautet: Fokussieren Sie sich aufs Detail und die nächsten kleinen Schritte, bei gleichzeitiger Ausblendung des großen Ganzen, das Sie sonst erschlagen könnte.

14. Werden Sie ein Fan der Hope-Scale, der so genannte *Skala der Hoffnung*, die auf zwei Säulen beruht:
    - Auf der starken Hoffnung, mit der man Ziele anvisiert, weil man sich bereits erreichte Ziele ermutigend vor Augen hält.

- Auf der Freiheit, sich Alternativen vorzustellen, die hoffentlich auch zu einem positiven Abschluss führen könnten.

15. Verlassen Sie fluchtartig Räume und (wenn möglich) Sitzungen und Arbeitsgruppen, in denen Pessimisten das Sagen haben. Das ist nur *Zeitverschwendung*, das kann nichts werden, also nichts wie raus.

16. *Stapeln Sie öffentlich tief*, sagen Sie niemals: »Ich glaube, wir haben unser schönstes und erfolgreichstes Jahr vor uns!« Die Messlatte liegt dann schlichtweg zu hoch. Definieren Sie lieber ein kleines Ziel, dann lässt sich die Messlatte im Laufe des Jahres leichter überspringen. Erst danach sollten Sie sie wieder ein Stück höher legen.

17. Loben Sie sich selbst, denn auf Ihr Lob ist Verlass! Stellen Sie sich ab und an morgens vor den Badezimmerspiegel und sagen sich: »Durch meinen Einsatz in den letzten Tagen ist die Welt wieder ein Stück besser geworden!« Ein bisschen peinlich ist das natürlich schon, aber dieses *Positivlabeling* führt zu mehr Zufriedenheit und sei an dieser Stelle unbedingt empfohlen.

18. Eine weitere *Optimismus-Formel* lautet: Machbarkeitsanalyse plus gesunder Menschenverstand erhöhen den Erfolg.

19. Rufen Sie sich immer wieder Ihre *Moments of Excellence* in Erinnerung, weil schöne Erinnerungen eine Ermutigung für die Zukunft sind. Denken Sie an Ihren ersten lukrativen Auftrag, an das schönste Tor, dass Sie beim Fußball geschossen haben, denken Sie an den Gewinn der Ausschreibung oder Ihre erste erfolgreiche Gehaltsverhandlung, eben an Ihre ganz persönlichen Moments of Excellence.

20. Praktizieren Sie das *Premortem-Verfahren*: Wenn eine Entscheidung zur Unterschrift vorliegt, trommeln Sie noch einmal die wichtigsten Beteiligten zusammen und fordern sie zu folgendem Gedankenspiel auf: »Wir haben den Plan umgesetzt, das ist jetzt ein Jahr her. Das Ergebnis war ein Desaster. Schreiben Sie in fünf bis zehn Minuten auf, wie es dazu kommen konnte.« Das Premortem-Verfahren schützt vor Misserfolg und einem Abrutschen in den Pessimismus.

21. Pflegen Sie Ihre *Self-Efficacy Expectancies,* denn diese Selbsterwartungen machen Sie gesünder: So denken Optimisten schon vor einer Operation konkret über ihre Zukunft nach der OP nach. Ihre Wunderwaffe ist die Planung konkreter kleiner zukünftiger Ziele, die sie Schritt für Schritt vor Auge haben. Durch dieses Zukunftsdenken genesen Sie schneller als Pessimisten, die sich mehr dem gegenwärtigen Krankheitszustand und Schmerz widmen.

22. Beachten Sie die *Ähnlichkeitshypothese.* Betonen Sie in Gesprächen das Ähnliche und Gemeinsame mit Ihrem Gesprächspartner. Das fördert immer eine optimistische Atmosphäre.

23. Pflegen Sie Ihre *Neutralisierungstechniken,* das heißt Ihre Rechtfertigungsstrategien. Die sind ein Garant dafür, dass Ihre gute Laune erhalten bleibt, weil die Rechtfertigung das pessimistische Gefühl der eigenen Fehlleistung neutralisieren kann.

24. Praktizieren Sie den Optimismus-Klassiker: Führen Sie ein *Positiv-Tagebuch.* Das klingt banal, ist aber schön und zeigt Wirkung: Notieren Sie zum Beispiel zwei schöne Erlebnisse pro Tag, das ergibt 14 in der Woche, 56 im Monat und 672 schöne Erlebnisse im Jahr. Wow!

25. Und die letzte Empfehlung: Die Wartezeit auf ein schönes Ereignis (Urlaub, Beförderung …) ist Vorfreudenzeit und Optimisten lieben *Vorfreude.* Überraschen Sie daher ihre Partner privat oder im Job nicht zu kurzfristig. Gönnen Sie ihnen die Vorfreude, sie werden es Ihnen danken, und das wird Sie wiederum erfreuen.

Zu allen hier aufgeführten Empfehlungen finden Sie im Buch Vertiefungen. Sollten Sie diesen Empfehlungen folgen, werden Sie Ihren Optimismus nicht nur stabilisieren, sondern auch spürbar stärken. Sie werden deswegen sicher nicht die Augen vor den Konflikten in dieser Welt verschließen und alles rosarot schönreden. Optimisten sind ja nicht weltfremd. Aber Ihr Optimismus wird Ihnen die Kraft geben, in Ihrem Einflussbereich dafür zu sorgen, dass diese Welt jeden Tag ein Stück besser wird. Und das macht doch Hoffnung. Also, packen wir es an!

Anmerkungen

1 Scherer 2011

2 Goleman: 117

3 Sharot: 263

4 Prange 2013: 44

5 www.islandireland.com/Pages/folk/sets/sayings.html

6 Hensel 2017: 16

7 Prange 2013: 45

8 www.clubderoptimisten.de

9 Vgl. Renner/Weber 2002: 446

10 Siehe www.rheingold-marktforschung.de/Forschung/Morphologie.html.

11 Richter: 11

12 Richter: 100

13 Vgl. Richter: 69

14 Sprenger: 2015

15 Foucault 1993: 1

16 Richter: 15

17 Voltaire: 1

18 Richter: 119, 145 ff.

19 Richter: 8

20 Hansen 102

21 Hansen 102 f.

22 Hansen 103

23 Hansen: 103

24 Vgl. Köhler: 96

25 Köhler: 103

26 Dworschak 2012

27 Sharot: 92

28 Sharot: 95

29 Dworschak 2012

30 Horx: 10 f.

31 Horx: 279

32 Sharot: 74

33 Vgl. Sharot 2017

34 Vgl. Sharot 2017

35 Vgl. Watzke 2011: 9 – Abdruck mit freundlicher Genehmigung des Forum Verlag Godesberg GmbH und des Autors Ed Watzke

36 Sharot 2017

37 OECD, destatis.de 2015

38 Ehrling 2017

39 Loch/Grünewald 2016

40 Vgl. Sharot 2012

41 Prange 2013: 44

42 Vgl. www.clubderoptimisten.de

43 Prange 2013: 44

44 Prange 2013: 44

45 Richter: 9

46 Loch/Grünewald 2016

47 Bosshart 156

48 Bosshart 200

49 Bosshart 200

50 Vgl. Sharot: 270

51 Kahneman 2012a

52 Kahneman 2012

53 Loch/Grünewald 2016

54 Martus 2017: 5

55 Vgl. Heintze 2016

56 Kahneman 2012: 316

57 Dworschak 2012

58 Seligman: 30, 144

59 Seligman: 154

60 Seligman: 151

61 Seligman: 158

62 Vgl. Fröhlich-Guldhoff 2011

63 Welter-Enderlin 2006: 11

64 Schwarzer 1997: 43 ff.

65 Renner 2002: 448

66 Schwarzer 1997

67 Dworschak 2012

68 Köhler: 124

69 Renner/Weber 2002

70 Vollmann 2007: 168 f.

71 Löscher 2010

72 Seligman 2014

73 Traut-Mattausch 2011: 43

74 Dworschak 2012

75 Horx: 274

76 Horx: 275

77 Horx: 267

78 Kahneman 2012: 315 f.

79 Vgl. Aestebro/Elhedhli 2006

80 Kahneman 2012: 318

81 Malmendier, Tate 2009: 1593

82 Enkelmann: 16

83 Sharot: XI

84 Weinstein 1980: 806 f., Sharot: XV

85 Sharot: 169

86 vgl. Kahneman 2012: 322

87 Seligman 2014

88 Kahneman 2012a

89 McCarten 2014: 307

90 Goethe

91 Vgl. Weidner 2011: 17

92 Richter 2009

93 Köhler: 152. Aus: Hans-Uwe L. Köhler, Hau eine Delle ins Universum © 2014, Ariston, München, in der Verlagsgruppe Random House GmbH

94 Kahneman 2012: 316

95 Vgl. Scherer 2009: 71

96 Scherer 2009: 70

97 www.clubderoptimisten.de

98 Vgl. Kellner 2000

99 Wie in der *Peperoni-Strategie* beschrieben (Weidner 2011).

100 Thelen 2017: 17

101 Köhler: 228

102 Sharot: XVII

103 Sharot: 34 f.

104 Sharot: 269

105 Sharot 76

106 Kahneman 2012: 325 f.

107 Prange 2013: 44

108 Kahneman 2012: 315
109 Vgl. Sharot: 160
110 Ketteler 2010
111 Kahneman 2012: 315 f.
112 Weidner 2016
113 Löhken 2016
114 Löhken 2016
115 Prange 2013
116 Meckel 2016
117 Köhler 33
118 Vgl. Weidner 2008
119 Friedrichs 2008
120 Köhler 49
121 Schran 2005
122 Hurrelmann 2015: 144 ff.
123 Sutton 2008
124 Cornel 2003: 15
125 Vgl. Hurrelmann 2015
126 Matza 1990
127 Erikson 1973
128 Grünwald 2016
129 Bettelheim 2007
130 Vgl. Dutton, Bibiak
131 Dworschak 2012
132 Dworschak 2012
133 Hurrelmann 2015
134 www.schranner.com
135 www.business-keeper.com
136 Kahneman 2012a
137 Kahneman 2012a
138 Seligman 2014
139 Hauschild 2014
140 Scheier 1987
141 Schwarzer 1997: 48
142 Vgl. Salovey/Birnbaum 1989
143 Lemper-Pychlau 2013
144 Seligman: 22
145 Köhler: 199
146 Tillmann: 77 f.
147 Bandura 1979

148 Hueck 2012

149 Hartmann 2016

150 Hartmann 2016

151 Friedrichs 2008

152 Vgl. Hägler/Ott 2017

153 Management Circle 2017

154 Seligman 2014

155 Prange 2013: 44

156 Vgl. Watzlawick 1983

157 Kahneman 2011

158 Kahneman 2012a

159 Piaget 2016

160 Prange 2013

161 Watzke 2011: 3

162 Garz 1989: 126

163 Tillmann: 90

164 Kohlberg 1974: 18

165 Ellis 1988

166 Enkelmann 142

167 Enkelmann: 152

168 Jäkel 2016

169 Prange 2013

170 www.youtube.com/watch?v=jyy52Etd4Wc

171 FAZ.net 2017

172 Imageberater 2017

173 Blumer 1973

174 McCarten 2014: 301. Aus: Anthony McCarten: funny girl aus dem Eng-
lischen von Manfred Allié und Gabriele Kempf-Allié Copyright © 2014,
2015 Diogenes Verlag AG Zürich

175 Fromm 1979

176 Seibel 2017

177 Vgl. Krappmann 2016

178 Watzlawick: 80

179 Vgl. Watzlawick: 82

180 Vgl. Goffman

181 Weber 2010

182 Lindorff/Weidner 2016

183 Bongartz 2016

184 Seibel 2017

Literatur

Aestebro, T./Elhedhli, S.: The Effectiveness of simple decision heuristics, *Management Science* 52/2006: S. 395–409

Bandura, A.: *Aggression*. Klett Cotta 1979

Basiliankov, M. P.: *Machiavelli im Management*. Frieling Verlag Berlin 2000

BAT-Stiftung für Zukunftsfragen: *Nie war die Zukunft so nah*. Vortrag beim Club Europäischer Unternehmerinnen, Hamburg 2016

Bettelheim, B.: *Liebe allein genügt nicht*. Klett Cotta 2007

Bibiak, P. et.al: *Snakes in Suits: When Psychopaths Go to Work*. Harper Business 2007

Blumer, H.: Der methodologische Standort des Symbolischen Interaktionismus. In: Arbeitsgruppe Bielefelder Soziologen (Hg.): *Alltagswissen und Interaktion und gesellschaftliche Wirklichkeit 1 – Symbolischer Interaktionismus und Ethnomethodologie*. Hamburg: Rowohlt Taschenbuch Verlag, 1973, S. 80–146.

Bongartz, B.: *Strukturelle Bedingungen wirtschaftskrimineller Handlungen: Eine empirische Studie zum abweichenden Verhalten der Mittelschicht*. Forum Verlag Godesberg 2016

Bosshart, D. *The Age of Less*. Murmann Verlag Hamburg 2011

Club der Optimisten/Rheingold Institut: *Wieviel Optimismus kann Deutschland?* PowerPoint Präsentation Hamburg 2017

Cooper, A. C. u. a.: Entrepreneurs perceived chances for success. *Journal of Business Venturing* 3/1988: S. 97–172

Cornel, H. u. a. (Hg.): *Handbuch der Resozialisierung*. Baden-Baden Nomos Verlag 2003

Darwin, C.: *Die Abstammung des Menschen*. Alfred Kröner Verlag 2002

Dutton, K.: *Psychopathen: Was man von Heiligen, Anwälten und Serienmördern lernen kann*. dtv premium 2013

Dworschak, M.: Zaubertrank der Zuversicht. *Der Spiegel*, 2.1.2012

Eglantine, C. C.: *Aristippos von Kyrene*. Typpress Verlag 2011

Ehrling, J.: Der Reisflüsterer. *Welt am Sonntag* 1.1.2017

Ellis, A: *Wut. Die Kunst, sich richtig zu ärgern.* Goldmann Wilhelm GmbH 1988

Enkelmann, N. B.: *Optimismus ist Pflicht.* Gabal Verlag 2009

Erikson, E. H.: *Identität und Lebenszyklus.* Suhrkamp Verlag 1973

FAZ.NET: Piech belastet Winterkorn im Abgasskandal. http://www.faz. net/aktuell/wirtschaft/vw-abgasskandal/aussage-vor-staatsanwaltschaft-piech-belastet-winterkorn-in-abgasskandal-14833657.html, 3.2.2017

Farrelly, F./Brandsma, J. M.: *Provokative Therapie.* Springer Verlag 2009

Foucault,M.: Überwachen und Strafen. Suhrkamp Taschenbuch 1993

Friedrichs, J.: *Gestatten: Elite.* Hoffmann und Campe 2008

Fröhlich-Guldhoff, K./Rönnau-Böse, M: *Resilienz.* Ernst Reinhard Verlag 2011

Fromm, E.: *Die Seele des Menschen.* Bücherbund, Stuttgart 1979

Garz, D.: *Strukturgenese und Moral: Rekonstruktive Sozialisationsforschung.* Verlag für Sozialwissenschaften 1989

Goethe, J. W.: *Willkommen und Abschied.* http://gutenberg.spiegel.de/buch/ gedichte-ausgabe-letzter-hand-7129/43

Goffman, E.: *Asyle.* Suhrkamp Verlag 1973

Goffman, E.: *Wir spielen alle Theater. Die Selbstdarstellung im Alltag.* Piper Verlag 2003

Goleman, D.: *Emotionale Intelligenz.* Carl Hanser Verlag 1996

Grünewald, S.: Power-Point-Präsentation zur Optimismus-Studie. Hamburg 2016

Hägler, M./Ott, K.: Staatsanwaltschaft weitet Ermittlungen gegen Winterkorn aus http://www.sueddeutsche.de/wirtschaft/abgasaffaere-staatsan waltschaft-weitet-ermittlungen-gegen-winterkorn-aus-1.3352456

Hansen, E. T.: *Nörgeln! Des Deutschen größte Lust.* Fischer Taschenbuch Verlag 2010

Hartmann, M.: Wer Chef werden will, muss sein wie die Chefs. www.spiegel.de/karriere/wer-chef-werden-will-muss-sein-wie-die-chefs-a-1109965. html, 8.11.2016

Hauschild, J.: Wie US-Forscher der CIA halfen. www.spiegel.de/wissenschaft/mensch/cia-bekam-hilfe-von-us-forschern-die-folter-psychologen-a-1008085.html 12.12.2014

Heintze, C.: Phänomen Wutbürger – Warum so zornig? *Cicero* 13.9.2016

Hensel, A.: Viele fürchten sich vor den falschen Dingen. *Hamburger Abendblatt* 9.3.2017, S. 16

Horx, M.: *Anleitung zum Zukunftsoptimismus.* Piper. München, Zürich 2009

Hueck, U.: *Volle Drehzahl: Mit Haltung an die Spitze.* Campus Verlag 2012

Hurrelmann, K. u.a. (Hg.): *Handbuch Sozialisationsforschung.* Beltz Verlag 2015

Imageberater: Über uns. www.imageberater-nrw.de 2017

Jäckel, I.: Compliance-Ranking zu DAX30-Verhaltenskodizes. www.bvdcm. de/meldungen/compliance-ranking-zu-dax30-verhaltenskodizes-veroef-fentlicht-nur-sieben-unternehmen-haben. 21.12.2016

Joyce, J.: *Ulysses.* Frankfurt, Suhrkamp Verlag 1975

Jungclausen, J. F.: *Risse in weißen Fassaden.* Siedler Verlag 2006

Kahneman, D./Lovallo, D./Sibony, O.: Checkliste für Entscheider. *Harvard Businessmanager* 9/2011, S. 19–31.

Kahneman, D.: *Schnelles Denken, langsames Denken.* Penguin Verlag 2012

Kahneman, D.: Optimisten sind im Vorteil. Interview mit M. Dworschak. www.spiegel.de/gesundheit/psychologie/psychologie-optimisten-sind-im-vorteil-a-835306-2.html Spiegel Online Interview 6.6.2012a

Kellner, P. A.: *Der Karrierefaktor.* Eichborn Verlag 2000

Ketteler, J.: 5 Money Rules für Optimists. moneywatch.bnet.com/investing/ article/5-monex-rules-for-optimists/457670/, 18.8.2010

Kohlberg, L.: *Die Psychologie der Moralentwicklung.* Suhrkamp Verlag 1974

Köhler, H.-U.: *Hau eine Delle ins Universum.* Ariston Verlag 2014

Krappmann, L.: *Soziologische Dimensionen der Identität.* Klett-Cotta/J. G. Cotta'sche Buchhandlung Nachfolger 2016

Lammert, N.: Rede des Bundestagspräsidenten zum Tag der deutschen Einheit, Berlin 3.10.2016, www.youtube.com/watch?v=Jr1iBELR4kA

Le Bon, G.: *Psychologie der Massen.* Nikol Verlag 2009

Leibniz, G. W.: *Versuche in der Theodisée über die Güte Gottes, die Freiheit des Menschen und den Ursprung des Übels.* F. Meiner Verlag 1996

Leitner, M.: Es geht um Macht und Machtspielchen. Im Gespräch mit Sabine Hockling www.zeit.de/karriere/bewerbung/2014-12/bossing-chef-verdeckte-psychospiele, 16.1.2015

Lemper-Pychlau, M.: *Optimistisch denken.* Springer Verlag 2013

Lindorff/Weidner, J.: Die Lindorff-Studie. 2016 https://www.lindorff.de/wer-wir-sind/news-und-presse/news/?id=pressrelease-1669610#Lindorff_ stellt_Schuldnertypologie_fur_faires_Inkasso_vor. 18.10.2016

Loch, S./Grünwald, S.: Vortrag zur Optimismus-Studie vor dem Vorstand des Clubs der Optimisten, Hamburg 2016

Löhken, S.: Leise Menschen sollten nicht unterschätzt werden. www.xing. com/news/klartext/leise-menschen-sollten-nicht-unterschatzt-wer-den-906, 3.7.2016

Löscher, R. M./Geisselhart, R.: *Verkaufen in der Krise: Optimisten sind erfolgreicher.* Walhalla und Praetoria Verlag 2010

Machiavelli, N.: *Der Fürst.* Insel Verlag 2001

Malmendier, U./Tate, G.: Superstar CEOs, *Quarterly Journal of Economics* 24/2009:1593-1638

Managementcircle: WissensWerte. www.managementcircle.de 2017

Mandeville, B.: *Die Bienenfabel oder Private Laster, öffentliche Vorteile.* suhrkamp taschenbuch wissenschaft 1980

Martus, T.: Der Kirchentag – eine Bühne für die Politik, *Hamburger Abendblatt*, 27.5.2017

Matza, D.: *delinquency and drift.* Transaction Publish 1990

McCarten, A.: *Funny Girl.* Diogenes Zürich 2014

Meckel, M.: Optimismus. *Wirtschaftswoche* 4/11/2016

Merton, R. K.: *Soziologische Theorie und soziale Struktur.* De Gruyter Verlag 2012

Miller, W. B.: Die Kultur der Unterschicht, in: Sack, F./König, R. (Hg.) *Kriminalsoziologie.* Akademische Verlagsgesellschaft 1968

OECD: *Früher war nicht alles besser.* Statistisches Bundesamt, www.destatis. de 2015

Orca van Loon: Pressetext zur Optimismus-Studie. Hamburg 2016

Prange, S.: Der Rohstoff in uns, *Handelsblatt* Nr. 211, 1.11.2013, S. 44

Piaget, J.: *Meine Theorie der geistigen Entwicklung.* Beltz Taschenbuch 2016

Puri, M./Robinson, D. T.: Optimism and Economic Choice. *Journal of Financial Economics* 86/2007, S. 71–99

Renner, B./Weber, H.: Optimismus, in: Weber, H. (Hg.): *Handbuch der Persönlichkeitspsychologie und differentiellen Psychologie*, Göttingen Hogrefe 2002, S. 446–453

Richter, S.: *Lob des Optimismus. Geschichte einer Lebenskunst*, C. H. Beck 2009.

Rousseaus, J. J.: *Emile oder über die Erziehung.* UTB Verlag, Stuttgart 2003

Sack, F./König, R. (Hg.): Kriminalsoziologie. Akademische Verlagsgesellschaft Wiesbaden 1968

Salovey. P./Birnbaum, D.: Influence of mood on health-relevant cognitions. *Journal of Personality and Social Psychology*, 57/1989, S. 539–555

Scheier. M. F./Carver, C. S.: Dispositional optimism and physical well-being: The influence of generalized outcome expectancies on health. *Journal of Personality*, 55/1987, S. 169–210

Scherer, H.: *Glückskinder.* Campus Verlag 2011

Scherer, H.: *Jenseits vom Mittelmaß.* Gabal Verlag 2009

Schran, P: *Das Mörderprojekt.* TV-Dokumentation, WDR 2005

Schranner, M.: *Teure Fehler: Die 7 größten Irrtümer in schwierigen Verhandlungen.* Econ Verlag 2009

Schwarzer, R./Renner, B.: Risikoeinschätzung und Optimismus. In: Scharzer, R. (Hg.).: *Gesundheitspsychologie.* Göttingen Hogrefe Verlag 1997, S. 43–66

Seibel, K.: Die fünf fiesen Maschen der Finanzbetrüger. https://www.welt.de/finanzen/geldanlage/article142747930/Die-fuenf-fiesen-Maschen-der-Finanzbetrueger.html 2017

Seligman, M.: *Der Glücks-Faktor. Warum Optimisten länger leben.* Bastei Lübbe 2014

Sharot, T.: https://www.ted.com/talks/tali_sharot_the_optimism_bias?language=de#t-72303 2017

Sharot, T.: *Das optimistische Gehirn.* Springer Spektrum 2012

Sprenger, R. K.: *Das anständige Unternehmen. Was richtige Führung ausmacht – und was sie weglässt.* Deutsche Verlags-Anstalt 2015

Sutherland, E. H.: Die Theorie der differentiellen Assoziation. In: Sack, F./König, R. (Hg.): *Kriminalsoziologie.* Akademische Verlagsgesellschaft Wiesbaden 1968

Sutton, R. I.: *Der Arschloch-Faktor.* Heyne Verlag 2008

Sykes, G./Matza, D.: *Techniques of Neutralization.* Ardent Media Incorporated 1996

Thelen, F.: *Es wird Zeit für Größeres.* Analyse: Deutscher Gründergeist 5/2017, S. 16

Tillman, K.: *Sozialisationstheorien. Eine Einführung in den Zusammenhang von Gesellschaft, Institution und Subjektwerdung.* Rowolt Verlag 2010

Traut-Mattausch, E./Jonas, E./Schwennen, C./Peus, C. Things will get better: Führt der Optimismus in den Erfolg von Steuerreformen zu weniger Widerstand, mehr Vertrauen und einer positiveren Einstellung? *Wirtschaftspsychologie,* 1/2011, S. 43–52.

Tulving, E.: Episodic memory: from mind to brain. *Annual Review of Psychology* 53/2002, S. 1–25

Utermöhle, K.: *Nur die Verrückten kommen weiter.* Zeppelin Verlag 2005

Vollmann, M. u. a.: Unterschiedliche Wertschätzung, aber gleiche Unterstützungsbereitschaft. Soziale Reaktionen auf Optimisten, Pessimisten und Realisten aus der Geberperspektive. *Zeitschrift für Gesundheitspsychologie* 15/2007, S. 168–176

Voiltaire: *Candid oder Die Beste der Welten.* Reclam, Philipp jun. GmbH Verlag 2014

Watzke, E.: Äquilibristischer Tanz zwischen den Welten. Forum Verlag Mönchengladbach 2011

Watzlawick, P.: *Anleitung zum Unglücklichsein*. Piper Verlag München 1983

Weber, H.: Millionenbetrüger Jürgen Harksen: »Gierig waren nur meine Kunden«, www.mallorcazeitung.es/gesellschaft/2010/01/28/millionen-betruger-jurgen-harksen-gierig-waren-nur-kunden/16591.html 14.1.2010

Weber, M.: *Die protestantische Ethik und der Geist des Kapitalismus*. Nikol Verlag 2015

Weckherlins, W. L.: Monolog einer Milbe im siebten Stock eines Edamerkäses. In: Richter, S.: *Lob des Optimismus*. C. H.Beck Verlag 2009, S. 45

Weinstein, N. D.: Unrealistic Optimism about future life events. *Journal of Personality and Social Psychology* 39, 5/1980, S. 806–820

Weidner, J.: Seien Sie mehr Mephisto, weniger Gretchen https://www.xing.com/news/klartext/seien-sie-mehr-mephisto-weniger-gretchen-907, 2016

Weidner, J.: *Hart, aber unfair*. Campus Verlag, 2013

Weidner, J.: *AAT – Anti-Aggressivitätstraining für Gewalttäter*. Forum Verlag Godesberg 2008

Weidner, J.: *Die Peperoni-Strategie*. Campus Verlag 2011

Welter-Enderlin, R./Hildenbrand, B. (Hg.): *Resilienz – Gedeihen trotz widriger Umstände*. Carl-Auer-Systeme 2006

www.islandireland.com/Pages/folk/sets/sayings.html

www.business-keeper.com

www.clubderoptimisten.de

www.schranner.com

Register

Danksagung

Mein Dank gilt dem Hamburger Club der Optimisten, der die Forschungsstudie in Auftrag gegeben hat, die die Grundlage dieses Buchs bildet. Er gilt Stefan Grünewald, dem Geschäftsführer des Rheingold Markt- und Medienforschungs-Instituts, der die Studie realisiert hat. Im Club entstand die Idee, aus der Forschungsdatensammlung dieses Buch zu erstellen. Daher möchte ich dem Vorstand für seine Unterstützung danken. Namentlich Johann C. Lindenberg, Ex-Vorsitzender GF, Unilever Deutschland; Barbara Kunst, Inhaberin Kunst & Partner; Wolff Heinrichsdorff, Ex-Geschäftsführer, Montblanc; Dr. Robin Houcken, Geschäftsführender Gesellschafter, Interpol + Studios GmbH; Kristina Tröger, Präsidentin des Clubs Europäischer Unternehmerinnen; Joachim Pawlik, Vorstandsvorsitzender, Pawlik Sales Consultants AG und Vizepräsident des FC St. Pauli.

Hervorheben möchte ich den leidenschaftlichen Einsatz des Vorsitzenden und Orca-Life-Werbers Klaus Utermöhle, dessen Plädoyer »Nur die Verrückten kommen weiter« einmal mehr für konstruktive Anregungen gesorgt hat.

Fachlich inspiriert haben mich Expertinnen, Wissenschaftler und Managementtrainer, die sich aus unterschiedlichen Perspektiven dem Optimismus genähert haben. Dazu zählen die Literaturwissenschaftlerin Sandra Richters, die israelische Neurowissenschaftlerin Tali Sharots, der Trendforscher Matthias Horx, die Managementberater Nikolaus Enkelmann und Hans-Uwe Köhler, der US-Wirtschaftsnobelpreisträger Daniel Kahneman sowie der US-Psychologe Martin Seligman. Ihnen gilt mein besonderer Dank, denn ihre Erkenntnisse bilden die Basis für die Entwicklung des Best-of-Optimisten!

Danken möchte ich für die anregenden Gespräche zum alltäglich gelebten Optimismus, die ich mit meiner wirtschaftskritischen Frau (und Yogalehrerin) Birgit sowie mit meinen Kindern, der Klinischen Psychologin Laura-Vanessa (der die positive Psychologie sehr vertraut ist) und dem Fitnessökonomen Leon-Valentin führen konnte (wobei Letzterer nie den Optimismus verloren hat, mich sportlich weiter optimieren zu können).

Nicht zuletzt danke ich meiner Fakultät, die mir bei dem zeitraubenden Buchprojekt die Unterstützung gewährte, die ich für die Realisierung benötigte. Selbstverständlich ist das nicht, ich weiß das sehr zu schätzen.

Jens Weidner
Hamburg, 2017

Veranstaltungshinweis

Lassen Sie sich vom Optimismus mitreißen und werden Sie selbst zum Optimisten. Buchen Sie meinen Best-of-Optimismus-Vortrag!

Ihre Kunden und Mitarbeiter werden ihn genießen, denn er macht gute Laune, ist fachlich seriös und sehr unterhaltsam.

Er wird Ihr Publikum begeistern und zu einem Highlight Ihrer Veranstaltung, denn Optimismus wirkt ansteckend.

Buchen Sie den Vortrag beim London Speaker Bureau Germany

E-Mail: roland@londonspeakerbureau.de
Telefon: 0721–920 98 20
Adresse: Gellertstraße 8, 76185 Karlsruhe